當中國和世界相遇

中英雙語商務金融案例

When China Meets the World
Bilingual Business-Finance Cases

當中國和世界相遇
中英雙語商務金融案例

When China Meets the World
Bilingual Business-Finance Cases

陳之宏 Zhihong Chen

編著

OXFORD
UNIVERSITY PRESS

OXFORD
UNIVERSITY PRESS

Oxford University Press is a department of the University of Oxford.
It furthers the University's objective of excellence in research, scholarship,
and education by publishing worldwide. Oxford is a registered trade mark of
Oxford University Press in the UK and in certain other countries

Published in Hong Kong by

Oxford University Press (China) Limited
39/F One Kowloon, 1 Wang Yuen Street, Kowloon Bay, Hong Kong

當中國和世界相遇
中英雙語商務金融案例

When China Meets the World
Bilingual Business-Finance Cases

陳之宏 Zhihong Chen 編著

ISBN: 978-0-19-083769-3

Impression: 2

目 錄 **Table of Contents**

説明 How to Use This Book

一、中英對照部分 Chinese-English Sections

1   本書的前言概述了全書的主要內容，每一章開端的導言進一步說明了該章的要點，兩者都具有導讀的作用。而關鍵商業術語與概念中所有詞條都是編著者根據多年的教學實踐編寫而成的，簡單易懂，並詮釋該章的專業知識點，中英對照更便於中英文讀者理解和學習。

The preface summarizes the contents of the entire book, and the introduction of each chapter outlines the main points of the chapter. Both of them are meant to guide the reader. The key business terms and concepts of each chapter were selected based on many years of teaching experience; they are easy to comprehend and relevant to the business knowledge introduced in the chapter. The Chinese-English presentation of these two sections is meant to assist native speakers of both languages in understanding and learning.

2   本書的前言、各個章節的導言和關鍵商業術語與概念的英文翻譯與中文有些地方不完全一致，這是由於中英表達方式不盡相同所作的調整。

The Chinese and English texts in this book are not always identical because the two languages sometimes require different manners of expression. The English has been adjusted to convey the meaning of the Chinese text while still maintaining clarity and precision.

二、詞語釋義與腳注的關係 Glossaries and Footnotes

1   詞語釋義表中的詞匯都是比較實用和重要的詞匯。lit. 是 literal 的縮寫，表示字面意思，fig. 是 figurative 的縮寫，表示引申意思。

The terms included in the glossary of each chapter are selected for their usefulness and relevance to the topic at hand. The abbreviation "lit." means "literal," which refers to a direct, word-for-word translation. The abbreviation "fig." means "figurative," which signifies a non-literal or metaphorical translation.

2   為了閱讀方便，詞語釋義表中的專有名詞沒有單列出來，而是按照正文的詞語順序列入詞語釋義表中。

For the readers' convenience, the glossary does not list proper nouns separately. Instead, proper nouns appear in glossaries in the order of their appearance in the original text.

3   有些商業術語有意放在了對該章節的內容理解非常重要的地方來做釋義，沒有完全按照其出現的順序，需要時可用詞匯索引來查找。

Some business terms are explained in the chapter where they are most relevant to the content rather than when they first appear in the text. Readers should check the index of glossaries to find such terms.

4　不太常用的詞語放在腳注中加以說明，沒有收入詞語釋義表中。
　　Infrequently used terms are explained in footnotes, not in the glossaries.

5　腳注中人物職稱說明主要是根據當時做這個節目時的人物信息，有些可能跟目前的職稱不一樣。
　　Footnotes that annotate the titles of people introduced in the text are written according to the information available when the programs were filmed. Some personal details may not be current.

三、視頻處理與編輯 Video Editing

1　書中選用的所有視頻都經過了仔細的加工處理，剪掉了中間的廣告部分。
　　All videos have been edited carefully, and all advertisements have been removed.

2　盡量刪除了視頻中的重覆或有誤的地方，無法刪掉的錯誤在腳注中進行了更正。對過於口語化的、不太通順、或有語病的表達進行了改寫，不完整的表達做了補充。
　　The author has striven to remove redundant and mistaken portions of the videos. Those that could not be removed have been corrected in footnotes. Portions involving overly colloquial, confusing, or mistaken language have been corrected. Incomplete statements have been amended.

3　為了使視頻內容更具邏輯性，個別視頻的前後順序也做了調整。
　　The sequencing of some video footage has been altered to enhance the logical structure of the content.

4　本書選用了 60 餘個視頻片段。為了便於聽力練習，這些視頻文件均已轉換成了 60 餘個音頻文件。這些音頻資料會通過上海紐約大學圖書館所提供的一個網站供購書者免費使用，而書中所選用的視頻資料則會根據需要向購書者開放。目前這個網站正在創建之中，網址是：https://guides.nyu.edu/ChinaMeetsTheWorld。
　　This book features a selection of ca. 60 edited video clips in total. To facilitate listening exercises, these video clips were converted into audio files. These audio files will be made available complimentarily for readers through a website of NYU Shanghai Library. However, access to the video sources will be granted by request. The website, which is currently under construction, can be visited at the following address: https://guides.nyu.edu/ChinaMeetsTheWorld.

鳴謝 Acknowledgements

I would like to thank the following institutions for their indispensable financial support, especially for their assistance in obtaining licensing for the multimedia materials used in the book: the Cornell University Johnson Graduate School of Management (JGSM), the Language Resource Center (LRC), the Department of Asian Studies, and the East Asia Program. Additionally, I want to thank NYU Shanghai (NYUSH) and the Institute of Global Chinese Language Teacher Education at East China Normal University (ECNU). Special thanks go to the following members of the JGSM community at Cornell: Jan Katz, former Director of Global Education; Joseph Thomas, former Dean; and Douglas Stayman, former Associate Dean for MBA programs. I am also grateful to Dick Feldman, former Director of the LRC at Cornell, and Robin McNeal, former Director of the Cornell East Asia Program. Many thanks also to Joanna Waley-Cohen, Provost at NYUSH, and Zhang Jianmin（張建民）, Director of the Institute of Global Chinese Language Teacher Education at ECNU. I want to thank all of these individuals for providing funding while I was writing the book.

My Business Chinese and Culture course offered by the Department of Asian Studies of the College of Arts and Sciences at Cornell has been cross-listed with the Samuel Curtis Johnson Graduate School of Management as an MBA course under the discipline of International Management since 2010 with the help of Professor Jan Katz and Dean Douglas Stayman. Their support for cross-college language teaching was invaluable as I developed the curriculum underlying this book.

I would like to express my gratitude to Chinese Business News (CBN) and Phoenix TV for permitting the use of their video clips for this publication, without which this undertaking would have been impossible. I'd like to thank particularly Professor Zhang Jishun（張濟順）of East China Normal University for her crucial assistance in communicating with Shanghai Media Group (SMG). I want to also thank He Xiaolan（何小蘭）, Jin Ting（金婷）and Qin Ying（秦瑩）of SMG as well as Yu Wenhua（于文華）, Shen Shuang（沈爽）and Williams Wong of Phoenix TV for their assistance and support.

My sincere thanks also go to Cornell alumni, Matthew Pernsteiner, Master of Management at the School of Hotel Administration, and Jason Kelly, Ph.D. in Chinese economic history and now professor of modern Chinese history at the U.S. Naval War College. I also want to thank John Ruth, J.D., NYU School of Law. Their backgrounds in business and finance helped produce translations of greater accuracy.

I would like to thank Thomas Lyons, Professor of Economics at Cornell University, and Stephen Harder, Global Professor of Business Law at NYU Shanghai, for giving me their expert opinion and ensuring the accuracy of the book's content.

The images that accompany each chapter of the book were designed in cooperation with students from the Cornell Department of Architecture. I would like to thank them, especially Dong Lingqi (董琳奇), for designing creative images that represent perfectly the main themes, ideas, and figures of each chapter.

Last but not least, I am also deeply indebted to NYU Shanghai's Wang Danni (王丹妮) and Cornell's Zhong Liye (鍾麗葉) for their tremendous efforts in video editing. I also want to sincerely thank my previous research assistants at Cornell, Zhang Bonan (張博楠) and Wang Yuanchong (王元崇), for their unfailing support.

I would like to dedicate this book to my students over the past twenty years, whose passion and curiosity were the inspiration for this project.

前言

　　回想起最初想到要編寫這本書時的情形，那竟已是近二十年前的事了！

　　那是21世紀的第一個春天，我剛剛開始在美國弗吉尼亞大學任教，參與了中文課程的教學。當時正值中國正式加入世界貿易組織前後，這是一個極為重要的歷史發展的"關節點"，也是中國在規則和規範層面進入現存世界體制和體系，尤其是開始以"局內人"的身份進入世界經濟和金融體系的關鍵性的一步。這為中國經濟發展乃至社會、文化及政治轉變所帶來的是前所未有但又充滿悖論的機遇和挑戰。對我而言，這也是一個不斷學習的過程。近二十年過去了，中國經濟、社會和文化的變化是巨大的，但面臨的挑戰也更大，悖論更為深刻。未來的路，依然是漫長的。

　　中國與世界如此"相遇"所激發的，是自近現代以來整個世界，尤其是一直在世界工業化和現代化進程中居於主導地位的"西方"，對於中國和中國市場及其潛力的無限遐想。與此伴隨而來的是，在整個西方（包括美國），人們為了進一步打開中國這一巨大市場而渴望了解中國歷史、政治、文化和語言及經濟發展的熱情高漲。"商務漢語"也在美國大學中文教學中登堂入室，在很多高校陸續開設課程。

　　我的學生生活是在中國、德國和美國三個國家度過的。從高中時起，我就開始學習德語，大學本科讀的又是德語專業。畢業後，在國內讀研，轉而學習國際關係史和國際政治經濟學。研究生畢業後馬上又獲得德國艾伯特基金會的獎學金，赴德留學，在科隆大學獲得了國際關係史的碩士和博士學位。轉到美國後，一面加緊學習英語，我一面又修了一個以語言教學為重點的高等教育學碩士學位。我一直有一種很"偏執"的想法：語言是一種工具，是要用來為"專業"服務的。剛開始在弗吉尼亞大學教書時，我很快被"商務漢語"所具有的"語言"（漢語）與"專業"（商務）相結合的特徵所吸引，開始投入其中。沒有想到，從弗吉尼亞大學，到康奈爾大學，再到上海紐約大學，一教就教了近二十年。這本書正是這一段經歷的產物。

　　在這近二十年間，教育，特別是大學教育的形式及手段發生了日新月異的巨大變化，尤其是視頻教學得到廣泛運用。進入21世紀後，科技的發展一日千里，年青一代的學習方式也隨之發生了深刻的變化。傳統的"死記硬背"的教學方式枯燥單一，再也難以激發起新一代人的學習興趣，探索新的教學方式，是教育工作者不得不面對的嚴峻課題。同時，科技的進步使一切皆有可能，讓原本極度費時費力的視頻編輯過程得以簡化，而視頻的運用又成為了千禧一代學子喜聞樂見乃至習以為常的方式。在我的商務漢語課上，也深度使用視頻材料，這也成為本書不可或缺的有機組成部分。

若是同我教授的商務漢語課程的最初原型相比較，經過這近二十年的演變，我現在在美國康奈爾大學和上海紐約大學所開設的關於中國商務歷史和文化的中英雙語課程已大不相同。語言教學雖然仍是課程的重要部分，但"專業"的成份已經佔據了中心地位。這本書正是在我十多年來對多媒體視頻資料的不斷收集、反復挑選和編輯的基礎上，與我在三所大學的教學實踐相結合，經過反復推敲和修訂後形成的。

20世紀70年代末、80年代初，中國開始走上改革開放的宏大歷史進程，同時揭開的是中國與世界相遇的新篇章。本書所集中講述和討論的，正是過去四十年間，在改革開放的時代大背景下，中國與世界"相遇"的一些重要的"歷史時刻"以及商業和金融領域的一些重要歷史個案，其重點又放在中國"入世"以來的一系列重大變化。

本書第一編的主題是"互聯網革命"。它講述與討論的，是互聯網不僅給商業和金融領域，也給人們的日常生活乃至生活方式所帶來的深刻及巨大的變化。

首當其衝的是銷售領域，歷史正被重寫。從上世紀末開始，隨着互聯網使用的日益普及，與人類文明同樣長久的傳統實體店（線下）銷售模式的基礎開始受到侵蝕，面臨着潛在的嚴峻挑戰。進入21世紀後，互聯網（線上）銷售模式出現，短短十餘年間，便以一種令人目眩的速度蔓延開來。今天，線上銷售以及線下與線上相結合的銷售，已經成為各個商家普遍採用的模式。它改變了人們的消費觀念和消費方式，也使得世界的各個部分（並不僅僅是在地理的意義上）更為緊密地連接在一起。

由於網上交易需求的迅猛增長，為了消費者支付的便捷與安全，第三方支付[1]模式誕生並被廣泛應用。此後，從銷售及消費領域開始，"互聯網革命"又進而深入滲透到金融領域，"互聯網金融"這一新概念及相關的實踐也應運而生。由此而

1　"第三方支付"的解釋詳見第一章的關鍵商業術語與概念。

產生的，是對於傳統商業銀行極富競爭性質的新挑戰。它引發了金融領域"去中介化"[2]的現象，傳統商業銀行的利潤空間不斷被蠶食，反過來，傳統商業銀行又被逼迫着去尋求新的應對及變革之道。

"互聯網革命"這一編包含的兩章，從不同的角度展示出互聯網為中國的改革開放及融入全球經濟進程所帶來的革命性轉變及影響。

第一個案例，亦即本書第一章，記述了2003年至2006年間阿里巴巴創建淘寶網並在中國市場打敗美國互聯網交易巨頭eBay的過程。今天，回過頭去看，這段發生在十多年前的故事依然令人回味無窮。作為中國本土互聯網營銷的先驅者，阿里巴巴那時還是這一新興領域國際競爭中的"小人物"和後來者。然而，當時還籍籍無名的馬雲和他的同伴們卻以無與倫比的前瞻眼光、非凡的勇氣和深邃的智慧，向eBay這個在名氣、經驗及市場份額上都遠遠超越自己的"龐然大物"叫板挑戰，並把自身的各種長處發揮到淋漓盡致的地步。結果，在爭奪中國市場的這場宏大較量中，獲勝的是阿里巴巴。而eBay卻由於拒絕"入境隨俗"，即便有雄厚資金和豐富經驗的支持，仍然水土不服，難以逃脫折戟沉沙的命運，不得不在三年後黯然退出中國市場。這裏體現出的其實是推動中國改革開放進程不斷前行並深化的一些基本道理，其中重要的一點是：不能一味地以本本條條為依據，而要從中國的實際情況出發，在使全球資本主義"本土化"的同時，也促成了中國經濟與全球資本主義的相互接軌，並且使本土企業在仍為全球資本主義控制的國際競爭中佔有了自己的一席之地。

本章的擴充閱讀，選收了關於2014年阿里巴巴集團在美國紐交所成功上市的新聞報導和專業點評。這同阿里巴巴擊敗eBay的故事以及本章的"關鍵商業術語與概念"部分相結合，進一步點出了馬雲和阿里巴巴集團在過去十餘年間一再創造出"互聯網傳奇"的原因之所在，也對本章出現的一些與"互聯網革命"相關的術語做了闡明與澄清。

本編第二章集中討論了互聯網金融對中國商業銀行的衝擊。以精心選輯的多媒體視頻資料為基礎，本章輯錄了兩位中國銀行界專業人士對互聯網金融"來襲"現象的批判性解讀，突出了他們關於這一"來襲"既是嚴峻挑戰，更是巨大機遇的看法。對此，必須在研究並洞察其特點及趨勢的基礎上，因勢利導，從而使互聯網金融成為中國銀行體系改革開放進程繼續前行的動力，並規避其中所隱含的種種風險。

---

2 "去中介化"也叫"金融脫媒"，解釋詳見第二章的關鍵商業術語與概念。

本章的擴充閱讀部分，以餘額寶為實例來說明這一互聯網金融產品如何運作，優勢何在，何以會對傳統商業銀行構成嚴重衝擊，以及其功能上的局限又在哪裏等等。第二章選用的"關鍵商業術語與概念"旨在進一步説明互聯網金融超越傳統金融的優勢所在，它何以能帶來前所未有的利潤增長空間，以及它可能引發的風險。

本書第二編的主題是"破壞性創新"。這種創新之所以具有"破壞性"，是因為它對傳統行業有着潛在的顛覆性作用。一旦這種創新在某一領域出現，那麼，原本的傳統行業若不能"順勢而動"，予以正確及有效的應對，就可能陷入全局性危機，甚至落入被淘汰出局的下場。本編包括本書的第三、第四兩章，分別以美國公司柯達與中國公司 TCL 為主角，把這兩起截然不同的重大併購案例放入了同一篇章，目的在於説明，無論是國外還是國內企業，倘若在科技創新已展現出某一行業將發生革命性轉變的前景時，卻仍故步自封，其遭受由科技創新所帶來的毀滅性打擊的下場就會是完全一樣的。

柯達公司的悲劇性命運就是這方面的一個典型例證。本書第三章講述討論的是，柯達因成功"鯨吞"中國市場而達到自身百年發展史上從未達到的高峰，卻又因其誤判"創新"的趨勢及巨大能量，從而迅速從高峰跌入深淵，直至宣告破產的案例。

在國際膠卷行業及相關技術領域，柯達曾是不容置疑的"巨無霸"。上世紀末，柯達不斷投入巨資，在中國膠卷市場建立起壟斷優勢。然而，進入21世紀後，隨着數碼技術突飛猛進的發展，傳統影像技術日益落伍，漸漸變成柯達的巨大"包袱"，但柯達卻沒有及時轉向，結果，中國市場不但沒有成為柯達美國總部所期待的現金來源，反而成為不斷吞噬其現金的"無底洞"。面對柯達在中國的巨額投資可能全部"打水漂"的殘酷現實，2005 年出任柯達首席執行官的彭安東試圖實行大刀闊斧的改革，採取包括全球大規模裁員等一系列激進措施，"止血"亦波及中國市場。但2005 年正值中國實施資本市場股權分置改革[3]，國企所持不流通股全面轉變為流通股，而柯達 2003 年所收購的樂凱股份是不流通股，需要追加資金支付"對價"才能變成流通股。當時又正值柯達公司面臨自身數碼轉型的沉重壓力，它也終於看清繼續投入傳統膠卷行業已是得不償失，只得將樂凱股份及其他先前收購的中國傳統感光企業做了廉價轉讓及關停處理。短短幾年間，昔日看上去輝煌一時的併購碩果竟蕩然無存。2012 年 1 月，曾經佔據全球膠卷市場份額三

---

3 "股權分置改革"的解釋詳見第三章的關鍵商業術語與概念。

分之二的"黃色巨人"向美國法庭提出了破產保護申請。

　　本章的擴充閱讀部分，對柯達何以會走向破產作了深度分析。柯達本來是有機會引領數碼相機技術發展的潮流的，但卻由於受到公司內部代表傳統技術的既得利益勢力的羈絆，以至於一再失去及時轉型的良機。"串起每一刻，別讓它溜走"，這曾是柯達的經典廣告用語，然而，最終悄悄溜走的不是柯達刻意捕捉的色彩世界，而是它自己。

　　第二編所包含的第四章講述和討論了另一個案例：TCL 在海外併購中"敗走麥城"的前因後果。作為中國海外併購的先驅者，TCL 於 2002 年併購了德國施耐德電子公司；2003 年併購了身為世界五百強的法國湯姆遜公司的彩電和 DVD 業務；2004 年又併購了法國阿爾卡特公司的手機業務。在這一連串的併購活動背後，還有着"國家"的大力支持和鼓勵，胡錦濤主席在訪法期間親自出席了 TCL 與湯姆遜併購交割的簽字儀式。

　　但好景不長。從 2005 年下半年開始，歐洲彩電市場環境突然發生劇變，平板電視開始迅速取代傳統顯像管電視，在歐洲彩電市場的銷售額在短時間內迅猛增長。而 TCL 從湯姆遜公司所購買的技術是傳統的顯像管 (CRT) 技術和不被看好的 DLP[4] 技術。面對市場劇變，TCL–湯姆遜公司 (TTE) 卻未能及時轉型，直到平板電視售價從高位大幅回落時，其相關產品才投放歐洲市場，導致利潤大幅下降，彩電業務出現巨虧並不斷擴大。結果，由海外併購所造成的巨大財務負擔危及了 TCL 本土企業的生存，TCL 集團股票也被戴上"ST"[5] 的帽子，面臨退市風險。

　　為了挽回敗局，當時可供 TTE 選擇的重組方案有三個：持續經營 (基本維持現有歐洲業務的組織架構和經營方式)、協商重組 (對現有歐洲業務模式做重大改變，但不完全撤離)、或破產重組 (徹底退出歐洲市場)。TCL 總裁李東生聘請麥肯錫公司作為重組方案的顧問，分析計算的結果是，三種方案需要投入的資金分別為 1.7 億歐元、9000 萬歐元和 4000 萬歐元。也就是説，持續經營投入最大，風險亦最大；協商重組的投入和風險居中；破產重組方案則成本最低。李東生表示，歐美作為 TCL 國際化戰略市場的定位不能改變，"國際化這條路沒有錯，歐洲是絕對不能放棄的"，所以，最終選擇了折中的協商重組方案。此次重組耗資巨大，業界將之稱為李東生的"敦刻爾克"[6]。

4　DLP 是 Digital Light Processing 的縮寫，中文譯為數字光處理，是一項使用在投影儀和背投電視中的顯像技術。

5　有關"ST"的解釋詳見第四章的關鍵商業術語與概念。

6　參閱《李東生的"敦刻爾克"——中國公司遠征歐洲為什麼未獲成功？》，載《財經》雜誌，2006 年 11 月 13 日，http://misc.caijing.com.cn/chargeFullNews.jsp?id=110065341&time=2006-11-13&cl=106。

TCL 的上述經歷，毫無疑問是一個典型的失敗案例。追根溯源，它起始於對"夕陽技術"的併購，以及對於新興技術及其巨大市場潛力和能量的忽視。同時，"國家"出於政治利益考量的介入，也是導致決策錯上加錯的重要原因。儘管如此，TCL 曲折的國際化歷程仍然是一個傳奇。與柯達公司不同的是，TCL 奇跡般地從併購整合所帶來的慘敗中東山再起。TCL 總裁李東生在當時企業面臨生死考驗時，做出了堅守國際化之路的抉擇。十幾年後再回過頭看，這一抉擇使得 TCL 在當今國內外家電市場競爭異常激烈的環境中，仍然穩穩地佔據着一席之地。

本章的擴充閱讀部分選用了李東生對 TCL 跨國併購的反思，記錄了他在海外併購"試錯"遭遇重挫後，關於 TCL 及自己何以出現如此重大失誤的一次極為坦誠的分享。這本身也是留給中國商界及國際化進程的一筆極為寶貴的財富。本章"關鍵商業術語與概念"部分簡要介紹了併購通常採用的三種主要融資方式。

本書第三編的主題是中國"請進來"和"走出去"戰略的實行及其對中國乃至全球經濟的深遠影響。

中國經濟的持續高速增長已被很多人視為奇跡。從表面上看，它超越了西方經濟學界所公認的一些基本前置條件，尤其是一個國家的經濟若要快速增長，需要民主的政治體制、完全的市場經濟，以及有效的資本市場。這三樣，中國在走向國際化的過程中或者沒有，或者只有很不完全的發展。然而，中國經濟卻在過去的四十年大部分時間裏保持了兩位數左右的持續增長。這是否意味着西方經濟學理論完全"不靈"了？或者說，這是否意味着一個超越西方理論及經驗的"中國模式"已經產生？

關於上述問題，人們自然可以有見仁見智的回答。但有一點似乎應當可以肯定，那就是，中國經濟快速及持續發展，是中國市場不斷同全球資本主義"接軌"並相互滲透的結果。在這方面，中國自對外開放之初就着力實施的"請進來"和"走出去"的戰略，對經濟持續發展起到了舉足輕重的作用。

所謂經濟上的"對外開放"，在實踐中，就是既要向國外開放國內市場，同時又要為國內業務開拓國際市場。"請進來"和"走出去"的舉措，因此被喻為對外經濟開放的兩個"輪子"，必須同時轉動，"對外開放"方能取得成效及成功。不然，不管是"只進不出"或"只出不進"，都將使得"對外開放"成為不平穩也走不遠的"獨輪車"。因此，"請進來"和"走出去"從來就是，也應該是中國對外開放過程中緊密相連的兩個方面，也構成了梳理改革開放四十年來中國經濟何以不斷發展壯大，卻又至今仍面臨着種種悖論的一條重要線索。

從歷史發展的眼光看，中國實行經濟上的"對外開放"，是由"請進來"為主走出第一步的。通過招商引資，吸引國外資金和技術，並借鑒國外現代化的經營管理經驗，中國經濟開始與全球資本主義及世界經濟逐漸接軌。1980 年深圳經濟特區的創立，就是"請進來"的一個開端。國際資本總是可以嗅出最易創造價值回報的投資標地，這就是為什麼二戰後每隔二十到二十五年全球製造業就會來一輪"大搬遷"。第一輪大搬遷發生在上世紀 50 年代初，歐美將製造業搬到了日本。到了上世紀 60 年代末、70 年代初，製造業又從日本搬遷到"亞洲四小龍"。從 80 年代中後期起，製造業又開始大批搬遷到中國珠三角等地區，促進了珠三角乃至整個中國製造業的高速發展。

第三編也包含兩章，第五章講述的是上述背景下三位美國創業者的中國故事。從某種意義上說，他們是上世紀 90 年代國外來華投資的典型代表。他們中的一位選擇了製造業，利用中國當時的廉價勞動力製造國外所需的產品。另外兩位，則選擇了中國當時最薄弱的第三產業 —— 服務業 —— 作為投資創業的領域，一位將中西餐飲特點相結合，在上海高端地段開設餐館；另一位抓住中美貿易往來劇增時期急需的物流服務。他們在華創業的領域和經歷雖各不相同，但有一個共同點：他們都沒有簡單地照搬西方經驗，而是從注重本地化入手，成功實現了國外資本和中國投資環境之間的有效"嫁接"。

與"請進來"相對應的是"走出去"。本編包含的第六章以中國"走出去"過程中的"海外併購"現象為中心，輯錄了幾位專家、學者關於其中利弊得失的分析。這一章的討論雖然集中於 TCL、聯想併購等許多個案，但其中的意涵卻是深遠的。如何"走出去"？這是一個極具爭議的熱門話題，其中涉及的因素是多方面的，也相當複雜。一方面，"入世"後中國經濟已不斷融入全球經濟體系，但近年來中國在總體國力顯著加強的同時，經濟發展速度放緩，人口紅利和土地紅利的"效用"逐漸消退，國內企業的發展空間又受到國內、國際競爭對手的雙重擠壓，"走出去"是不可避免的。再加上，"一帶一路"宏大規劃的提出，"走出去"更成為一樁關係"國家的前途"和"民族的命運"的頭等大事。另一方面，"走出去"必定會遇到政治、經濟、文化、語言等各方面的障礙。正如第六章的專家辯論時所述及，即便 TCL 併購等"走出去"的具體案例已凸顯出"走出去"的過程與前景必定充滿陷阱、曲折和意想不到的困難，而當"走出去"在國家發展大戰略中開始佔據中心地位時，其中蘊含的巨大風險則更是難以想像及用語言來描述的了。尤其是既要"走出去"，又要避免陷入"樹大招風"及"木秀於林、風必摧之"的境地，如何才做得到？再者，在"走出去"的同時，又如何應對並解決國內面臨的種種長年積累下來的政治、經濟、社會、生態環境等的深層次矛盾？

　　本章的擴充閱讀，選錄了一篇關於中國吉利集團於2010年併購瑞典著名汽車品牌沃爾沃的報道，這是迄今為止中國企業"蛇吞象式"的海外併購中為數不多的成功案例，這篇報道記錄了吉利老總李書福當年在併購交割儀式上的致辭，尤其令人矚目的是他對中國市場將會產生巨大規模效應的頗具前瞻性的洞見。今天來看，這是併購走向成功之路的一個重要起點。本章"關鍵商業術語與概念"部分綜述了併購活動的三大類別：橫向、縱向和混合併購。

本書第四編的主題是投資銀行與金融危機。本編包含的第七章和第八章分別記述和討論了近十年間中國與世界"相遇"過程中頻頻"出鏡"的一種重要的機構及機制性力量，即投資銀行，以及一個可以與20世紀30年代"大蕭條"相提並論的歷史事件──2008年由美國次貸危機引發的全球金融危機。這兩章的內容互有關聯，相輔相成，前一章關於投資銀行的討論為後一章做了鋪墊；後一章關於2008年金融危機來龍去脈的敘述，又成為前一章關於投資銀行及其特點的進一步詮釋和實際印證。

　　黃明教授在國際及國內金融學界享有很高的學術聲譽。在第七章中，他以"利益衝突"為主線，對國際投資銀行的歷史演變作了深入淺出的分析。投資銀行在建立之初多為家族企業，所起的作用是在投資者和融資者之間扮演中介角色，賺取經紀費。儘管在為投資者和融資者"牽線搭橋"時，投資銀行難免會卷入某種利益衝突，但由於把家族的信譽和信用放在首位，因此，"利益衝突"並不突出。自上世紀80年代以來，投行業務發生了巨大變化。一方面，各種五花八門的"金融創新"不斷湧現，投行的業務模式越來越技術化、專業化以及數字化；另一方面，與上述相關聯，大批擁有傑出專業素質的外聘職業經理人進入投行，逐步取代了原先家族式的管理方式。相應地，他們從自身利益出發，往往無視昔日曾被當作投行"命根子"的信譽和信用，極力追求各種短期經濟利益和"回報"。在他們的主導下，投行除"中介"角色外，又開始發展自營業務。他們利用自己廣泛的人脈及對信息的掌控，通過變相做老鼠倉、推出複雜的衍生產品、介入資產證券化等各種新手段，逐步擴展傳統投行的業務和盈利模式。由此而產生的，是投行與廣大客戶之間巨大的利益衝突，這是觸發2008年全球金融危機的一個重要的機構及機制性根源。

　　第七章的擴充閱讀部分採用了雷曼兄弟公司宣佈破產當天（2008年9月15日）的中國媒體的相關新聞報道。這家公司有着一個半世紀的悠久歷史，卻在"次貸危機"失控時幾乎在頃刻之間就轟然崩潰,其影響更殃及了美國乃至世界金融市場及全球經濟。該章的"關鍵商業術語與概念"選用了"資產證券化"這一被視為"金融創新"的"新事物",其功效之重要不言而喻。

第八章集中討論了 2008 年金融危機,選用了李小加博士的相關講述和討論。李小加曾任摩根大通中國區主席和執行總裁,2010 年起擔任香港交易所行政總裁。他除了具有紮實的專業知識外,還在金融界具有豐富的實踐經驗,因而把 2008 年由次貸危機觸發的金融風暴的發生及發展過程講得極為清晰且易於理解。當時的情形就好比一座巨大堤壩的崩塌是從一些本來似乎不會釀成大禍的"小漏洞"開始的,逐步匯聚、逐級放大,最終演變為全球性的金融危機。其起始點是一些本身規模很小的次貸的出現,亦即商業銀行把錢借給了不該借的人。但隨着國際投行等的介入,並試圖從中獲得"大利",局面逐漸轉變並不斷升級,以至於日益失控。次貸被"打包"後當作金融產品進入資本市場,並獲得不合理的高評級,其涉及的金融風險也大大擴展。之後,國際投行等又採用"金融槓桿"手段,以小錢做大倉位,在幾十倍地擴大次貸風險的同時,把整個金融系統都牽連進來了。再之後,保險公司從趨利的意圖出發,也參與進來,為次貸衍生出的各種金融產品提供信用違約互換(CDS)。經過這樣的"幾級放大"後,次貸終於成為一個無比巨大的"堰塞湖",一旦發生變故,其破壞性能量,就如同一顆瞬間爆炸的炸彈一般,處於下游的金融世界的一切在決堤後都會遭到無情的洗劫。

該章的擴充閱讀選用了一篇"美債'降級'引發全球股市震蕩"的報道,把金融市場可能引發的全球性連帶效應表現得淋漓盡致。該章的"關鍵商業術語與概念"部分講解了"信用評級"和"金融槓桿"這兩個極其重要而又基本的金融概念。

中國改革開放已經走過了四十年的歷程,其間經歷的風風雨雨,遠遠超出了這一本小書所能涵蓋的範圍。但這本書中所匯集的各個案例,卻或多或少地從不同的視角反映出了這一段"中國與世界相遇"歷史的一些重要方面。希望讀者通過這本書得以批判性地重溫那些中國改變世界以及世界改變中國的歷史時刻和片段,從而對中國繼續"與世界相遇"必定會遇到的更大挑戰有所啟迪;也希望因這本書的中、英雙語的表述形式,能使各國讀者在中國語言、歷史、商業與文化等方面的理解中進一步受益。

陳之宏

2018 年 7 月於紐約州綺色佳

Preface

It's been twenty years since I first came up with the idea of writing this book. In the first spring of the new millennium, I had just taken on my first teaching position at the University of Virginia (UVA) in the United States, teaching Chinese language and culture. It was around the time of China's accession to the World Trade Organization (WTO), an important historical turning point that marked China's move toward the adoption of the codes and norms of the existing international system in order to become an "insider" in the global economic and financial order. Accession to the WTO created unprecedented opportunities and challenges for China; it produced a host of paradoxes and dilemmas not just for Chinese economic development, but also for social, cultural, and political transformation in China. For me, this development also presented a great learning experience. Almost twenty years later, the changes in China's economy, society, and culture have been enormous, but the challenges China faces today are even greater, and the paradoxes brought about by past changes are more profound. The road ahead remains a long one.

When "China met the world," it stimulated the global imagination as to the potential of China and the Chinese market, particularly in the minds of those in the West who have occupied the dominant position in global industrialization and modernization. At the same time, throughout the West people became eager to learn more about Chinese history, politics, culture, language, and economic development as a means for gaining greater access to the Chinese market. Many American colleges and universities began to offer courses in Business Chinese as a result.

I've studied in three countries: China, Germany, and the United States. In high school, I began studying German, and in college my major was German. After graduating, I went to graduate school in China, and then shifted my focus to the History of International Relations and International Political Economy. After graduate school, I received a scholarship from the Friedrich Ebert Foundation to study in Germany, and received my Master's Degree and Doctorate in International History from the University of Cologne. Upon graduating, I moved to the United States to polish my English while working on a Master's Degree in Higher Education with a focus on Language Pedagogy. I have always held the adamant belief that language is a tool that must be used to serve a discipline. After I began teaching Chinese at UVA, I was drawn immediately to Business Chinese, which integrates language (Chinese) with a discipline (Business), and I became dedicated to the field. Unexpectedly, I've taught Business Chinese at UVA, Cornell University, and NYU Shanghai for almost twenty years now. This book is inspired by my experiences.

In the course of these nearly twenty years, education — particularly the methods and techniques of college-level education — have undergone continual and tremendous changes, especially with the incorporation of multimedia materials into classroom teaching. Upon entering the 21st century, technology has developed by leaps and bounds, and the learning patterns of younger generations have been transformed by advancements in technology. Traditional methods of rote learning are dry and dull, incapable of captivating young students. Educators must face the serious issue of exploring new teaching methodologies. At the same time, improvements in technology seem to have made anything possible: video editing, once an expensive and time-consuming process, has become simpler, and the use of videos is not only favored, but regarded as common by millennial students. I use video materials extensively in my own Business Chinese courses, a technique that has become an indispensable component of this book.

Due to the many changes over the past two decades, the bilingual courses I now teach at Cornell University and NYU Shanghai differ greatly from the Business Chinese courses I taught at the beginning of my teaching career. Although language instruction is still important, the business component — often informed by knowledge of history and culture — has become central to the course. This book is the culmination of my collection, selection, and editing of video materials over a decade. It reflects a combination of my teaching experiences at three universities and continual deliberation and revision.

Towards the late 1970s and early 1980s China embarked upon a grand and ambitious course of "reform and opening-up" and began a new chapter as "China met the world." This book focuses on many of the historical episodes as well as important business and finance cases that China and the world encountered over the past forty years in the context of reform and opening-up, with a particular emphasis on a series of significant transformations following China's accession into the WTO.

Part One of the book concerns the Internet Revolution and discusses the immense transformations precipitated by the internet revolution, not only in business and finance, but also in the daily lives of average people.

Foremost among these changes was the transformation in sales. The paradigm has shifted. Since the end of the last century, the foundation of the traditional brick-and-mortar sales model, which has existed since the beginning of civilization, has been shaken and eroded by substantial challenges brought about by increasing internet usage. Upon entering the 21st century, within ten short years of its emergence the internet-based sales model spread with dizzying speed. Today, online sales and combined online-offline sales are standard business models. The internet has changed people's perceptions and methods of consumption and has more tightly linked different parts of the globe, and not just in a geographic sense.

Due to the rapid growth in demand for internet transactions, third-party payment[1] came into being and became widely used as a means of ensuring quick and safe transactions for consumers. Since then, the internet revolution has spread from sales and consumption to the financial sector, leading to the emergence and extensive usage of internet-based financing (FinTech). This has created new competition for traditional commercial banks by triggering "disintermediation,"[2] which erodes profit margins and forces traditional banks to seek new initiatives in their fight for survival.

Part One consists of two chapters that demonstrate, from two different perspectives, how internet technology has spurred revolutionary transformations in China's process of reform and opening-up and its integration into the global economy.

The first case, which is the first chapter of the book, describes Alibaba's establishment of Taobao in the Chinese market and Taobao's ensuing triumph over the American e-commerce giant eBay in 2003–2006. In retrospect, this story, which transpired more than a decade ago, still provokes thought and inspiration. As a local internet marketing pioneer, Alibaba was a little-known late-comer to the international competition in this emerging field. However, through their prescient vision, extraordinary courage, and profound wisdom, Jack Ma (Ma Yun) and his colleagues challenged the e-commerce colossus eBay, whose Chinese market share was then vastly greater than Alibaba's. Alibaba made use of its own advantages to the greatest extent possible. As a result, in the fierce competition for Chinese market share, Alibaba emerged victorious. Even though eBay had strong financial backing and rich e-commerce experience, by declining to follow local customs and practices, it doomed itself to defeat. Consequently, eBay was forced to withdraw from the Chinese market after three years. This case reveals several basic principles of the mechanisms that continue to drive the process of reform and opening-up, among which is the principle that foreign businesses cannot simply transplant their own models into the Chinese market; instead, they must take into account China's actual circumstances. This principle has allowed Chinese firms to remain competitive as they enter into direct competition with globally-dominant multinational firms. It also serves to bend the forces of global capitalism to best fit China's needs.

The supplementary reading for this chapter includes news reports and expert commentary regarding Alibaba's historic IPO on the New York Stock Exchange (NYSE) in 2014. When read alongside the case of "Alibaba's Defeat of eBay in China" and this chapter's Key Business Terminology section, this supplementary reading further explains

---

1   See the explanation of "Third-Party Payment" in the Key Business Terminology section of chapter 1.

2   See the explanation of "Disintermediation" in the Key Business Terminology section of chapter 2.

why Jack Ma and Alibaba were able to prevail in this legendary saga as it played out over the past decade. The Key Business Terminology section also offers explanations of terms and concepts related to the internet revolution.

Chapter 2 discusses the impact of internet-based finance on Chinese commercial banking. Based on carefully-selected multimedia material, this chapter examines two Chinese bankers' critical interpretations of the "attack" of internet-based finance on traditional banks. Both experts stress that this attack presents not only serious challenges, but also great opportunities. They suggest that traditional banks must understand the particularities and traits of internet-based finance, so they can integrate the advantages of internet-based finance into their own business models. Doing so would allow internet-based finance to become a driving force in the reform and opening-up of the Chinese banking system while also avoiding hidden risks.

This chapter's supplementary reading uses Yu'ebao as a case to illustrate issues such as how one type of FinTech product operates, its advantages, the challenges it poses to existing banking models, and its functional limits. The Key Business Terminology section of this chapter aims to explain further the advantages that internet-based finance enjoys over traditional finance, how it can bring about unprecedented opportunities for increased profit, and its associated risks.

The main topic of Part Two is "Disruptive Innovation." This type of innovation is "disruptive" because it has subversive effects on traditional industries. If traditional firms cannot adapt to new trends or otherwise respond through proper and effective means as innovation emerges in a particular sector, then they may descend into an industry-wide crisis or may even be doomed to obsolescence. Part Two consists of two chapters, with chapter 3 focusing on the American company Eastman Kodak and chapter 4 examining the Chinese company TCL. The purpose of including two otherwise quite different merger and acquisition (M&A) cases in the same section is to show that regardless of the national origin of the firms, foreign or Chinese, if they are unable to foresee revolutionary transformations created by emerging technologies in their own industry, or if they remain stagnant, then they are likely doomed to suffer the devastating impact of technological innovation.

The tragic end of Kodak serves as a typical example of such disruptive innovation. Chapter 3 discusses how Kodak was able to reach a peak that was unparalleled in its hundred-year history by "swallowing-up" the Chinese market; however, because it misjudged the direction and enormous potential of new technological advances, it quickly fell from its zenith to its nadir and declared bankruptcy.

In the international film industry and related technology sectors, Kodak was once an undoubted global giant. At the close of the last century, Kodak continually invested vast sums to establish a monopoly in the Chinese film market. However, as digital technology developed rapidly in the early 21st century, traditional film technology quickly became obsolete, and the Chinese film companies that Kodak had acquired became an enormous burden that hindered Kodak's ability to redirect its strategy. Instead of providing the lucrative cash flow that Kodak's American headquarters expected, the Chinese market became a source of ceaseless expenses. Faced with the brutal reality that Kodak's entire investment in China may have been squandered, Antonio Perez, who became CEO in 2005, attempted to implement bold reforms, including the adoption of radical measures such as global layoffs. Perez's efforts to stop hemorrhaging money also affected the Chinese market. At that time, China was implementing non-tradeable share reform[3] in its capital markets, which required formerly non-tradeable shares held by state-owned enterprises to be rendered tradeable. The shares that Kodak acquired from China Lucky Film Corp. in 2003 were all non-tradeable, so Kodak had to invest more funds to pay share-price differentials in order to make the stock tradeable. At the time, Kodak was facing serious pressure to adopt a digital strategy, and it began to see clearly that continued investments in traditional film would not pay off. Kodak had no choice but to sell its Lucky Film shares at a loss and shut down previously-acquired Chinese traditional film companies. Within a few short years, Kodak's celebrated acquisitions had become all but worthless. In January 2012, the so-called "Yellow Giant,"[4] which had long accounted for two-thirds of the global film market, filed for bankruptcy protection in U.S. courts.

The supplementary reading of this chapter provides in-depth analysis of why Kodak went bankrupt. Kodak originally had a chance to lead the development of digital photography, but due to the objections and obstructions of established interests within the company that favored traditional technology, Kodak lost out on many opportunities to pivot. Kodak's classic slogan used to be "keep every moment, don't let one slip away." In the end, what slipped away wasn't the millions of colorful moments captured by Kodak products, but Kodak itself.

Chapter 4 discusses another case: TCL's failure in overseas mergers and acquisitions (M&A). TCL, a pioneer in Chinese overseas M&A, acquired Germany's Schneider Electronics AG in 2002. In 2003, TCL purchased the TV and DVD businesses of the French multimedia corporation Thompson, which at the time was one of the world's top five hundred enterprises. TCL then acquired the mobile division of France's Alcatel in 2004. Behind the scenes, TCL's M&A program earned high-level support from the Chinese government, with then-president Hu Jintao personally attending the Thompson M&A handover ceremony in Paris during his state visit in 2004.

The good times didn't last long. Beginning in the second half of 2005, circumstances

---

3   See the explanation of "Non-Tradeable Share Reform" in the Key Business Terminology section of chapter 3.

4   "Yellow Giant" ("黄色巨人") was a term used in Chinese media to describe Kodak, since it used a yellow logo.

in the European television market changed drastically as flat-screen TV sales soared and quickly replaced traditional cathode-ray tube (CRT) technology. Unfortunately, TCL had purchased CRT and unpopular digital-light processing (DLP) technologies from the French multimedia corporation Thompson. Faced with this dramatic shift in the market, TCL-Thompson Electronics Corporation (TTE) was unable to respond quickly, and by the time TTE finally introduced its new products, prices had already dropped significantly. TTE missed the optimal time to launch its new products. Consequently, profits fell dramatically and TTE suffered persistently large losses in its TV operations. The enormous financial burden caused by TCL's overseas mergers & acquisitions endangered the survival of its operations in China. Following two consecutive fiscal years of negative net income, TCL's stock was downgraded to "Special Treatment" (ST) status[5] and faced the prospect of delisting.

At the time, TCL-Thompson faced three restructuring options to rescue itself from crisis: 1) continue operations (i.e., maintain the existing organizational structure and operations of the firm's European business); 2) consult and restructure (i.e., reform the organizational structure and operations in Europe without entirely withdrawing from the European market); 3) declare bankruptcy (and withdraw completely from the European market). TCL's President, Li Dongsheng, consulted McKinsey and calculated the cost to implement these three proposals as €170 million, €90 million, and €40 million, respectively. McKinsey analysts found that maintaining TCL's existing organizational structure and operations in Europe would require the largest investment, reforming its European operations and the organizational structure without entirely withdrawing from the European market would require less of an investment, and bankruptcy would involve both the smallest investment and the least risk. Li Dongsheng explained that the European and American markets were crucial to TCL's global strategy, stating that "the path of globalization is not wrong, and the European market cannot be abandoned." In the end, he chose a compromise position of reforming operations and the organizational structure in Europe without entirely withdrawing from the European market. Because this restructuring plan required the expenditure of huge sums, experts refer to this decision to partially divest of TCL's European assets as Li Dongsheng's "Dunkirk retreat,"[6] a reference to the historic military operation that took place in Dunkirk, France, during the Second World War.

TCL's experience in Europe is undoubtedly a textbook example of the pitfalls of cross-border mergers and acquisitions. At the bottom of it all, TCL's failure was caused by its acquisition of obsolete technologies and its neglect of emerging technologies and their

---

5 See the explanation of "Special Treatment Stock" in the Key Business Terminology section of chapter 4.

6 Refer to the Chinese article:《李東生的"敦刻爾克"》("Li Dongsheng's Dunkirk Retreat"),《財經》(*Finance and Economy*) , November 13, 2006, at http://misc.caijing.com.cn/chargeFullNews.jsp?id=110065341&time=2006-11-13&cl=106.

great potential. Furthermore, government interference introduced political considerations that further complicated the already troubled situation. Nonetheless, TCL's tortured experience in implementing its global strategy has become a legend. Unlike Kodak, TCL survived and recovered from its serious setback. When faced with a critical life-or-death decision, Li Dongsheng insisted upon upholding TCL's global strategy. In retrospect, this decision enabled TCL to gain a competitive position in both the domestic and international electronic appliance markets.

This chapter's supplementary reading titled "Li Dongsheng's Reflections on TCL's Cross-Border M&A," chronicles Li Dongsheng's candid analysis of severe mistakes that TCL made after it experienced serious setbacks in its cross-border mergers & acquisitions. These insights provide a priceless resource for the Chinese business community to use when rethinking global strategy. This chapter's Key Business Terminology section introduces three commonly used financing methods for M&A.

The main theme of Part Three is China's strategy of "Welcoming Investment In and Sending Investment Abroad," which examines the strategy's implementation and the profound impact these policies have had on China and the global economy.

The rapid and continuous growth of China's economy has been hailed by many as a miracle. The nation's economic development has deviated from many of the basic conditions for rapid growth accepted by many in the West, including in particular a democratic political environment, a mature market economy, and an efficient capital market. In the process of integrating with the global economy, China either did not meet or only partially satisfied these preconditions. However, the Chinese economy has sustained roughly double-digit growth rates for the better part of the past four decades. Does this mean that Western economic theory no longer holds water? Does it also mean that a new Chinese model, one that transcends the Western economic theory and the Western experience, has emerged?

Naturally, opinions will differ on how best to answer these questions. But one can be sure that the opening of the Chinese market and its integration with global capitalism have contributed to China's rapid and sustained development. In this regard, China's strategy of "Welcoming Investment In and Sending Investment Abroad" has played a decisive role.

In practice, China's so-called "opening-up" economic policy has consisted of opening the domestic market to foreign companies while opening foreign markets for Chinese businesses. The strategy of welcoming foreign investment and sending Chinese investment abroad is analogous to two wheels that must turn simultaneously to advance, like a bicycle. If inward and outward investment were to fall out of sync, the "opening-up" policy would instead resemble a unicycle — unstable and unable to travel far. Therefore, welcoming foreign investment and sending Chinese investment abroad are two interrelated aspects of China's "opening-up" phenomenon. They provide critical insights for understanding how

China's economy has been able to grow stronger despite its many paradoxes over the past four decades of reform and opening-up.

From a historical perspective, the first move China took toward "opening up to the outside world" focused on welcoming foreign investment. By enticing foreign companies and investment into China, obtaining funds and technology from overseas firms, and learning from foreign firms' modern operations and management experience, the Chinese economy began gradually to integrate into the global economy. This process began with the establishment of the Shenzhen Special Economic Zone in 1980. International capital can always sniff out the investment opportunities that produce the best returns, which is why multinational manufacturing firms have undertaken a "major migration" every 20-25 years since World War II. The first round occurred in the early 1950s when manufacturing relocated from Europe and America to Japan. By the end of 1960s and early 1970s, manufacturing had moved again from Japan to the Four Asian Tigers. Beginning in the second half of the 1980s, manufacturing migrated once more to China's Pearl River Delta, which promoted the rapid development of that region and subsequently spurred domestic manufacturing across China.

Part Three also includes two chapters. Chapter 5 narrates the China stories of three American entrepreneurs in the historical context described above. In a sense, these three entrepreneurs are the quintessential representatives of foreign investment in the 1990s. Among them, one engaged in manufacturing and used China's low labor costs to produce goods for foreign consumption. The other two targeted China's weakest industry, the service sector, when starting companies. One founded an upscale restaurant in a high-end district of Shanghai that combined Chinese and Western cooking styles; the other seized upon the high demand for logistical services arising from increasing Chinese-American trade. Even though they came from different fields and had varied experiences, these three entrepreneurs have something in common: rather than simply transplant a foreign business model into the Chinese market, they instead focused on localization and grafted foreign capital onto a local environment.

China's welcoming of foreign investment corresponds to its policy of sending Chinese investment abroad. Chapter 6 examines Chinese overseas mergers and acquisitions as part of this practice. The chapter includes expert and scholarly analyses of the advantages and disadvantages of Chinese overseas M&A. Although the discussion concentrates on individual cases, such as TCL and Lenovo, one can deduce from these cases broader implications regarding Chinese M&A. How should China invest abroad? This remains a controversial debate that touches on complex and multifaceted considerations. China has integrated continuously into the global economy following its accession to the WTO. However, as China's overall national strength increases, its economic growth has slowed in recent years. The efficiency of its demographic and property dividends has also declined.

Chinese companies have little room for domestic expansion due to the pressures of domestic and international competition. Therefore, the search for opportunities to expand overseas became inevitable. Furthermore, alongside the ambitious "One Belt-One Road" initiative, sending investment abroad has become a national priority linked to the fate of the nation. Nevertheless, sending investment abroad will encounter political, economic, cultural, and linguistic barriers. As highlighted by the debate among experts over TCL and other relevant M&A cases in chapter 6, the road ahead is fraught with traps, obstacles, and unpredictable difficulties. When the strategy of sending investment abroad occupies a central position in China's development, the enormous risks involved become difficult to imagine and describe. On the one hand, China must invest abroad; on the other, it must avoid becoming too conspicuous. As the saying goes, "The tall tree catches the wind, but the wind can topple the tree." How should China face this dilemma? How should China simultaneously confront the political, economic, social, and environmental issues that have deeply embedded in China over the years?

The supplementary reading for this chapter includes a report on Geely's acquisition of the well-known Swedish automobile brand Volvo in 2010. This is a rare successful case of a Chinese 'snake' swallowing an 'elephant' in an overseas acquisition. The report includes a speech by Geely's president Li Shufu at the M&A closing ceremony. Of particular interest is President Li's prescient insight into the tremendous economies of scale that would be created by the Chinese market. As we can see today, this strategic vision was essential to success in this M&A case. The Key Business Terminology section of chapter 6 introduces the concepts of horizontal, vertical, and mixed acquisition activities.

The topic of Part Four, which includes two chapters, is "Investment Banks and the Financial Crisis." Chapter 7 and chapter 8 focus on the investment bank as an important institutional force that has received frequent public attention during the past decade as "China met the world." Both chapters also discuss the 2008 global financial crisis, which was caused by the American subprime lending crisis, an event often mentioned in the same breath as The Great Depression. These two chapters complement one another: the former lays a foundation for the latter's discussion of investment banks; the latter further clarifies issues explained in the first chapter by providing real-world evidence to explain the origin and development of the 2008 financial crisis.

Huang Ming is a world-renowned professor of Finance. In chapter 7, he describes and analyzes the evolution of international investment banking through the theme of "conflict of interest." Originally, investment banks were primarily family-owned businesses. Their role was to act as an intermediary between investors and borrowers, and their income derived mainly from commissions. Even though investment bankers inevitably became entangled in conflicts of interest while bridging the gap between investors and borrowers, these conflicts were inconspicuous because investment banks as family businesses prioritized their reputations and credibility. In the 1980s, however, the investment banking industry underwent enormous changes. On the one hand, a wide range of financial innovations proliferated and investment banking models became increasingly technical, specialized, and digitized. On the other hand, a large number of professional managers with high qualifications entered the industry and gradually replaced the family-managed banks. These managers began by considering their own interests: they often pursued short-term benefits and returns while neglecting the reputations and credibility that family businesses had viewed as the fundamental principle of their industry. Under the supervision of these professional managers, investment banks took on a new role in addition to their intermediary business — they began to develop and engage in proprietary trading. Through their extensive networks and control of information, professional managers devised new income streams, such as concealed "rat-trading," various complex derivatives, and involvement in asset securitization, among others. These measures, which gradually expanded the scope of traditional business activities and profit models, resulted in severe conflicts of interest between investment banks and a large number of their clients, thus creating an important institutional force that became an underlying cause of the 2008 global financial crisis.

A Chinese news report regarding Lehman Brothers' bankruptcy on September 15, 2008, appears in the supplementary reading of chapter 7. Lehman Brothers, which had a history spanning a century and a half, suddenly collapsed when the subprime-crisis spun out of control. Its demise impacted financial markets and the economy in the U.S. and throughout the world. The Key Business Terminology introduced in this chapter is "asset securitization," a new financial innovation with significant applications.

Chapter 8 presents Dr. Charles Li's lecture on the 2008 financial crisis. Dr. Li, who previously served as chairman of JP Morgan China, assumed the role of chief executive of HKEX in 2010. In addition to his solid expertise, he has rich practical experience in finance, enabling him to use clear and accessible language to explain the causes and unfolding of the financial tempest triggered by the subprime crisis. The situation at that time was analogous to the breach of a huge dam, which began with many trickling leaks that nobody believed capable of producing such catastrophic consequences. These small leaks gradually converged and enlarged, ultimately leading to a financial crisis across the globe. At first, there was only a limited proportion of subprime loans – loans given by retail banks to people who had less strong credit profiles. But as international financial institutions, such as investment banks, became involved and sought out "big bucks," the situation deteriorated and became uncontrollable. After subprime loans were packaged as financial products and entered capital markets, they received unreasonably high credit ratings, which in turn amplified financial risk. Subsequently, international investment banks leveraged capital to hold large positions by investing marginal funds, which once again multiplied the subprime risk that spread throughout the global financial system. Furthermore, insurance companies, driven by profit, also participated in the game, which produced various types of derivative products based on subprime loans, such as the Credit Default Swap (CDS). The amplified risk at different levels turned subprime lending into a vast and unmanageable "quake lake," where even the slightest ripple would be like dropping a bomb on a structurally flawed and weakened dam. As soon as the dam collapsed, the financial world downstream would be submerged.

The supplementary reading for this chapter includes a news report titled "American Sovereign Downgrade Roiled Global Stock Markets," which vividly portrays the potential domino effect on financial markets throughout the globe caused by the downgrade of credit ratings for U.S. sovereign bonds. The Key Business Terminology section of this chapter contains two commonly used financial concepts, "credit rating" and "financial leverage."

Forty years have passed since China started down the road of reform and opening-up. Although many of the trials and tribulations that China has experienced in the past four decades are far beyond the scope of this small book, all of the cases introduced here touch upon important historical aspects and demonstrate different perspectives when "China met the world." My hope is that readers of this book will appreciate the exciting and critical moments when China changed the world and the world changed China, so as to be intellectually more ready to envision the larger challenges that China will inevitably face when it continuously "meets the world." I also hope that the readers all over the world will gain a deeper understanding of Chinese language, history, and business culture through the bilingual resources that follow.

Zhihong Chen
Ithaca, NY
July 2018

第一編

互聯網革命

Part One

The Internet Revolution

第一章

阿里巴巴在中國擊敗電子港灣

"eBay 可能是條海裏的鯊魚,可我是揚子江裏的鱷魚。如果我們在海
裏交戰,我便輸了,可如果我們在江裏交戰,我穩贏。"

—馬雲 (阿里巴巴集團創始人、董事局主席)

eBay may be a shark in the ocean, but I am a crocodile in the Yangtze River.
Were we to fight in the ocean, I would lose; but if we were to fight in the
Yangtze, I surely would win.

—Jack Ma, Founder and Executive Chairman of Alibaba Group

導言 Introduction

網上購物以其方便快捷、物美價廉、多種多樣的選擇等優勢越來越受到消費者的青睞，這一不斷增長的需求也給商家帶來了前所未有的發展機遇。在中國市場上曾經發生的 eBay 與淘寶網之間的 "戰爭" 就是一個與之相關的令人感到不可思議的案例。

進入 21 世紀後，eBay 作為全球最大的正處於巔峰時刻的電商行業領跑者於 2003 年併購了中國電商行業當時的先行老大易趣網，成立了 eBay 易趣在線交易平台，一舉佔領了中國網購市場近 90% 的份額。幾乎同時，淘寶網作為一家由後起的中國公司阿里巴巴初創的本土電商網站猶如一匹突然衝出的 "黑馬" 向 eBay 叫板。不到兩年的時間，淘寶網就迎頭趕上並超越了 eBay 中國的市場規模。而 eBay 中國卻一蹶不振，業績一路下滑，最終不得不於 2006 年底草草收兵，將易趣公司拱手出讓給香港的 TOM 在線有限公司，退出中國本土網絡零售市場，轉戰外貿和跨境電商交易領域。

本章所選用的錄像真實地展示了淘寶網與 eBay 對決的全過程。從 eBay 強勢進軍中國市場，到淘寶網悄然上線；從 eBay 買斷門戶網站以封殺淘寶網，到雙方各自採用收費與不收費的模式展開激烈的較量；從飽受網購誠信問題的困擾，到網購安全支付工具的推出及廣泛使用，這齣商戰大劇的每一幕都讓人感到，外國公司進入中國新興的電商市場後，倘若不入境隨俗，即便有着雄厚的資金支持和豐富的經驗，也難以逃脫折戟沉沙的命運。那麼，初出茅廬的中國淘寶網擊敗美國電商大鱷的致勝法寶究竟是什麼呢？

在這裏，我不禁想起星巴克董事長舒爾茨說過的一段話："我們做出的許多關鍵決策不都是從經濟利益出發的，甚至經常反其道而行之，但恰恰是這些決策最後讓我們獲得了巨大的商業回報。" 淘寶網擊敗 eBay 的故事以一個中國的實例印證了這位美國公司老總的真知灼見。

Consumers are increasingly favoring online shopping for its strengths: streamlined experiences, competitive prices and broad selection, etc. This growing consumer base has provided businesses with unprecedented opportunities. The outbreak of a "war" over the Chinese market between eBay and Taobao offers a fascinating case related to the growth of internet marketing.

By the start of the twenty-first century, eBay had become the world's largest ecommerce platform and was in its prime. In 2003, eBay acquired eachnet.com, a pioneering and leading online Chinese web auction site. The result was eBay&eachnet.com, which occupied nearly 90 percent of the Chinese ecommerce market. At roughly the same time, the native Chinese firm Alibaba produced the budding new ecommerce site Taobao, which burst onto the scene like a dark horse to challenge eBay&eachnet.com. In less than two years, Taobao caught up with and surpassed eBay's market share in China. eBay China was unable to recover from this setback. eBay China's performance declined until late 2006, when the company finally had no choice but to hand over its web auction operations in China to TOM Online, a mobile internet company based in Hong Kong, withdraw hastily from China's domestic online retail market, and shift the battle to foreign trade and transnational ecommerce.

The video clips included in this chapter reveal the entire course of the duel between eBay and Taobao: eBay's strong entry into the China market, Taobao's quiet emergence online, eBay's buyouts of web portals in an effort to shut out Taobao, the use of fee-based and no-fee models that unleashed fierce competition, the obstacle of trust deficit in online shopping, and finally the launch of widely-used online payment security features. Every scene of this commercial war drama leaves observers with the sense that if foreign firms fail to follow local customs and practices after entering China's emerging ecommerce market— even if they enjoy strong financial backing and rich experience—they risk crushing defeat.

So, what was the magic weapon that enabled the fledgling Chinese Taobao to defeat the American ecommerce giant eBay?

Here, one cannot help but think of the words of Starbucks chairman Howard Schultz. "Not every business decision is an economic one, he once said. "In fact," he continued, "I would argue that so many of the decisions that we've made, that have not been economic, that are against the grain…this is the primary reason we have been financially successful."[1] The story of eBay's defeat at the hands of Taobao confirms the insights of this American executive.

---

1 Howard Schultz's speech at School of Economics and Management of Tsinghua University: "Building a Trusted and Enduring Brand in China and around the World", 4.17.2017, see his speech at http://www.sem.tsinghua.edu.cn/en/News1/6796.html

第一節　eBay 打入中國市場

　　和亞馬遜悅耳的鈴聲相比，這家電商慶祝獲得訂單的方式顯得更加熱鬧。這是用戶對阿里巴巴的肯定，也為馬雲的事業賺來了第一桶金。

馬雲[2]　昨天[3]晚上在六點整，我們拿到的數據是，阿里巴巴已經全面盈利。也就是說，到昨天為止，我們公司不僅賺了一塊錢，昨天從人民幣上來說，我們賺了五十萬元錢。

　　但是到了 2003 年，馬雲開始有了越來越強烈的危機感。

觀眾　　eBay! eBay! eBay!

Whitman[4] Today, eBay is truly a global marketplace. There are now one hundred forty-seven million users around the world in over one hundred fifty countries. Based on population, eBay would rank seventh on the list of world's nations. We have presence in thirty-three markets around the world, including Australia, Canada, China.

惠特曼　今天，易貝是全球最大的市場，在 150 多個國家有 1.47 億的用戶，從使用人數來說，它可以列入世界各國人口排名第七。我們在全球 33 個市場都有業務，包括澳大利亞、加拿大、中國。

　　在過去的兩年當中，全球的互聯網企業經歷了泡沫破滅後的全面衰退期。很多公司不是舉步維艱，就是關門大吉，但是美國的一家名為電子港灣的互聯網公司卻逆勢而上。電子港灣公司已經投入 3000 萬美元，獲得了易趣網 33% 的股份[5]。2003 年，易貝以 1.5 億美元全資收購一家名叫易趣的中國電商後，一舉佔領了中國 90% 個人用戶的電商市場。易貝隨時可能殺入到阿里巴巴的領地與馬雲搶奪用戶。在阿里巴巴，馬雲還有一個耳熟能詳的名字——"風清揚"，這是馬雲最喜歡的武俠人物。大敵當前，武俠迷馬雲卻擺出了迥異常人的架勢——以攻為守。

2　馬雲（Ma Yun）：阿里巴巴董事局主席。

3　這指 2001 年。

4　Meg Whitman（中文名，惠特曼 huì tè màn）：時任 eBay 公司首席執行官（CEO）。

5　這裏指的是 2002 年 3 月。

詞語釋義 Glossary

简体	繁體	拼音	英文
亚马逊	亞馬遜	yà mǎ xùn	Amazon
电商	電商	diàn shāng	e-commerce; online retailer
订单	訂單	dìng dān	order
数据	數據	shù jù	data
盈利	盈利	yíng lì	profitable
危机感	危機感	wēi jī gǎn	sense of crisis; unease
易贝	易貝	yì bèi	eBay
互联网企业	互聯網企業	hù lián wǎng qǐ yè	online enterprise; internet company
泡沫	泡沫	pào mò	bubble
破灭	破滅	pò miè	burst
衰退	衰退	shuāi tuì	recession
举步维艰	舉步維艱	jǔ bù wéi jiān	in for a bumpy ride
关门大吉	關門大吉	guān mén dà jí	close down
电子港湾	電子港灣	diàn zǐ gǎng wān	eBay
逆势而上	逆勢而上	nì shì ér shàng	buck the trend
易趣网	易趣網	yì qù wǎng	eachnet.com, a Chinese e-commerce company
股份	股份	gǔ fèn	share
耳熟能详	耳熟能詳	ěr shú néng xiáng	well known
武侠人物	武俠人物	wǔ xiá rén wù	martial arts character
迥异常人	迥異常人	jiǒng yì cháng rén	extraordinary
架势	架勢	jià shi	stance; pose
以攻为守	以攻為守	yǐ gōng wéi shǒu	the best defense is a good offense

第二節　淘寶網的建立與 eBay 的封殺策略

　　2003 年 5 月，在杭州城這個名叫湖畔花園的居民小區，馬雲創立的淘寶網悄悄上線了。

張宇[6]　剛入職的時候，淘寶網基本上像一個條件不是很好的大網吧。我記得，那個時候我部門裏面還有好幾個同學是在電梯間面試的。

6　張宇（Zhang Yu）：時任阿里巴巴集團戰略部副總裁。

新網站淘寶網急需打開市場知名度，但是一個意想不到的狀況出現了。2003年6月，易貝依靠着雄厚的資本，與中國主流的門戶網站簽訂了排他性廣告，這使得淘寶網很難被中國用戶發現。

張宇　從來沒有一個企業說，我能夠把這個媒體買斷，不讓競爭對手來投放，我覺得很不可思議，那怎麼辦呢？可能互聯網就是這樣。

這是一場實力懸殊的競爭，財大氣粗的易貝擁有無盡的資源。但是馬雲發現，這個巨人對於中國用戶卻不夠了解。

馬雲　C2C 是需要積累的，我自己第一次掛上去二十四件商品，我們七個同事每個人回家要找四件商品，我發現在我們家找四件商品可以在網上賣都很難，所以我覺得 C2C 這個市場，中國還早着呢。

詞語釋義 Glossary

简体	繁體	拼音	英文
淘宝	淘寶	táo bǎo	Taobao, one of the largest Chinese websites for online shopping
上线	上線	shàng xiàn	go live
网吧	網吧	wǎng bā	internet cafe
知名度	知名度	zhī míng dù	fame; popularity; notability
资本	資本	zī běn	capital
主流	主流	zhǔ liú	mainstream
门户网站	門戶網站	mén hù wǎng zhàn	web portal
排他性	排他性	pái tā xìng	exclusive
媒体	媒體	méi tǐ	media
买断	買斷	mǎi duàn	buyout
竞争对手	競爭對手	jìng zhēng duì shǒu	competitor
不可思议	不可思議	bù kě sī yì	unimaginable; inconceivable
实力悬殊	實力懸殊	shí lì xuán shū	mismatch; great disparity of power
财大气粗	財大氣粗	cái dà qì cū	deep pocket
资源	資源	zī yuán	resource
巨人	巨人	jù rén	giant
C2C	C2C		consumer-to-consumer
积累	積累	jī lěi	accumulate

第三節　淘寶網與 eBay 的對決：收費與不收費

　　更加令中國用戶望而卻步的是，易貝的服務是要收費的。根據售賣商品的不同，賣家每上線一件商品，需要繳納 1-8 元不等的登錄費，而在成功達成每筆交易後，他們還要繳納最高交易額 2% 的服務費。若能顛覆易貝這套從美國帶來的遊戲規則，馬雲知道這將為淘寶網贏來用戶的歡呼。在淘寶網公司的辦公區，員工都在學習一種與電腦編程無關的新技能——倒立，這是馬雲的要求，所有的男員工要保持 30 秒，女的保持 10 秒。對付易貝，馬雲決定反其道而行。為了吸引用戶，他承諾，淘寶網在三年內對所有的用戶免費。

張宇　　那個時候，因為太困難了，所以我們就要經常跟我們團隊的同學們說，我們要換一個角度去看這個世界。可能任何人都這樣看的時候，反而你換個角度，那個世界就不一樣了。

馬雲　　消費者在網上買東西，對他來講是一種嘗試，嘗試它是要付出代價的。賣家開始在網上賣東西，他也是一種嘗試。對我們來講，我們希望大家創業也是一種嘗試。在雙方、幾方都是嘗試的情況下，我們付出的代價，就是我們多花點錢，讓別人能夠賺點便宜，同時共同去打造一個未來的模式。

　　這位金髮碧眼的女強人就是馬雲的對手——惠特曼。此前所有的商業常識都告訴這位哈佛商學院的優等生，公司必須盈利才能生存，易貝從誕生的第一天起就有了盈利。

荊林波[7]　作為一個消費者，公平而言，實際上天上掉餡餅，這個是不應該的，我們都應該為服務付費。

　　淘寶網還沒有盈利，免費只會讓窟窿越來越大。信心滿滿的惠特曼甚至在公開場合聲稱，淘寶網不可能活過 18 個月。華爾街的股東們，在中國市場投入數億美元後，更是急切希望易貝在中國能盡快回報利潤。

馬雲　　易貝對當季比較關心，下個月很關心。我們那時候覺得，兩三年內的中國電子商務不可能起來，必須考慮十年、八年以後的發展。

7　荊林波 (Jing Linbo)：時任中國社科院財經戰略研究院副院長。

馬雲決定把所有的賭注壓在未來用戶數量的增長上，而看似荒謬的免費，成了淘寶網吸引用戶最有效的武器。

A foreign staff	eBay already came back with the response saying free is not a business model, and they are saying they are much stronger because they can charge. I think we are much stronger because we can stay free.
一位外國僱員	易貝回復說，免費不是一種商業模式。他們說，他們強大得多，因為他們能收費。我認為我們強大得多，因為我們能保持免費。
Ma Yun	yeah, we can afford to be free. True, very happy very happy, actually they are dancing at our pace. That's exactly what we want.
馬雲	是啊，我們有能力保持免費，太好了，很高興。事實上他們正隨着我們的節拍跳舞，這正是我們想要的。

　　但是免費也意味着淘寶網需要更多的資金支持。在美國，馬雲找來了一位重量級的盟友——雅虎，注資10億美元，這也使得淘寶網免費的盛宴得以繼續。

詞語釋義 Glossary

简体	繁體	拼音	英文
用户	用戶	yòng hù	user
望而却步	望而卻步	wàng ér què bù	pull back at the sight of sth.
缴纳	繳納	jiǎo nà	pay
登录费	登錄費	dēng lù fèi	registration fee
交易额	交易額	jiāo yì é	trading volume; turnover
服务费	服務費	fú wù fèi	service fee
颠覆	顛覆	diān fù	subvert; overturn
游戏规则	遊戲規則	yóu xì guī zé	rules of game
电脑编程	電腦編程	diàn nǎo biān chéng	computer programming
技能	技能	jì néng	skill
免费	免費	miǎn fèi	free; no charge
角度	角度	jiǎo dù	angle; point of view; perspective
代价	代價	dài jià	pay the price for sth.
创业	創業	chuàng yè	start one's own business
模式	模式	mó shì	model
商业常识	商業常識	shāng yè cháng shí	business common sense
华尔街	華爾街	huá ěr jiē	Wall Street
股东	股東	gǔ dōng	shareholder

简体	繁體	拼音	英文
当季	當季	dāng jì	current season
赌注	賭註	dǔ zhù	bet
荒谬	荒謬	huāng miù	absurd; preposterous
盟友	盟友	méng yǒu	ally
雅虎	雅虎	yǎ hǔ	Yahoo
注资	注資	zhù zī	capital injection

第四節　支付寶與網購誠信問題的解決

　　免費最大程度降低了中國用戶嘗試新鮮事物的成本，但是這並不足以讓剛剛觸網的他們放心網購。柳傳志是中國商界的知名企業家，也是一位高爾夫的發燒友。早年在網上的一次購物體驗，讓他對網購心有餘悸。

柳傳志[8]　我有一次打高爾夫，打過一次一桿進洞。然後，我為此送給朋友的禮物是測距鏡。在美國買要幾千塊，在這網上買，價格都不等，600-800。於是我就買了一批拿回來送人，最後發現90%以上全是壞的。

　　網絡誠信問題不僅僅出現在中國，即使是在電子商務更加發達的美國，2003年每一個網購的美國人因為網絡詐騙的損失平均高達293美元。如何解決電子支付的安全隱患，成為各大電商爭奪用戶的焦點。

　　2003年[9]易貝以15億美元的代價收購了一家名叫貝寶的公司，它為交易的雙方設計了一套安全支付的流程，受到越來越多的美國用戶的歡迎。貝寶的出現對淘寶網無疑是個巨大的威脅，馬雲決定要搶在易貝在中國動作之前，推出自己的網絡安全支付工具——支付寶。

程立[10]　當買家把錢付到支付寶之後，支付寶會通知賣家。買家收到貨之後，確認這個貨跟商品的描述是相符的，這個時候他再確認，拿錢來給賣家。通過這樣的方式，讓交易這個過程變得是安全的。

8　柳傳志（Liu Chuanzhi）：時任聯想控股公司董事長、執行委員會主席。

9　更正：應該是2002年eBay收購了貝寶（PayPal）。

10　程立（Cheng Li）：支付寶首席架構師。

誰也不知道易貝的反應為什麼會如此地遲緩。直到 2005 年，看到易貝的用戶紛紛轉投淘寶網的懷抱，惠特曼才意識到事態的嚴重。她匆忙趕到上海，親自督戰，並宣佈在中國市場引入貝寶。但是戰機稍縱即逝，此時支付寶早已在中國市場站穩了腳跟。今天支付寶的實名用戶規模已經接近 3 億，一年通過支付寶交易的資金超過了 1 萬億元人民幣。

馬雲　在中國，大家都認為這是一個缺乏信任的時代，但居然你會對着一個你都沒聽見過的名字，付錢給他，買一個你可能從來沒見過的東西，經過上百上千公里，通過一個你不認識的人到了你手上——今天的中國擁有信任，每天 2400 萬筆淘寶網的交易意味着中國有 2400 萬個信任在流轉着。

　　2006 年淘寶網的用戶規模達到了 2000 萬，市場份額比易貝的兩倍還多。流失的用戶一去不返，也讓易貝不得不退出中國網絡零售市場，轉戰外貿電商領域。

王樹彤[11]　所以我覺得，對跨國企業來説，它很難走到我們所説的"村邊地頭"，就是中國企業更加了解中國的市場。

詞語釋義 Glossary

简体	繁體	拼音	英文
成本	成本	chéng běn	cost
网购	網購	wǎng gòu	online shopping
柳传志	柳傳志	liǔ chuán zhì	Liu Chuanzhi, founder of Lenovo
发烧友	發燒友	fā shāo yǒu	enthusiast
心有余悸	心有餘悸	xīn yǒu yújì	have a lingering fear
测距镜	測距鏡	cè jù jìng	range finder
诚信	誠信	chéng xìn	honesty; integrity
诈骗	詐騙	zhà piàn	fraud
损失	損失	sǔn shī	loss
电子支付	電子支付	diàn zǐ zhī fù	electronic payment
隐患	隱患	yǐn huàn	hidden danger
焦点	焦點	jiāo diǎn	focus
贝宝	貝寶	bèi bǎo	PayPal
流程	流程	liú chéng	procedure
支付宝	支付寶	zhī fù bǎo	Alipay, an online third-party payment system

---

11　王樹彤（Wang Shutong）：電子商務網站敦煌網創始人兼首席執行官。

简体	繁體	拼音	英文
稍纵即逝	稍縱即逝	shāo zòng jí shì	lit. it's gone when the grip is slightly relaxed; fleeting; transient
迟缓	遲緩	chí huǎn	sluggish; slow; tardy
资金	資金	zī jīn	fund
规模	規模	guī mó	scale
市场份额	市場份額	shì chǎng fèn é	market share
零售市场	零售市場	líng shòu shì chǎng	retail market
外贸	外貿	wài mào	foreign trade

關鍵商業術語與概念 Key Business Terminology

1 互聯網＋[12]

　　什麼是"互聯網＋"？騰訊 CEO 馬化騰説，"互聯網＋"是一個趨勢，"加"的是傳統的各行各業。簡單地説就是，互聯網＋某某傳統行業＝互聯網某某行業。比如，互聯網＋傳統集市，就有了淘寶網；互聯網＋傳統百貨賣場，就有了京東；互聯網＋傳統銀行，就有了支付寶；互聯網＋傳統紅娘，就有了"世紀佳緣"；互聯網＋傳統交通，就有了"快的打車"；互聯網＋傳統娛樂，就有了網絡遊戲，等等。從實際效果來看，互聯網＋傳統行業所產生的是遠遠大於"1+1=2"的效果。"互聯網＋"時代的到來給企業帶來了數不勝數的機遇，這是因為"互聯網＋"把過去互聯網的單向型信息發布和傳播變成了雙向型互動，並把兩者的數據有機地結合起來，再用雲技術、雲概念對數據進行加工、分析，從而大大提高了企業的生產效率。過去，互聯網公司更多地是在傳播財富，比如説淘寶網，它不生產任何產品，只是幫助創造財富的企業來傳播產品。隨着"互聯網＋"時代的到來，傳統企業也從傳統的財富創造進入到財富傳播的過程當中。

1 Internet +

　　What is "Internet +"? According to Tencent CEO Ma Huateng (Pony Ma), Internet + is a trend, where the "+" refers to "every industry". Simply put, internet + any traditional industry = online version of that traditional industry. For example, internet + traditional market = Taobao (a Chinese analog of eBay's model); internet + traditional department

---

12　有關"互聯網＋"（hù lián wǎng jiā）可參看視頻第一財經《解碼財商》節目，解碼人唐駿：《站在互聯網＋的風口上》，https://www.youtube.com/watch?v=NlGmqVKSouM。

store = JD.com (an ecommerce company); internet + traditional banking = Alipay (a Chinese analog of PayPal); internet + traditional matchmaker = Jiayuan.com (a Chinese analog of Match.com); internet + traditional transportation = DiDi (a Chinese analog of Uber); internet + traditional entertainment = online games. Judging by actual results, the effect of internet + any traditional industry is much greater than 1+1=2. In the age of Internet +, businesses have found innumerable opportunities, because Internet + has transformed the flow of information from a one-way road into a two-way street between business and consumer. Utilization of cloud technology has allowed businesses to organically fuse both sides' data, processing and analyzing them to increase business efficacy. In the past, internet companies like Taobao mostly conducted business without creating any products. They only assisted wealth-creating companies in the distribution of their own products. With the arrival of the age of Internet +, traditional industries can undergo the transition from simply producing wealth to spreading it, too.

2 第三方支付

　　"第三方支付" 是一種網絡支付模式。根據《中華人民共和國商業銀行法》，除了銀行以外的任何機構不得吸收公眾存款，所以，第三方支付機構必須通過商業銀行來操作。因此，像支付寶這樣的第三方支付系統就需要與各大銀行簽約，以便為消費者提供與銀行支付結算系統接口的交易支持平台。在 "第三方支付" 模式中，買方選購商品後，使用第三方平台提供的賬戶進行貨款支付，並由第三方通知賣家貨款到賬，要求發貨；買方收到貨物，檢驗商品並進行確認後，就可以通知第三方付款給賣家；第三方再將款項轉至賣家賬戶上。

　　下圖説明的是交易流程的六個步驟：：

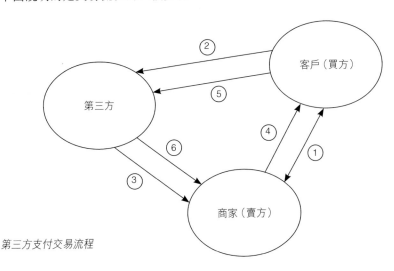

第三方支付交易流程

(1) 客戶在電子商務網站上選購商品，決定購買，買賣雙方在網上達成交易意向；

(2) 客戶選擇利用第三方作為交易中介，客戶用信用卡將貨款劃到第三方賬戶；

(3) 第三方支付平台將客戶已經付款的消息通知商家，並要求商家在規定時間內發貨；

(4) 商家收到通知後按照訂單發貨；

(5) 客戶收到貨物並驗證後通知第三方；

(6) 第三方將其賬戶上的貨款劃入商家賬戶中，交易完成。

2 Third-Party Payment

Third-party payment is a method of online payment. According to the Law of the People's Republic of China on Commercial Banks, no entity other than banks may accept public deposits.

Thus, a third-party payment provider, such as Alipay's platform, must operate through retail banks in order to provide consumers with an online payment system which establishes connectivity between its transaction-support platform and bank payment settlement systems. When a customer purchases the goods, the third-party payment method enables the customer to make a payment through the account on the third-party platform. After the payment is made, the third party informs the seller and requests delivery of the goods. After receiving, checking, and confirming the quality of the goods, the customer will request the third party to release the payment to the merchant. The third party will then transfer the payment to the merchant account.

The six steps of the transaction process are as follows:

(1) The customer chooses goods through an ecommerce website, decides to purchase the goods, and the buyer and seller reach an agreement to enter into a transaction;

(2) The customer chooses to use the third party as a transaction intermediary, and the customer uses a credit card to transfer funds to the third-party account;

(3) The third-party platform informs the merchant that the customer has paid, and requests the merchant to deliver the goods to the customer within a specified time period;

(4) After receiving the notification, the merchant ships the goods according to the order;

(5) The customer informs the third party upon receiving and checking the goods;

(6) The third party transfers funds from its account to the merchant account, and the transaction is completed.

阿里巴巴在美國紐交所上市
Alibaba's Historic IPO on the NYSE

　　根據多家外媒引用知情人士的消息報導,阿里巴巴集團掛牌上市的當天[13],參與阿里巴巴 IPO 的承銷商們行使了綠鞋期權,使得阿里的最終融資額達到了 250 億美元。那麼究竟什麼是綠鞋期權?先來了解一下。

　　所謂的 "綠鞋期權" 也叫超額配售選擇權,是由美國一家名為波士頓綠鞋製造公司率先使用而得名。慣例的做法是,發行人給予主承銷商在股票發行後 30 天內,以發行價購買額外的,相當於原發行數量 15% 的股票。當股票十分搶手,發行後股價上揚時,主承銷商可以以發行價行使綠鞋期權。在實際操作中,超額發售的數量可以由發行人與主承銷商協商確定,一般在 5% 到 15% 之間。

　　消息人士稱,阿里巴巴的主承銷商將滿額實施 15% 的超額配售權,這意味着阿里巴巴的實際發行數量為原定的 115%,這也使得阿里巴巴的融資額從 218 億美元躍升至 250 億美元,超過此前在 2010 年中國農業銀行 221 億美元的融資額,成為有史以來全球最大規模的 IPO。

　　在 19 號上市當天,阿里經過了十輪的公開競價,以每股 92.7 美元開盤,要比之前的 68 美元的發行價格上漲了 36.32%。在盤中阿里的最高股價接近了 100 美元,達到了 99.7 美元,收盤最終是收報於 93.89 美元,這要比 IPO 的定價上漲了 38.07%,這個漲幅也是自 2008 年以來,百億美元以上 IPO 規模的公司當中上市首日的最大漲幅。而且在市值方面,阿里是以 2314.4 億美元的市值,超過了今年[14]以來整個美國 IPO 市場所有其他公司 1850 億美元的市值的總和,也超過了摩根大通、寶潔、Facebook、可口可樂等知名的企業,成為了全球市場市值第二十大的公司,僅次於蘋果、谷歌和微軟等等這些科技公司。當然阿里也成為了在美國公開交易的市值第三大的亞洲公司,排在它前面的是中國移動(2503 億美元)和中國石油(2462 億美元)。

主持人[15]　那麼在今天的演播室,我們非常高興地邀請到了《第一財經》的總編輯秦朔[16]先生。歡迎您,秦總,來到我們的節目當中。我知道,之前您也是

13　這裏指 2014 年 9 月 19 日。

14　這裏指 2014 年。

15　黃偉(Huang Wei):上海第一財經頻道《財經夜行線》節目主持人。

16　秦朔(Qin Shuo):時任《第一財經日報》(*China Business News*)總編輯。

應邀和阿里巴巴的團隊一起到紐約見證了阿里巴巴上市的歷史時刻。現在上市的狂喜已經過去了，在您看來，阿里巴巴如此成功地在資本市場登陸了，接下來阿里巴巴會有一些什麼樣的新變化嗎？

秦朔 阿里巴巴這次上市有一個非常成功的原因，是它有一個非常好的業績和定位，它的定位是全球最大的在線和移動商務公司，它有很多數據的支持，因此我覺得接下來來講，就是在這麼成功的基礎上，其實我相信，它一定會有很多的變化。

第一個我想可能從公司治理的角度來講——治理的透明化。我講一個很小的細節：我是昨天晚上從紐約飛到上海，下飛機以後看到馬雲有一個短信，就是説，我們那天在慶功晚宴上一些零星的談話都不是做採訪用的，所以希望轉告所有的媒體朋友。我就立即意識到，在 SEC 的信息披露的要求下，像馬雲這樣其實是非常開放的（一個人），他現在也要開始受到約束。另外，我們知道，其實在美國上市以後，中小投資者對一個公司的要求、消費者權益保護，其實都是非常非常高的。從這個意義上來講，你馬上面臨的監管的環境、競爭的環境、消費者和客戶的保護環境可能就要跟 SEC 或者亞馬遜的標準，很多的（方面）都要慢慢地統一起來，所以我想説，在治理方面會有很多變化。

第二個我想可能是在平台的生態化。因為現在很多的（企業）都説自己是平台，是購物的平台或者垂直的平台等等。阿里説（自己）是一個最大的在線平台，但事實上，這一塊只是涵蓋了阿里的商流，那麼接下來還有物流，還有金流，就是資金流。在這三流之外，它還有相當多的數據業務，還有相當多的增值服務，它已經做了一個很大的佈局，所以某種意義上，它的的確確從一個我們理解的商流的賣產品的平台，向一個更大的生態系統來轉化，我覺得，這也會是一個很大的變化。

第三個應該就是公司的全球化。因為他們自己也講，接下來比如説，跨境的電商問題，跨境的物流問題，包括公司人才的國際化，你要在全球開展市場，全球化是一個必不可少的挑戰。

主持人 從中國的阿里開始變成世界的阿里，從一個非上市企業變成一個上市公司，所以，又一個新階段、一個新起點開始了，考驗不比以前少，甚至更多了。那麼另外，我還想請教秦總一個問題，就是在您看來，在中國目前整個的生態體系之下，有沒有可能（大膽預測一下）有第二、第三個類似於像阿里巴巴這樣的如此大體量的企業上市？

秦朔 我個人認為，互聯網也是你方唱罷我登場，也是會有很多的機會。但是我認為，在中短期，在三五年之內，要出現像阿里這樣的奇蹟，特別是在資本市場如此地轟動，全球最大的IPO，我個人認為，這個概率，坦率地說，如果不說是零的話，肯定也是百分之二三五之內的，就是幾乎沒有可能。因為我們想，當年百度上市的時候[17]，已經是創造了很大的發行奇蹟，它當年漲了百分之三四百，市值當年才多少呢？才40億美金不到。騰訊上市的時候[18]，也是覺得已經很好了，70億港幣。而阿里今天的這個噸位、這個體量，它現在的這個市值總量已經是兩千二三百億美金的市值。這事實上是"笑到了最後"，是一直不斷的。而且中間還在香港有過一次B2B的業務上市，後來又退市，它是一直壓到了最後。我覺得，互聯網的精神（某種程度上），它像放禮花一樣，一開始的路線很長，它最後突然綻放，綻放得那麼漂亮。但是因為一個公司總是需要成長，需要積累，慢慢地積累，那我覺得，從短期來講，其實很難看到有一個公司能有這樣的機會。

主持人 那麼換句話說，BAT[19]這麼強大了，有沒有可能在某種意義上形成壟斷，再也不可能有後來者冒出來呢？

秦朔 其實是在整個的互聯網的歷史上，從最早的網景、雅虎開始，就一直有這樣的一個問題。但是歷史一次次地告訴我們，遊戲的規則，人的需求的變化，以及新經濟和傳統經濟的結合帶來的新的各種各樣的機會還是層出不窮，所以，每一個時代的主角能不能在下一個時代依然成為主角，我覺得，這都是一個很令人期待的問題。我們其實是很高興地看到，比如說，像大家當時覺得騰訊可能有問題，創新度不足，但是騰訊最後有了微信，那它就實現了一次自我的超越。我覺得，阿里馬雲在19號的晚上我們在聊天的時候也講，這是我們第一個里程碑，接下來我們

---

17 百度在2005年8月5日在美國納斯達克（NASDAQ）上市。

18 騰訊在2004年6月16日在香港上市。

19 BAT：百度、阿里巴巴和騰訊三家公司的英文簡稱。

還會有新的里程碑，還可能有不確定的麻煩，但是也可能有更加好的
光鮮。那麼我想，他在商流之外，對於物流、資金流、增值服務以及
更廣大的（市場）也可能已經有了一些預想，從這個意義上還是值得我
們期待的。

主持人　謝謝秦總給我們新的創業者打了一針強心劑，還是有可能打敗阿里的。

詞語釋義 Glossary

简体	繁體	拼音	英文
阿里巴巴	阿里巴巴	ā lǐ bā bā	Alibaba Group Holding Ltd.
商流	商流	shāng liú	commodity flow
上市	上市	shàng shì	IPO; go public; listed publicly
外媒	外媒	wài méi	foreign media
挂牌	掛牌	guà pái	be listed (on a stock market)
承销商	承銷商	chéng xiāo shāng	underwriter
融资额	融資額	róng zī é	amount of financing
绿鞋期权	綠鞋期權	lǜ xié qī quán	green shoe option
超额配售	超額配售	chāo é pèi shòu	over-allotment
率先	率先	shuài xiān	first to (do sth.); take the lead
发行人	發行人	fā xíng rén	issuer
发行价	發行價	fā xíng jià	offering price
期权	期權	qī quán	stock option
抢手	搶手	qiǎng shǒu	in great demand
上扬	上揚	shàng yáng	upturn; upward swing; soar; raise
操作	操作	cāo zuò	operation
中国农业银行	中國農業銀行	zhōng guó nóng yè yín háng	Agriculture Bank of China (ABC)
开盘	開盤	kāi pán	opening
收盘	收盤	shōu pán	closing
收报	收報	shōu bào	closing price at
市值	市值	shì zhí	market cap
摩根大通	摩根大通	mó gēn dà tōng	J.P. Morgan & Co.
宝洁	寶潔	bǎo jié	Procter & Gamble
脸书	臉書	liǎn pǔ	Facebook
可口可乐	可口可樂	kě kǒu kě lè	Coca Cola
苹果	蘋果	píng guǒ	Apple Inc.
谷歌	谷歌	gǔ gē	Google
微软	微軟	wēi ruǎn	Microsoft

简体	繁體	拼音	英文
中国移动	中國移動	zhōng guó yí dòng	China Mobile Communication Corporation
中国石油	中國石油	zhōng guó shí yóu	China National Petroleum Corporation
在线	在線	zài xiàn	online
透明化	透明化	tòu míng huà	transparency
SEC (美国证券交易委员会)	SEC (美國證券交易委員會)		Securities and Exchange Commission
披露	披露	pī lù	disclose; disclosure
约束	約束	yuē shù	constraint; restriction
平台	平臺	píng tái	platform
垂直	垂直	chuí zhí	vertical
涵盖	涵蓋	hán gài	cover
商流	商流	shāng liú	commodity flow
资金流	資金流	zī jīn liú	capital flow; financing
增值服务	增值服務	zēng zhí fú wù	value-added service
布局	佈局	bù jú	overall arrangement
跨境	跨境	kuà jìng	cross-border
生态体系	生態體系	shēng tài tǐ xì	ecosystem
预测	預測	yù cè	forecast
奇迹	奇跡	qí jì	miracle
轰动	轟動	hōng dòng	sensational
概率	概率	gài lù	probability
百度	百度	bǎi dù	baidu.com
腾讯	騰訊	téng xùn	Tencent Holdings Ltd.
B2B	B2B		business-to-business
退市	退市	tuì shì	delisted
互联网	互聯網	hù lián wǎng	Internet
礼花	禮花	lǐ huā	fireworks display
路线	路線	lù xiàn	route; path
绽放	綻放	zhàn fàng	bloom; blossom
垄断	壟斷	lǒng duàn	monopoly
网景	網景	wǎng jǐng	Netscape Communications Corporation
层出不穷	層出不窮	céng chū bù qióng	inexhaustible; innumerable succession
微信	微信	wēi xìn	WeChat
强心剂	強心劑	qiáng xīn jì	defibrillation; shock; jolt

Chapter Two

The Impact of Internet-Based Financing on Chinese Commercial Banking

第二章

互聯網金融對中國商業銀行的衝擊

"如果銀行不改變，我們就來改變銀行。"

—— 馬雲 (阿里巴巴集團創始人、董事局主席)

If banks do not change themselves, we will make them change.

—— Jack Ma, Founder and Executive Chairman of Alibaba Group

導言 Introduction

中國的銀行業是最具壟斷特徵的行業之一。近年來，蓬勃興起的互聯網金融不僅成為金融領域最引人矚目的一股潮流，而且正在逐步打破傳統銀行的壟斷性門檻，因此引起了廣泛熱議。

互聯網金融作為一種新的金融模式，借助互聯網技術和移動通信技術，具有資金融通、支付和信息中介功能，其業態包括第三方支付、P2P 網絡借貸、互聯網理財等。從發展上看，互聯網金融離不開大數據、雲計算、社交網絡、搜索引擎等互聯網技術的突破和運用，伴隨着電子商務應運而生。

對互聯網金融的發展前景人們有着不同的判斷。以比爾·蓋茨為代表的"顛覆論"者認為，互聯網金融對傳統金融模式所產生的影響是顛覆性的。早在20多年前，蓋茨就曾預言，到21世紀，傳統銀行業將成為滅絕的"恐龍"。另一些持"補充論"者認為，互聯網金融只是"小打小鬧"，對傳統金融行業只能起到補充作用，最終還是會被"吃掉"。第三種觀點是"融合論"，即傳統銀行會吸收互聯網金融的成果，兩者資源共享，借助各自的優勢，從對方的挑戰中改善自身，最終相輔相成，提高金融對整個社會的覆蓋面。

本章所選用的錄像中有兩位資深銀行家針對這一熱議話題做出的回應，他們都曾經擔任過中國最富盛名的商業銀行的行長或董事長。在否定顛覆論的同時，他們又承認，互聯網金融正蠶食着商業銀行的利潤空間。那麼，互聯網金融為什麼會對商業銀行構成挑戰？它在哪些方面撼動了現存的銀行模式？在信息技術革命和大數據時代背景下，商業銀行是否仍有優勢？正在發生怎樣的變革？互聯網金融與傳統銀行能否形成對接與融合？兩位銀行家分享了他們從銀行業的角度對這些問題的深入思考和獨到見解。

Banking is one of the monopolistic industries in China. In recent years, the rapid rise of internet finance has not only become the most striking trend in the realm of finance, it is also progressively chipping away at the monopolistic position of traditional banking, a development that is spurring widespread and heated discussion.

Internet finance offers a new model that draws from internet technology and mobile communications technology functioning as an intermediary for financing, payment, and information exchange. It enables various forms of business activity, including third-party payment, P2P internet lending, and online wealth management. In terms of its development, internet finance is driven by breakthroughs and applications of internet technology such as big data, cloud computing, social networking, search engines, all of which emerged along with ecommerce.

Individuals have varying assessments of the future development of internet finance. According to "subversives", represented by Bill Gates, internet finance has already exerted subversive pressures on traditional finance models. More than twenty years ago, Gates predicted that by the twenty-first century traditional banks would become extinct like the dinosaurs.[1] Others subscribe to the view that internet finance will develop in dribs and drabs to complement traditional finance only to be swallowed up by banks in the end. A third view posits that traditional banks will benefit from the fruits of internet finance, and that the two modes of financing will share resources, draw from each other's strengths, use each other's challenges to improve themselves, and ultimately supplement and integrate one another to expand the reach of finance in society.

The visual material in this chapter includes the responses of two senior banking experts to this hot topic. Both experts have served as heads of China's most prestigious commercial banks. While they deny the view of a "subversive" trend in internet finance, both experts admit that internet banking is currently eroding the profit margins of commercial banks. Why is internet finance able to pose a challenge to commercial banking? In which areas does internet banking shake up existing banking models? In the age of the information-technology revolution and big data, will commercial banking be able to retain the advantage? What kinds of changes are currently underway? Can internet finance and traditional banking forge bonds and integrate? In this chapter, two banking experts share their in-depth thoughts and insights from the perspective of the traditional banking world.

1　"After the dinosaurs," *The Economics*, February 17, 2000, at https://www.economist.com/finance-and-economics/2000/02/17/after-the-dinosaurs

第一節　互聯網金融為何會對傳統銀行構成挑戰？

馬蔚華是原招商銀行行長，香港永隆銀行董事長。他在招商銀行工作了近15年，從1999年接手到2013年卸任，招商銀行總資產從1000多億人民幣升至3.6萬億，足足翻了35倍，淨利潤的年均增長率超過40%。招商銀行從一個沒有名氣的小銀行，一躍成為商業銀行新星，馬蔚華功不可沒。然而在互聯網金融風起雲湧的今天，傳統銀行不可避免地面臨着各種挑戰，招行也不例外。互聯網不僅對銀行業務製造了分流，更對它們的商業模式形成衝擊。

馬蔚華[2]　互聯網金融和傳統金融，它們之間有多大的衝突？現在我們很多人就把它形容成為"挑戰"、"顛覆"、"你死我活"，我覺得沒有那麼嚴重。我的觀點，未來的發展是互聯網和金融的深度融合，互聯網金融和傳統金融的優勢互補。

現在看，互聯網對我們的零售業務發展是一個強力的支撐，但是要不斷創新，要不斷跟上這個時代。互聯網對傳統銀行的挑戰，直觀的挑戰就是職能端。它可能對傳統銀行長期以來的資金融通和支付平台都是個挑戰，就是對傳統銀行的職能，互聯網可以局部地替代。從客戶端，互聯網金融迅速的發展不可避免地從商業銀行拉走了一大批客戶。很多人把錢從銀行提出來，買餘額寶[3]了。從負債端，就是銀行的活期存款。由於利率還受管制，所以出現了非常大的變化，分流到餘額寶和其他地方去了。從盈利端，既然銀行的業務受到了影響，無論是支付的手續費，還是代理賣理財產品的手續費，都會受影響。然後是信貸，由於這個網絡信貸，它也會分流一部分利息收入。我覺得，這些挑戰對業務的分流都是客觀現實的，但目前這些挑戰、這些分流、這些脫媒[4]還不足以成為商業銀行的心頭之患。我覺得，作為商業銀行更重要的是要看重以下三點商業模式的變化：

首先，互聯網這個第三方支付[5]，它繞過了銀行的賬戶，直接使互聯網的

2　馬蔚華（Ma Weihua）：招商銀行原行長（1999–2013）。

3　有關"餘額寶"詳見第二章擴充閱讀（Supplementary Reading）《餘額寶的收益來源與風險》（The Sources of Yu'ebao's Earnings and Risks）。

4　"脫媒"（Disintermediation）的解釋見第二章的關鍵商業術語與概念（Key Business Terminology）。

5　"第三方支付"（Third-Party Payment）的解釋詳見第一章的關鍵商業術語與概念（Key Business Terminology）。

第三方支付和銀行的客戶完成了支付的過程。這樣，最可怕的事不是這些支付的手續費，而是切斷了銀行和客戶的直接聯繫。如果銀行長期失去了跟客戶的直接接觸，它就脫離了對客戶需求的了解，那麼久而久之，它就完全沒有把握客戶的需求，這對於商業銀行來説是最可怕的。

其次，互聯網金融改變了傳統的消費方式。傳統的銀行，它以推為主，通過客戶經理來推銷產品，不管在銀行的營業廳，還是在外邊，它是推銷。但是互聯網金融，它利用互聯網的特點，把市場的需求用互聯網的一種場景化，變成用戶非常喜歡的、非常願意接受的這種形式。你們今年春節的時候是不是參與了騰訊的搶紅包？你們是不是打車的時候用了阿里和騰訊的打車軟件？這個就是場景化的營銷。它的背後不是紅包，是銀行的信用卡賬戶，所以這個營銷方式比銀行那種推銷——客戶經理那種介紹推銷，效果要大得多。

第三個，互聯網，它是個互聯互通、開放的系統。它可以在這個平台上，不僅在銀行內部，而且可以和外部進行共籌、共建、共創，所以，包括客戶都可以在這個平台上跟你共同地開發產品，那麼，這個產品就特別地符合市場的需求。我覺得，這個業務份額背後這種新的商業模式是商業銀行應該高度關注的，這個對銀行來説，可能是致命的打擊。

詞語釋義 Glossary

简体	繁體	拼音	英文
巨头	巨頭	jù tóu	giant
冲击	衝擊	chōng jī	impact; assault; attack
招商银行	招商銀行	zhāo shāng yín háng	China Merchants Bank
永隆银行	永隆銀行	yǒng lóng yín háng	Wing Lung Bank (Hong Kong)
董事长	董事長	dǒng shì zhǎng	chairman of the board
接手	接手	jiē shǒu	take over
卸任	卸任	xiè rèn	step down (from a position)
总资产	總資產	zǒng zī chǎn	total value of assets
万亿	萬億	wàn yì	trillion
净利润	淨利潤	jìng lì rùn	net income
年均增长率	年均增長率	nián jūn zēng zhǎng lǜ	average annual growth rate
商业银行	商業銀行	shāng yè yín háng	commercial bank

简体	繁體	拼音	英文
功不可没	功不可沒	gōng bù kě mò	achievements or contributions that cannot be ignored
互联网金融	互聯網金融	hù lián wǎng jīn róng	internet finance
风起云涌	風起雲湧	fēng qǐ yún yǒng	lit. clouds gather, driven by the wind; fig. spread or erupt like a storm
不可避免	不可避免	bù kě bì miǎn	unavoidable; inevitable
例外	例外	lì wài	exception
分流	分流	fēn liú	bypass; disintermediate
冲突	衝突	chōng tū	conflict; clash; collision
优势	優勢	yōu shì	advantage; merit
互补	互補	hù bǔ	complementary
零售业务	零售業務	líng shòu yè wù	retail business
创新	創新	chuàng xīn	innovation
职能	職能	zhí néng	function
端	端	duān	in terms of
支付平台	支付平台	zhī fù píng tái	payment platform
局部	局部	jú bù	partial
替代	替代	tì dài	replace; substitute
客户	客戶	kè hù	client
提	提	tí	withdraw
余额宝	餘額寶	yú é bǎo	Yue'bao, Alibaba's on-line money market fund
负债	負債	fù zhài	liability; debt
活期存款	活期存款	huó qī cún kuǎn	demand deposit
利率	利率	lì lǜ	interest rate
管制	管制	guǎn zhì	regulate; control
手续费	手續費	shǒu xù fèi	fee; commission
代理	代理	dài lǐ	agent
理财产品	理財產品	lǐ cái chǎn pǐn	financial product
信贷	信貸	xìn dài	credit and lending
利息收入	利息收入	lì xī shōu rù	interest income
脱媒	脫媒	tuō méi	(financial) disintermediation
心头之患	心頭之患	xīn tóu zhī huàn	serious concern
第三方支付	第三方支付	dì sān fāng zhī fù	third-party payment
绕过	繞過	rào guò	bypass
账户	賬戶	zhàng hù	account
切断	切斷	qiē duàn	cut off; disconnect
联系	聯繫	lián xì	contact; connection
脱离	脫離	tuō lí	detach from
需求	需求	xū qiú	demand

简体	繁體	拼音	英文
消费方式	消費方式	xiāo fèi fāng shì	purchasing or buying behavior or habit
推销	推銷	tuī xiāo	marketing; promote
营业厅	營業廳	yíng yè tīng	(bank's) lobby
特点	特點	tè diǎn	feature; characteristic
场景化	場景化	chǎng jǐng huà	simulation
应用	應用	yìng yòng	use; application
春节	春節	chūn jié	Spring Festival (Chinese New Year)
抢红包	搶紅包	qiǎng hóng bāo	fight for traditional Spring Festival red envelope gift which contains money; lit. a Chinese tradition where elders will seal cash in red envelopes and distribute them to children and teenagers
打车	打車	dǎ chē	call a cab; take a taxi
阿里	阿里	ā lǐ	abbr.: Alibaba Group Holding Ltd.
营销	營銷	yíng xiāo	marketing
信用卡	信用卡	xìn yòng kǎ	credit card
经理	經理	jīng lǐ	manager
开放	開放	kāi fàng	open
共筹	共籌	gòng chóu	collectively prepare or plan; collectively raise funds
建	建	jiàn	build; construct
开发	開發	kāi fā	develop
符合	符合	fú hé	match
份额	份額	fèn é	portion; component
关注	關注	guān zhù	pay close attention to

第二節　商業銀行如何應對互聯網金融的挑戰？

　　從2004年支付寶誕生開始，第三方支付就以每年百分之百的速度增長，互聯網正蠶食着銀行的利潤空間。如何面對互聯網對傳統銀行的挑戰？中國工商銀行董事長姜建清博士也為我們帶來他的觀點。

姜建清[6]　第三方支付是對金融機構的一個功能的替代，移動互聯網為代表的一些企業迅速向金融領域滲透融合，催生了這麼一個新的業態──互聯網金融，也打破了銀行傳統的行業界限和競爭格局，那麼出現了什麼呢？

6　姜建清（Jiang Jianqing）：中國工商銀行原行長、董事長（2000–2016）。

去商業銀行中介功能的新環境和新格局。這種格局、環境實際上不僅是銀行類金融機構，延伸而言，其實未來對於證券業、保險業、基金業，甚至對其他行業的這種去中介化的趨勢是比較明顯的。幾百年來，傳統的經典理論，商業銀行的職能是什麼？商業銀行的職能是中介和轉換。這一種中介和轉換的功能受到了嚴峻的挑戰，在這樣的情況下，怎麼調整？思維怎麼調整？如何來順應大勢？所以，必須要從戰略上來做一些深刻的思考。

工商銀行現在所有業務全部是計算機處理。以網上銀行為主的電子銀行的業務筆數達到81%，而且每年以五個百分點上升，現在在使用我們網上銀行、電話銀行和手機銀行的客戶都是億等級的。另外就是我們全行的科技人員達1.3萬人。我過去開玩笑說，將來銀行的工作人員，實際上是懂科技的業務人員，或者是懂業務的科技人員，大概就這兩種，因為你離不開這個 IT。中國的商業銀行現在越發強大，科技的發展一日千里，這個科技投資保持着高強度，基本上說，中國商業銀行完成了銀行信息化的一個過程。那麼為什麼還會擔憂互聯網金融的逆襲呢？

比較客觀地來講，我想來分析一下商業銀行的信息化和互聯網金融的比較研究，線上、線下的渠道和移動支付問題。我們看實體商業這幾年受到的衝擊可能是非常大。銀行也是有龐大的渠道，像工商銀行，現在有17000家分支機構、9萬多台 ATM 機、100多萬台 POS 機，這些都是一些實體的渠道。那麼現在離岸的業務已經快速地替代了渠道的業務，大概有超過三分之一左右的工行客戶已經不來銀行了，基本上依賴互聯網來辦理銀行的業務。

另外一個趨勢就是移動支付在迅速代替 PC 網。現在全部網民中手機上網的比例達到78.5%，超過了 PC 網民的69.5%，現在手機銀行已經有超過1億客戶了。而且通過大數據的挖掘，我們看得非常清楚，其中主要的年齡群就是二十歲到四十歲的客戶群，大量地使用手機來進行上網，而且手機銀行在工行的交易量遠遠超過 PC 網上銀行。所以，從這一連串的數據可以看到互聯網和移動支付的迅速變化。現在銀行缺乏把手機端作為一個單獨渠道來建設，比較沉醉於網上的 PC 端的優勢，對移動渠道的這種獨特的技術研究和產品研究是不夠的，安全認證方法也需要在安全和便捷方面更完善，所以，這些方面是非常大的挑戰。

商業銀行的核心競爭力是什麼？是存款嗎？當然這個很重要。大家知道，你吸收人家存款，你就要付利息給人家，所以這個轉換的關鍵是貸款。只有把存款轉換成貸款了，你才有收益，所以，這種轉換將短期的資金長期運用，讓渡了資金的使用權，商業銀行才能獲得中間的這塊收入，這個很清楚的，這也是起到了一個重要的社會作用。現在商業銀行和互聯網企業在融資領域的競爭還不激烈，因為商業銀行由於幾十年甚至幾百年的文化基因，它對風險的控制能力還是很強的。但是，過去的風險控制偏重於專業經驗和專家團隊，偏重於現場調查和數據分析，它有很多的客戶經理。從互聯網企業來看，銀行在這一端的風險的問題是什麼呢？有時候現實經濟生活的複雜性，一個客戶經理，你的能力，難以掌握到足夠的信息，實際上你的信息有時候是碎片的，不夠全面。銀行即使掌握很多信息，它跟客戶之間的信息不對稱的問題還是很大，所以要把互聯網金融這一端，它們的經驗和我們現在銀行的風險經驗結合起來，運用大數據來把我們現有的風險管理體系進一步加強。

那麼，銀行為什麼能夠在這個方面取得優勢呢？我想簡單講三點，我們的優勢在哪裏？第一個具備金融特許政策優勢。你就是幹金融的，你的天職就是做好中介轉換，這個就是政策給的優勢，當然也給了很多監管，要求也很高。第二就是具備開展大額、大規模融資業務的有利條件。當你要一些比較大的業務的發展，還是需要實力強大的銀行，因為它背後實際上有強大的資本金。第三具備打通集成資金流、物流、信息流，為客戶提供綜合化、智能化金融服務的有利條件。其實，任何的商業活動都是源於信息的不對稱，如果信息對稱了，天下沒有生意好做。那麼商業銀行在社會中，它這個體系，它本來資金從銀行體系出發，經過周轉又回到銀行體系，本質上它是應該能夠掌握資金流、物流、信息流的。只是在這樣一些方面，銀行應該怎樣發揮好信息的收集、整合、處理？沒有互聯網的思維，沒有大數據的技術，是做不到信息化銀行的。

在姜建清眼中，顛覆銀行傳統的觀念和經驗的模式，建立數據分析的習慣，重視大數據開發利用，這才是傳統銀行接受互聯網挑戰的正道。

詞語釋義 Glossary

简体	繁體	拼音	英文
蚕食	蠶食	cán shí	erode; eat up; nibble
利润空间	利潤空間	lì rùn kōng jiān	profit margin
工商银行	工商銀行	gōng shāng yín háng	ICBC (Industrial and Commercial Bank of China)
移动	移動	yí dòng	mobile
领域	領域	lǐng yù	area; field
催生	催生	cuī shēng	give birth to
业态	業態	yè tài	business model
格局	格局	gé jú	pattern; structure; layout
去	去	qù	de-
中介	中介	zhōng jiè	intermediary
环境	環境	huán jìng	environment
金融机构	金融機構	jīn róng jī gòu	financial institution
证券业	證券業	zhèng quàn yè	securities industry
保险业	保險業	bǎo xiǎn yè	insurance industry
基金业	基金業	jī jīn yè	investment fund industry
去中介化	去中介化	qù zhōng jiè huà	disintermediation
趋势	趨勢	qū shì	trend
转换	轉換	zhuǎn huàn	conversion
严峻	嚴峻	yán jùn	serious; severe; tough
顺应大势	順應大勢	shùn yìng dà shì	follow a trend
战略	戰略	zhàn lüè	strategy
处理	處理	chǔ lǐ	process; handle
网上银行	網上銀行	wǎng shàng yín háng	internet banking
电子银行	電子銀行	diàn zǐ yín háng	electronic banking
笔数	筆數	bǐ shù	number (of business deals)
手机银行	手機銀行	shǒu jī yín háng	mobile banking
科技人员	科技人員	kē jì rén yuán	technologist
一日千里	一日千里	yí rì qiān lǐ	by leaps and bounds
信息化	信息化	xìn xī huà	informationalization
逆袭	逆襲	nì xí	strike back
线上	線上	xiàn shàng	online
线下	線下	xiàn xià	offline
渠道	渠道	qú dào	channel
移动支付	移動支付	yí dòng zhī fù	mobile payment
实体	實體	shí tǐ	physical location
分支机构	分支機構	fēn zhī jī gòu	Branch; affiliate (of an organization)
ATM 机	ATM 機	ĀTM jī	automated teller machine

简体	繁體	拼音	英文
POS 机	POS 機	PŌS jī	point of sale
离岸	離岸	lí àn	offshore
网民	網民	wǎng mín	internet user; netizen
上网	上網	shàng wǎng	get online
比例	比例	bǐ lì	proportion; ratio
大数据	大數據	dà shù jù	big data
挖掘	挖掘	wā jué	delve into
客户群	客戶群	kè hù qún	customer base
手机端	手機端	shǒu jī duān	mobile site
沉醉	沉醉	chén zuì	indulge
独特	獨特	dú tè	unique
安全认证	安全認證	ān quán rèn zhèng	security authorization
便捷	便捷	biàn jié	quick and convenient
核心竞争力	核心競爭力	hé xīn jìng zhēng lì	core competiveness
存款	存款	cún kuǎn	deposit
贷款	貸款	dài kuǎn	loan
收益	收益	shōu yì	income; earning
短期	短期	duǎn qī	short term
竞争	競爭	jìng zhēng	competition
激烈	激烈	jī liè	intense; stiff; fierce
基因	基因	jī yīn	gene
风险控制	風險控制	fēng xiǎn kòng zhì	risk management
偏重	偏重	piān zhòng	stress; emphasize
现场调查	現場調查	xiàn chǎng diào chá	on-site inspection
信息	信息	xìn xī	information
碎片	碎片	suì piàn	fragmented; scattered
不对称	不對稱	bú duì chēng	asymmetric; asymmetry
管理	管理	guǎn lǐ	management
政策	政策	zhèng cè	policy
天职	天職	tiān zhí	obligation; duty
监管	監管	jiān guǎn	regulation
大额	大額	dà é	large amount
大规模	大規模	dà guī mó	large scale
资本金	資本金	zī běn jīn	capital
集成	集成	jí chéng	integrate
物流	物流	wù liú	logistics
信息流	信息流	xìn xī liú	information flow
综合化	綜合化	zōng hé huà	comprehensive
智能化	智能化	zhì néng huà	intelligent

简体	繁體	拼音	英文
源于	源於	yuán yú	be derived; originated from
收集	收集	shōu jí	gathering; collecting
观念	觀念	guān niàn	concept

第三節　互聯網金融與商業銀行何以實現融合與共贏？

　　隨着互聯網交易大數據的發展，傳統銀行是否可以和互聯網企業進行資源共享？這是否又意味着，互聯網企業和傳統銀行的合作將會逐步加強？馬蔚華也對此作了分析。

馬蔚華　互聯網金融和傳統金融，它們是各有各的優勢。互聯網的優勢在於創造力、大數據、後發優勢；而傳統的銀行，這個大家都知道，這麼多年的積累，資金的優勢、渠道的優勢、風險管理的優勢，還有客戶的優勢。二者有很多合作的地方，比如說互聯網企業，它不是銀行，不能吸收公眾存款，但是它有那麼多的客戶需求；傳統的銀行有錢，但是它沒有辦法解決弱勢群體的問題，所以，它們之間的結合使金融的覆蓋面可以更寬。在管理上，傳統的銀行缺少互聯網金融的柔性管理。互聯網金融的實質是金融，互聯網只是工具，互聯網金融顛覆的是商業銀行傳統的運行方式，而不是傳統金融的本質。從這個意義上說，我覺得，未來首先是傳統金融在互聯網金融的衝擊和影響下解決自己思想觀念的轉變，學會互聯網的思維方式，學會用互聯網的技術、互聯網的商業模式、互聯網的思維方式改造傳統的金融，從產品到管理。當然還需要社會改革的進行，比如說，為什麼餘額寶那麼吸引人？是傳統的銀行受利率的管制，這還需要有全社會金融改革的推進。我想，它們之間並不是你死我活的對立，它們可以借助各自的優勢，各自從對方的挑戰中提高自己，最終相輔相成，提高金融對整個社會的覆蓋面。

詞語釋義 Glossary

简体	繁體	拼音	英文
资源共享	資源共享	zī yuán gòng xiǎng	resource sharing
创造力	創造力	chuàng zào lì	creativity
后发优势	後發優勢	hòu fā yōu shì	second mover advantage
吸收	吸收	xī shōu	absorb; attract
公众	公眾	gōng zhòng	public
弱势群体	弱勢群體	ruò shì qún tǐ	disadvantaged group
覆盖面	覆蓋面	fù gài miàn	outreach; coverage
柔性管理	柔性管理	róu xìng guǎn lǐ	flexible management
实质	實質	shí zhì	essence
工具	工具	gōng jù	tool; means; instrument
运行	運行	yùn xíng	operation
思维方式	思維方式	sī wéi fāng shì	way of thinking; mindset
相辅相成	相輔相成	xiāng fǔ xiāng chéng	complementary

關鍵商業術語與概念 Key Business Terminology

1 長尾客戶 [7]

　　互聯網金融行業能夠有效解決的是長尾客戶的服務問題。什麼是"長尾"客戶？舉個最簡單的例子，商業銀行發現在上午9點到傍晚5點來銀行辦理業務的客戶比例最高，所以決定在這段時間營業。但是，是否有人晚上願意到銀行辦業務呢？也有，只是人比較少而已，但不是任何一家銀行在營業以外的時間都能提供比較好的服務的，而通過互聯網就可以有效地覆蓋這些長尾客戶。

　　銀行還有第二類"長尾"，就是資產分布上的一批長尾客戶。銀行為什麼願意優先為這20%的高端客戶提供服務呢？因為這20%的高端客戶創造了80%的業績，那當然要把重點放到這上面了。而通過互聯網的手段，銀行還能夠給低端客戶或者說叫"屌絲"客戶提供非常優質的服務。由於有了互聯網這個平台，無論對高端客戶，還是低端客戶，只要通過互聯網，其實服務成本基本上是一樣的。這樣的話，就可以有效地覆蓋這一類客戶，能夠讓"長尾"變成"肥尾"，形成新的盈利點。

7　有關"長尾客戶"（cháng wěi kè hù）可參考郭田勇：《讓互聯網金融回歸金融屬性》，http://finance.sina.com.cn/money/bank/yhpl/20131023/054017078645.shtml

1 The Long Tail Customer

One challenge the internet financial industry has been able to address effectively is the long tail customer service problem. What is a "long tail" customer? For example, a retail bank may find that the highest proportion of its customers does business between 9 a.m. and 5 p.m. and so decides to open during those hours. However, are people willing to visit the bank at night? Some, but relatively few. Not every bank is able to provide good service during off-hours, but internet services are able to effectively cover these "long tail" customers by conducting business at any time.

Banking has another type of "long tail": customers who fall within the "long tails" when it comes to the distribution of assets. Why are banks willing to provide service to customers in the top 20% of wealth? That is because these customers account for 80% of revenue. Of course, banks must focus on these customers. Additionally, through the internet, banks can also provide excellent service to customers at the lower end, or "plebs." With the advent of internet platforms, regardless of whether customers are high- or low-end, the cost of service is essentially the same. These platforms turn "long tails" into "fat tails" and create new opportunities to increase profit.

2 金融脱媒

"脱媒" 一般是指在進行交易時跳過所有中間人而直接在供需雙方間進行。"金融脱媒" 又稱 "金融去中介化"。所謂 "金融脱媒" 是指資金供給繞開商業銀行體系，直接輸送給需求方或融資方，完成資金的體外循環。隨着經濟金融化、金融市場化進程的加快，商業銀行作為主要金融中介的重要地位受到挑戰。

2 Financial Disintermediation

"Disintermediation" usually denotes skipping transactional intermediaries between supply and demand. "Financial Disintermediation" is also called "金融去中介化"[8] in Chinese. Going around established financial regulations, this process is called financial disintermediation because capital skips the commercial banking system and goes directly to those raising capital, circulating completely outside the established system. Along with accelerating economic financialization and financial market liberalization, the primacy of commercial banks as financial intermediaries may be challenged.

---

8 "金融去中介化" (jīn róng qù zhōng jiè huà)，詳見 MBA 智庫百科有關詞條。

餘額寶的收益來源與風險
The Sources of Yu'ebao's Earnings and Risks

第一節　餘額寶的收益為什麼可以比銀行高？

丁　鵬[9]　前不久有一個很重磅的消息，阿里巴巴控股天弘基金，它佔據了51%的
　　　　股份。這個事兒，對我們基金業內的同仁來說，可以用石破天驚來解
　　　　釋，就是我們小夥伴們都被驚呆了。為什麼阿里巴巴一定要控股天弘
　　　　基金？它背後的餘額寶到底是怎麼回事呢？那麼我們就來作一個深入的
　　　　分享。

　　　餘額寶是2013年6月初上線的，經過短短三個多月的時間，已經超越華夏的
貨幣增利貨幣基金，成為目前最大的公募基金。華夏基金做到這麼大的規模，花
了將近十年的時間，而天弘基金只有短短三個月就顛覆了這樣一個"龐然大物"。

丁　鵬　對我們基金公司人來講，從來沒有想過華夏基金能在這麼短的時間內被
　　　　人趕下"王座"。那我們來看看為什麼餘額寶會這麼火爆？實際上有兩大
　　　　原因：第一個，它使用非常方便；第二個就是它的收益非常高。使用方
　　　　便體現在什麼地方呢？餘額寶跟支付寶一樣，幾乎能完成支付寶的所有
　　　　功能。你可以用餘額寶在網上買東西、交水電費，也可以把錢轉到銀行
　　　　卡裏面去，幾乎跟支付寶沒有任何區別，同時它有收益。

　　　活期存款的收益差讓餘額寶瞬間成為銀行儲蓄業務的"頭號大敵"。人們是否
可以這樣認為，存款利率的限制已經被馬雲的"利器刺穿"？在餘額寶投資者的世
界裏，利率已經市場化了。除了有較高的收益，餘額寶的優勢還在於能隨時消費
支付，靈活便捷。短短幾個月的時間，餘額寶用戶激增，大家紛紛將資金轉入餘
額寶，並爭相在微博、微信曬出自己每天的餘額寶收益。但餘額寶背後的天弘基
金到底在怎樣打理着用戶的錢？這樣的收益能維持多久？風險又有多大呢？

丁　鵬　餘額寶對接的是天弘的一款貨幣基金，到底什麼是貨幣基金？談到基
　　　　金，大家可能都比較恐慌，認為基金會虧錢。很多人問我，餘額寶是基

9　丁鵬（Ding Peng）：中國量化投資學會理事長、基金公司資深量化策略師。

金，基金會虧錢嗎？實際上，基金有很多種，會虧錢的一般是股票型基金，它是一種風險收益基金。除此之外，還有一些比較穩健的基金，比如說貨幣型和債券型，這兩大類型的基金基本上是不會虧錢的，其中流動性最好的我們稱之為"貨幣基金"。

貨幣基金是"準儲蓄"，它是由基金管理人運作、基金托管人保管資金的一種開放式基金，具有高安全性、高流動性、穩定收益性等特徵。貨幣基金資產主要投資於短期貨幣工具，如國債、央行票據、商業票據、銀行定期存單、政府短債、同業存款等。實際上，上述這些貨幣市場基金投資的範圍都是一些高安全系數和有穩定收益的品種，所以，對於很多希望回避證券市場風險的企業和個人來說，貨幣市場基金是一個天然的避風港，在通常情況下既能獲得高於銀行存款利息的收益，又可以保障本金的安全。

丁　鵬　貨幣基金的主要投向是一些銀行間的市場，這從投資風險來講是極低的，因為銀行間基本上不可能違約。目前貨幣基金主要會有什麼樣的投資方案呢？

第一種是逆回購。逆回購是什麼東西？傳統的逆回購是央行向市場釋放流動性，比如說商業銀行，工商銀行、農業銀行缺錢了，找誰去借呢？找央行去借，但得有個抵押。一般來說用有價證券，主要就是以債券為主，銀行把債券抵押出去，央行把錢借給銀行。後來這種方式就擴展到更多的機構之間，比如說，工商銀行到日末的時候缺1000億，賬平不了，農業銀行正好多1000億，那農業銀行就短期拆借給工商銀行，當然工商銀行要有一個抵押，拿它持有的債券抵押給農業銀行，借一天，明天就還給農業銀行了，這就叫逆回購。其實普通的散戶也是可以做逆回購的，如果想做，只要到證券公司去，在股票賬號裏開一個逆回購賬戶就可以了。一般來講，比如說周四是逆回購收益最高的時候，有時候年化能做到15%以上。最近這幾天錢荒，六月份錢荒，包括上個月，逆回購利率高達年化40%，甚至50%、60%以上。歷史上曾經出現過一次逆回購，當天的年化收益率是100%，也就是說，銀行缺錢了。其實就是說，銀行向普通老百姓來借高利貸，這個基本上不用擔心，基本上沒什麼風險。

第二種投資更多地叫作"協議存款"。普通散戶到銀行去存錢，幾千塊、幾萬塊，銀行是不會搭理你的，對吧？你就在這邊排隊吧。但是當我們買成貨幣基金，這貨幣基金規模是50億、100億，特別像天弘基金現在500億的時候，你說你到銀行去存，是什麼價格？因為是大額存單，那完全是不一樣的。天弘是一家天津當地的小公司，它完全可以把錢存到天津當地銀行，天津銀行、渤海銀行這樣的當地的商業銀行，對於這樣的大債主而言，銀行給出的利息肯定是不一樣的。所以，第二種是貨幣基金做得比較多的，我們稱之為"協議存款"。

第三種一般是各種債券，主要是以國債和高等級的信用債為主。普通人想去買債券不是那麼容易的，債券是有門檻的，一般沒有1000萬，是很難進入到銀行間債券市場的，普通散戶根本玩不了。

所以說，餘額寶為什麼收益這麼高？因為它背後是貨幣基金，而貨幣基金又為什麼比普通的存款要好呢？它本質上是什麼？本質上是一個存款團購的概念，就是我們這麼多人聚少成多，一塊兒去存，那價格完全是不一樣的，這也解釋了為什麼餘額寶的收益要比活期存款要高很多。我們去作為活期存款的時候，是散兵游勇、散戶，沒人搭理你，但是我們聚成團之後，就完全不一樣了。所以，餘額寶本質上就是一個存款團購的概念，這也是它為什麼收益高的原因。

第二節　餘額寶有風險嗎？

前面講了關於餘額寶投資的問題、規模的問題，那麼很多人就會問：餘額寶有風險嗎？餘額寶實際上是有風險的。它的風險第一個是投資風險，投資風險實際上是很低的，因為它的風險是取決於銀行之間的風險，比如說逆回購，或者說銀行的大額存單、協議存款或者國債，如果它們出現了信用危機，那麼餘額寶也會虧錢的，貨幣基金也會虧錢。但是這個基本上認為不太可能，因為畢竟銀行間的市場，它有央行做支撐，國債的話，它有國家信用做支撐，所以，它本身的產品投資的風險其實是很低的。那麼，它最大的風險在哪裏呢？

丁　鵬　是它 T+0[10] 機制的風險。我們前面講了，餘額寶的很多投資方向，比如說，大額存單也好，逆回購也好，國債也好，它是一個長期的資產，你存一個月、兩個月，在這個期間你是不能拿回來的。但是我們從餘額寶

10　T＋0 的 "T" 是英文 Trade 的首字母，是交易的意思；"0" 表示當天存入資金，當天又可以贖回。

裏往外拿錢的時候是很容易的，隨時可以拿的，這是通過什麼方式實現的呢？

它在前面加了一個緩存池，就是有人申購這個貨幣基金，這個錢先進緩存池，然後再去買票據、存單等等。然後有人如果贖回，也先從緩存池裏面贖，因此就是說，你贖回的錢並不是你真正投進去的錢，實際上是別人的錢。但是有緩存池之後，只要贖回的錢減去申購的錢小於這個緩存池，就不會擔心贖回出現問題，對不對？

那麼問題就來了，要保持 T+0 的流動性，實際上根本的問題在哪裏？就在於這個緩存池的大小。如果這個緩存池設得過小，那麼可能贖回的時候就會有問題，萬一贖不回怎麼辦？但如果緩存池過大，又影響收益了，因為緩存池裏面的現金是沒有收益的，只把它變成大額存單之後它才會有收益，對不對？也就是說，這個緩存池的設計、規模的調整是個非常重要的東西。比如說，早上有人贖回，下午沒有人申購的話，那麼它很可能觸及這個緩存池上限，這就意味着當天後面的人可能就贖不回了，也就是說緩存池的水被抽乾了，這是一個很恐怖的事情。這兩天大家在市場上都是一片叫好餘額寶，叫好阿里金融，都覺得這是"新時代"。我這裏要給餘額寶潑個冷水，因為餘額寶重大的風險就來源於這個地方。假如說萬一由於錢荒的原因，或者由於其他各種各樣的原因，比如說，前段時間 6 月份錢荒，很多銀行理財為了搶錢，它的理財產品收益到了 7%、8% 了，很多人就把貨幣基金贖回去買銀行理財，這時候，一旦出現大的贖回的時候，就會有風險。因為目前這段時間一直是淨申購，整個市場比較平穩，而錢都是進的多，出的少，所以這個緩存池的水永遠是滿的。但是萬一有一天出現這種逆轉的時候，緩存池夠不夠？如果突然有一天，比如說，要到晚上的時候，有人想從餘額寶取錢的時候取不到了，這個時候他就很恐慌，對不對？餘額寶的錢取不出來了，你說這個恐怖不恐怖？那麼這種消息，特別是在互聯網的時代，移動互聯時代，它很快就會到處傳播，那麼就會引發更多人恐慌。

當初工銀瑞信，這個場內貨幣基金剛發行的時候也是風光無限，因為它是工商銀行的渠道，也發了幾十億之多。但是僅僅過了大概半年多，現在它的規模已經歸零了，為什麼？原因就在於我剛才講的這點，它的贖回池有個上限，結果由於裏面投資者的結構也不盡科學，因為有很多是機構投資者，機構投資者用錢的時候大量贖回，一贖回之後就把池子給抽乾了。抽乾之後當天別人就贖不了，一贖不了之後投資者就很恐慌，第二天他也會加入這個贖回大軍，連續幾天都贖不回來，結果越發多的人贖不了之後，就有更多的人去贖，就拼命地去擠兌。所以僅僅幾個月時間，工銀瑞信的貨幣基金已經消亡殆盡了，這是真實的（事情），就在此之前。

現在雖然說餘額寶那麼火爆，但實際上是因為整個大環境在走向好轉，剛上市初期的時候，很多人都相信它，都是淨申購，所以沒出這樣的問題。但一旦只要出一次，餘額寶就會"好事不出門，壞事傳千里"，因為餘額寶畢竟不是銀行，我們銀行最主要是有央行作最後的買單人，餘額寶畢竟不是。一旦出現風吹草動，（可能所有的東西），"帝國"就在一夜之間坍塌。當然我相信，馬雲先生也意識到這個風險，所以他才會在這麼短的時間內控股天弘基金。當他控股之後，他對天弘基金有充分的掌控能力，可能在這個地方會有很多的補救措施。這種安全隱患雖然小，但是"千里之堤潰於蟻穴"，只要有一次出現贖回失敗，它可能就是一個雪崩效應。餘額寶未來到底能長多大？這是它最關鍵的一個風險點。

詞語釋義 Glossary

简体	繁體	拼音	英文
天弘基金	天弘基金	tiān hóng jī jīn	Tianhong Asset Management Co.
同仁	同仁	tóng rén	colleague; peer
石破天惊	石破天驚	shí pò tiān jīng	stunning; shocking; lit. rock-shattering and heaven-shaking
货币基金	貨幣基金	huò bì jī jīn	money market fund
公募基金	公募基金	gōng mù jī jīn	mutual fund
华夏基金	華夏基金	huá xià jī jīn	China Asset Management Co.
庞然大物	龐然大物	páng rán dà wù	colossus; giant
基金公司	基金公司	jī jīn gōng sī	fund company
火爆	火爆	huǒ bào	in high demand; hot
年利率	年利率	nián lì lù	annual interest rate
储蓄业务	儲蓄業務	chǔ xù yè wù	savings business
头号大敌	頭號大敵	tóu hào dà dí	number one enemy
利器	利器	lì qì	sharp weapon

简体	繁體	拼音	英文
刺穿	刺穿	cì chuān	pierce
市场化	市場化	shì chǎng huà	liberalize
微博	微博	wēi bó	Sina Weibo
股票型	股票型	gǔ piào xíng	equity type
债券型	債券型	zhài quàn xíng	bond type
运作	運作	yùn zuò	operate
托管人	託管人	tuō guǎn rén	custodian
保管	保管	bǎo guǎn	look after
开放式	開放式	kāi fàng shì	open-ended
特征	特徵	tè zhēng	feature
国债	國債	guó zhài	national debt; government bond
央行	央行	yāng háng	Central Bank
票据	票據	piào jù	note; bill
定期存单	定期存單	dìng qī cún dān	certificate of deposit (CD)
安全系数	安全系數	ān quán xì shù	factor of safety
避风港	避風港	bì fēng gǎng	safe haven
保障	保障	bǎo zhàng	guarantee
本金	本金	běn jīn	principal
逆回购	逆回購	nì huí gòu	reverse repurchase agreement
抵押	抵押	dǐ yā	collateral
有价证券	有價證券	yǒu jià zhèng quàn	a security with value
平	平	píng	balance
拆借	拆借	chāi jiè	loan
钱荒	錢荒	qián huāng	cash shortage
年化收益率	年化收益率	nián huà shōu yì lǜ	annualized rate of return
高利贷	高利貸	gāo lì dài	usurious loan; loan with unreasonably high interest rate
协议存款	協定存款	xié yì cún kuǎn	negotiated rate savings
大额存单	大額存單	dà é cún dān	negotiable certificate of deposit (NCD)
债主	債主	zhài zhǔ	lender; creditor
门槛	門檻	mén kǎn	threshold
散户	散戶	sǎn hù	individual investor or client
风险	風險	fēng xiǎn	risk
取决于	取決於	qǔ jué yú	depend on
信用危机	信用危機	xìn yòng wēi jī	credit crisis
亏钱	虧錢	kuī qián	lose money
缓存池	緩存池	huǎn cún chí	buffer pool; mandatory liquid assets
申购	申購	shēn gòu	purchase; subscribe
赎回	贖回	shú huí	redeem

简体	繁體	拼音	英文
现金	現金	xiàn jīn	cash
上限	上限	shàng xiàn	upper limit; ceiling
逆转	逆轉	nì zhuǎn	reversal
恐慌	恐慌	kǒng huāng	panic
工银瑞信	工銀瑞信	gōng yín ruì xìn	ICBC-Credit Suisse
机构投资者	機構投資者	jī gòu tóu zī zhě	institutional investor
挤兑	擠兌	jǐ duì	bank run
消亡殆尽	消亡殆盡	xiāo wáng dài jìn	vanish
买单人	買單人	mǎi dān rén	the one left holding the bill
坍塌	坍塌	tān tā	collapse
掌控	掌控	zhǎng kòng	control
补救措施	補救措施	bǔ jiù cuò shī	remedy
雪崩效应	雪崩效應	xuě bēng xiào yìng	avalanche

第二編

「破壞性」創新

Part Two

"Disruptive" Innovation

Chapter Three

The Rise and Fall
of Kodak in China:
Retrospection and
Reflection

第三章

柯達浮沉錄
柯達與中國合作的回顧與反思

"市場是最講理的,也是最不講理的。市場是最有感情的,也是最沒
有感情的。"

——葉鶯(原柯達公司全球副總裁)

The market is both most reasonable yet least reasonable; it is exceedingly
emotional yet utterly devoid of emotion.

—— Yeh Ying, former Vice President of Eastman Kodak

導言 Introduction

柯達公司由喬治·伊士曼於1881年創立，曾是世界上最大的影像產品的生產和供應商，業務遍布150多個國家和地區。然而，這家百年膠片企業於2012年1月正式申請破產保護，消息一出，震驚世界。

柯達1981年就在北京成立了辦事處，20世紀90年代至今它與中國的關係更為密切。這段對原柯達北亞區主席兼總裁葉鶯[1]女士的採訪提供了解開其成功與失敗之謎的第一手資料和重要線索。

90年代以前，中國政府從未允許過任何一家外資企業對國有企業進行全行業的併購。批准柯達的全行業收購議案，並由朱鎔基總理親自督辦此事，這在改革開放以來的中國企業編年史上是史無前例的，代表了中國政府在改革思維上的一種突破，也展示了中國政府借助外力推動國企改革的決心。

然而，更具戲劇性的是，柯達與富士在對中國傳統膠卷市場的爭奪戰中打贏了所有戰役，卻因數碼時代的到來又輸掉了所有戰役，這些勝利的碩果竟然還成了柯達的沉重包袱。這到底是怎麼一回事呢？

Eastman Kodak Company, established in 1881 by George Eastman, was once the world's largest producer and supplier of imaging products, with business spanning 150 countries. But in January 2012, the century-old film company shocked the world by filing for bankruptcy protection. This interview with Ms. Yeh Ying, former chairman and president of Kodak North Asia, provides a firsthand account of Kodak's successes and failures.

Kodak established its office in Beijing in 1981, and developed even closer ties to China in the 1990s by acquiring or partnering with nearly all of China's state-owned film manufacturers. Before the 1990s, the Chinese government had never allowed a foreign company to take control of an industry dominated by state-owned enterprises. Kodak's bid to acquire the film manufacturers was unprecedented in the Reform and Opening-up period, and the approval process and subsequent mergers and acquisitions were personally overseen by Premier Zhu Rongji. Approval of the deal represented a breakthrough in the Chinese government's approach to reform and showed a willingness to allow Westerners to propel the reform of state-owned enterprises.

Most dramatic of all, Kodak had only just won its battles with Fujifilm for control of the Chinese market when the age of digital cameras arrived and swept away the rewards of its hard-won victories. What had looked like a great success turned out to be a major burden for the company. How could things have gone so terribly wrong?

1　葉鶯（Yeh Ying）2009 年 5 月從柯達離職。

第一節　九八協議

　　1994年百年膠片企業柯達面臨全球市場衰退，負債總額達100億美元。新上任總裁裴學德[2]力圖扭轉柯達的頹勢，把目光投向欣欣向榮的中國市場。而在中國，其競爭對手富士佔據了70%以上的市場，為此，裴學德向時任副總理朱鎔基[3]提出了一個十分瘋狂的動議：柯達出資不少於10億美元全行業收購中國膠卷企業。此時國內膠卷企業全數虧損，行業總負債超過100億元。經過多方考慮，此事獲得國務院通過，朱鎔基承諾親自督辦此事，這就有了後來著名的"九八協議"。儘管高層達成了共識，但由於各方利益錯綜複雜，全行業收購談判進行了四年，仍然陷入僵局。為了推動達成協議，裴學德力請有着17年外交經驗的葉鶯出任柯達大中華區副總裁。

吳曉波[4]　觀眾朋友大家好，歡迎收看《中國經營者》。不久前我出版了一本新著，是《激盪三十年 —— 中國企業1978–2008》的下卷，這是一本關於中國企業三十年的編年歷史。在1998年的部分，我用很長的篇幅寫到了"九八協議"。當時中國政府把整個一個行業的所有企業全部轉讓給一家跨國公司，這在之前是沒有發生過的一個現象，之後也沒有，是一個空前絕後的事情，它影響了中國政府的很多在改革上的思路。那麼10年過去了，當年的"九八協議"到底執行的狀況是怎麼樣的？今天我們請來了"九八協議"最重要的一個推動者來到了現場，我們請到的是伊士曼柯達全球副總裁、亞太區業務拓展總裁、北亞區主席兼總裁著名的葉鶯女士。

吳曉波　葉總你好！

葉　鶯　曉波你好！

　　她曾是魅力四射的記者，也是優秀的外交官，她放棄光彩炫目的舞台進入柯達，為了完成一個幾乎不可能完成的使命。

葉　鶯　當我離開美國外交界的時候，我可以說是美國外交界級別最高的女性。

2　裴學德（péi xué dé，George Fisher）：柯達首席執行官（Kodak's CEO, 1993–2000）、摩托羅拉首席執行官（Motorola's CEO, 1976–1993）。

3　朱鎔基（Zhu Rongji）：國務院副總理（1993–1995）、國務院總理（1998–2003）。

4　吳曉波（Wu Xiaobo）：財經評論員、財經作家。

吳曉波　你在進入柯達之前，我們看到其實你有一個非常顯赫的閱歷，當時是什麼樣一個想法讓你入這個局的？

葉　鶯　如果能夠自己親自地卷起袖子來做一些事情，而這個事情又是你自己很傾心，而且是一種兩情相悅的選擇，當時柯達的老總選擇了我，我也選擇了柯達的這個項目。項目本身的內容是史無前例的，而且是後無來者的。

吳曉波　對，一定是空前絕後的事情，你創造了歷史。

葉　鶯　所以，你想想看，在人生的路上有多少空前絕後的。其實，這也是人生的際遇。

吳曉波　"九八協議"簽署的那個時間點，我查了一下，是朱鎔基當總理後五天，五天後宣布的"九八協議"。然後他在99年的時候曾經有過一段話，他說："有人說國有比重下降，私營比重上升，會不會把社會主義賣了？"然後他說："關鍵在於經濟命脈，至於那些漢堡包、幾個膠卷、頭髮夾子，你搞幾個外資有什麼關係呢？"這段話裏面，"幾個膠卷"其實就提的是你們。

葉　鶯　是的是的。他曾經在紐約的一次很大規模的演講上說過。

吳曉波　對，貿易委員會的演講上，有人說他是"賣國賊"。

葉　鶯　對，説他是"賣國賊"。我覺得一個大智大勇的人是可以接受這樣的壓力的，而朱鎔基總理的的確確是我非常敬佩的，他不僅有大智，而且他有絕對的大勇。要有這樣的勇氣來承擔這樣的罵名和壓力，而他可以很執著地在有所為、有所不為的選擇之下選擇這是有所為的事情。

吳曉波　這個在外資、合資裏面幾乎是一個極其罕見的東西。那麼多城市和那麼多部門、部委之間的協調，你當時怎麼非常柔和地讓它能夠良性地運轉呢？

葉　鶯　這個我絕對不能居功，因為當時中央成立了一個中央協調小組，小組的真正主使的大腦是朱鎔基副總理，然後是吳邦國[5]。

_____

5　吳邦國（Wu Bangguo）：國務院副總理（1995–2003）。

吳曉波　執行的是李榮融[6]。

葉　鶯　執行的是國資委[7]的李榮融主任。李榮融主任是一個非常腳踏實地的執行者，所以在他的領導之下，我們可以在工作層面上做一些溝通。

　　柯達購並案橫跨中國6個省市(上海、天津、江蘇、福建、遼寧[8]、河北[9])，涉及四大部委(國家計委[10]、化工部[11]、輕工部[12]、外經貿部[13])，葉鶯居然能穿行中間、巧手幹旋。她用短短一年時間就讓購並取得了實質性的突破，上海感光廠的前任廠長後來回憶說："在葉鶯沒有參加之前，我們和柯達的整個過程處在一種非常膠着的狀態，互相的溝通非常不良，大家並不了解雙方的需求是什麼，沒有一種信任。葉鶯到後，矛盾迅速冰解。"1998年3月23號，裴學德在羅切斯特柯達總部宣布，柯達以10億美元收購中國膠卷全行業的計劃基本完成。根據柯達購並中國感光行業的"九八協議"，柯達收購公元[14]、福達[15]、阿爾梅[16]；柯達出資停轉上海感光、天津感光、遼源膠片；樂凱三年內不得與其他外國企業進行合資。柯達的競爭對手富士在中國傳統影像市場遭到致命的打擊。

6　李榮融 (Li Rongrong)：國資委主任 (former Chairman of SASAC)、國家發改委副主任 (then-Vice Chairman of NDRC)。

7　國資委 (guó zī wěi)：State-owned Assets Supervision and Administration Commission of the State Council (SASAC)。

8　更正：這裏不是遼寧，吉林省才是遼源膠片廠的所在地。

9　更正：這裏應該把河北改成廣東，因為"九八協議"最初並沒有包括位於河北省保定市的樂凱膠片公司。

10　國家計委 (guó jiā jì wěi)：State Development Planning Commission，2003 年改名為發改委 (fā gǎi wěi), National Development and Reform Commission (NDRC)。

11　化工部 (huà gōng bù)：Ministry of Chemical Industry。

12　輕工部 (qīng gōng bù)：Ministry of Light Industry。

13　外經貿部 (wài jīng mào bù)：Ministry of Foreign Trade and Economic Cooperation。

14　公元 (gōng yuán) 指廣東省汕頭公元照相材料廠。

15　福達 (fú dá) 指福建省廈門福達感光材料有限公司。

16　阿爾梅 (ā ěr méi) 指江蘇省無錫阿爾梅感光化學公司 (無錫電影膠片廠)。

詞語釋義 Glossary

简体	繁體	拼音	英文
胶片	膠片	jiāo piàn	film-strip; photographic film
柯达	柯達	kē dá	Kodak
负债总额	負債總額	fù zhài zǒng é	total liabilities
力图	力圖	lì tú	strive to do sth.; try hard to do sth.
扭转	扭轉	niú zhuǎn	try to reverse
颓势	頹勢	tuí shì	downturn
欣欣向荣	欣欣向榮	xīn xīn xiàn gróng	flourishing; thriving
富士	富士	fù shì	Fuji
总理	總理	zóng lǐ	premier
动议	動議	dòng yì	proposal
出资	出資	chū zī	invest
收购	收購	shōu gòu	acquisition; acquire
胶卷	膠卷	jiāo juǎn	film-roll; film
亏损	虧損	kuī sǔn	deficit
国务院	國務院	guó wù yuàn	State Council (of PRC)
督办	督辦	dū bàn	oversee; supervise; monitor
协议	協議	xié yì	agreement
共识	共識	gòng shí	consensus
错综复杂	錯綜複雜	cuò zōng fù zá	intricate and complex; complicated
陷入僵局	陷入僵局	xiàn rù jiāng jú	reach a deadlock
编年历史	編年歷史	biān nián lì shǐ	chronicle
转让	轉讓	zhuǎn ràng	turn over to
跨国	跨國	kuà guó	multinational
空前绝后	空前絕後	kōng qián jué hòu	unprecedented; unrepeatable
副总裁	副總裁	fù zǒng cái	vice president
亚太区	亞太區	yà tài qū	Asia-Pacific region
业务拓展	業務拓展	yè wù tuò zhǎn	business development
魅力四射	魅力四射	mèi lì sì shè	charming in all aspects
外交官	外交官	wài jiāo guān	diplomat
光彩炫目	光彩炫目	guāng cǎi xuàn mù	dazzlingly brilliant
使命	使命	shǐ mìng	mission
显赫	顯赫	xiǎn hè	outstanding
阅历	閱歷	yuè lì	experience
老总	老總	lǎo zǒng	boss
项目	項目	xiàn gmù	project
史无前例	史無前例	shǐ wú qián lì	unprecedented
后无来者	後無來者	hòu wú lái zhě	a situation that will never be repeated

简体	繁體	拼音	英文
签署	簽署	qiān shǔ	sign
比重	比重	bǐ zhòng	proportion
私营	私營	sī yíng	privately-owned; privately-operated; private
经济命脉	經濟命脈	jīng jì mìng mài	backbone of an economy
美国国际贸易委员会	美國國際貿易委員會	měi guó guó jì mào yì wěi yuán huì	United States International Trade Commission (USITC)
卖国贼	賣國賊	mài guó zéi	traitor
合资	合資	hé zī	joint venture
罕见	罕見	hǎn jiàn	rare; uncommon
协调	協調	xié tiáo	coordination; coordinate
运转	運轉	yùn zhuǎn	operate
居功	居功	jū gōng	take credit for oneself
中央	中央	zhōng yāng	Central Government
主使	主使	zhú shǐ	mastermind
脚踏实地	腳踏實地	jiǎo tà shí dì	stand on solid ground; do solid work
执行者	執行者	zhí xíng zhě	executive; (able) administrator
沟通	溝通	gōu tōng	communication; communicate
横跨	橫跨	héng kuà	stretch over; stretch across; span
巧手斡旋	巧手斡旋	qiǎo shǒu wò xuán	mediate skillfully
突破	突破	tū pò	breakthrough
感光	感光	gǎn guāng	light-sensitive (materials)
胶着	膠着	jiāo zhuó	stuck
冰解	冰解	bīng jiě	thaw
罗切斯特	羅切斯特	luó qiē sī tè	Rochester
总部	總部	zǒng bù	headquarters
停转	停轉	tíng zhuǎn	shut down; stop operation
传统影像市场	傳統影像市場	chuán tǒng yǐng xiàng shì chǎng	traditional film market
致命	致命	zhì mìng	fatal

第二節　柯達追求樂凱

吳曉波　"九八協議"裏面有一條就是説，你把這些全部鎖定，三年之内它們不能跟別的企業談（合資），那這其實對富士來講是一個極其致命的，幾乎是一個決定性的摧毀。

葉　鶯　因為要協助我們的整個的一攬子合作的項目有一個比較穩定的起步，所以，在這三年的時間裏，如果有外國的企業要跟中國剩下的另外一個感光企業樂凱談合作的話，那麼請先通知柯達，給柯達一個優先考慮的機會。

吳曉波　我嫁女兒，先需要通過另外一個相公來認可。

葉　鶯　對，當然！您説的這個比方很好，你要嫁女兒的時候先要問一問——

吳曉波　隔壁老王家他同不同意。

葉　鶯　因為老王家追這個女孩追了很久，是吧？因為某種原因，這小女孩年紀太小，或者是什麼，還不準備出嫁。那麼等到有李家、王家的人要再來找這個小女孩的時候，這女孩已經成熟了，已經到了待嫁的時間，別忘了這個癡漢子曾經追求她很長時間。那麼這個時候也要看一看，這個成熟的少女是不是已經可以改變她的芳心，來接受這個當時追求沒有成功的癡癡在等她的男人。所以，這種情形，我覺得是很合理的。

吳曉波　葉總把柯達比喻成一個癡漢子，把樂凱比喻成一個漂亮的新娘子。那麼其實談到了這個"九八協議"很關鍵的一個點，當時在中國感光業有七家企業，在"九八協議"裏面鎖定了六家，有一家沒有進入到這個"九八協議"的整體框架裏面，那麼這家沒有進來的企業，在十年以後，變成了九八變局——"九八協議"最大的一個變化因素。

　　在相繼消化了六家膠卷企業之後，柯達一直沒有能夠"迎娶"中國最大的膠卷企業樂凱，這也成為 1998 年之後，葉鶯所面臨的最重要的任務。而當時中國政界和學界對於是否把最後的"碩果"樂凱也交給柯達存在着巨大的分歧。

吳曉波　葉總，"九八協議"當年在公布的時候是柯達全行業地收購中國的影像行業，那麼為什麼有一家企業樂凱一直是在這個框架旁邊在遊離？

葉　鶯　因為感光行業，其實說得比較深一點，真正是一個高科技的行業。當時並不願意把扛着民族大旗的樂凱膠片也放進這個一攬子的合作裏，因為六家都已經統一在和一個外國企業合作，那麼作為一個案例，何妨不試一試，由於這樣的影響跟激勵，是不是可以協助真正由國家在後頭支援而扛着民族大旗的這樣一個企業，受這樣的激勵和刺激，能夠往前推動？

吳曉波　照你這麼說，決策層當時是有一個搖擺的思想。

葉　鶯　這是當時我自己心裏頭安慰自己所得到的詮釋，我接受這樣的一個格局，這是我自己的想法。

　　樂凱不能和其他外國企業合資的三年期限很快過去了，已經被逼到墻角的日本富士開始抓緊與樂凱的合資談判。2003年夏天，媒體突然曝光，樂凱與富士的秘密合資談判已經進入最後時刻，唯一剩下的細節是富士提出的控股條件還未被有關方面認可。葉鶯當機立斷，放棄之前堅持的全資收購條件，提出參股新案。同時，她斡旋於羅切斯特、北京和保定[17]各地，緊密磋商。最終，眼看已經板上釘釘的富士方案，在最後時刻功虧一簣。2003年10月，柯達與樂凱火線簽約，以總值1億美元的現金、設備和技術，換取樂凱20%的股份。至此，中國膠卷工業的七家企業全數與柯達合資。

吳曉波　你們1998年談到2003年，等於談了五年，後面有五年時間，其實解決了樂凱問題。

葉　鶯　這個五年的時間裏頭，在我的柯達的生活當中，這五年的回憶，其中真的有很多 —— 你聽起來可能覺得很奇怪 —— 非常甜蜜的回憶，為什麼呢？

吳曉波　你一次一次地被人家拒絕。

葉　鶯　對，我跟你說，我每一次到保定，去看當時樂凱的老總，我每一次見杜昌燾[18]，杜昌燾一定穿一件全新的襯衫跟我見面。

17　保定（Baoding）：樂凱膠片股份有限公司的所在地（location of China Lucky Film Corp.）。

18　杜昌燾（Du Changtao）：時任樂凱膠片公司的總經理（former General Manager of Lucky Film Corp.）。

吳曉波 為什麼？

葉　鶯 每一次都是，我注意到了。後來幾次之後，我問了這個杜老總。我說："杜老總，我發現你每次跟我見面……"，他說："對，因為我每一次跟你見面，我都很珍惜、很尊重跟你的溝通，這是表示我對你的尊重。"這點到今天為止整個樂凱還引為美談。

吳曉波 它也細膩得像一個膠片。

葉　鶯 這五年的時間裏，到了最後，它去跟別人結婚的可能性是不存在的。

吳曉波 是嗎？

葉　鶯 對！

吳曉波 它跟你在約會。

葉　鶯 因為我從來沒有放棄過去送花、喝咖啡，我們從來沒有放棄過跟樂凱合作的可能。因為我深深地相信，我們在合作的過程中，可以保住這個代表中國民族企業的品牌，而且我們從來沒有過要把樂凱"吃掉"這樣的野心，沒有這樣的存心，沒有的。

吳曉波 最終的結果是2003年柯達入駐了樂凱，而且你在文章裏面講過一段話，就是說，一顆棋子扭轉了整個戰局，這是怎麼一個過程？

葉　鶯 這一顆棋子就是，這是樂凱的選擇。

吳曉波 其實你通過一種非常柔軟的談判方式，不斷地談判，到2003年10月份的時候進入到樂凱，這應該是柯達整個"九八協議"非常成功的一個節點。

葉　鶯 我自己覺得，我們完滿地結束了"九八協議"的最後一仗。

　　正是由於葉鶯的運作之功，在全球市場上，被富士打得暈頭轉向的"黃色巨人"終於在中國找回了尊嚴。1997年，富士膠卷在中國的市場佔有率為70%，到2001年，柯達的份額反超至67%，葉鶯把中國市場變成了柯達的全球第二大市場，而在她到來之前，中國是柯達的第17大市場。

詞語釋義 Glossary

简体	繁體	拼音	英文
乐凯	樂凱	lè kǎi	Lucky Film Corp.
摧毁	摧毀	cuī huǐ	demolition; destroy; demolish
一揽子	一攬子	yì lǎn zǐ	a package of
起步	起步	qǐ bù	start; beginning
优先考虑的机会	優先考慮的機會	yōu xiān kǎo lǜ de jī huì	right of the first offer
比方	比方	bǐ fāng	analogy
关键	關鍵	guān jiàn	pivotal
框架	框架	kuàng jià	framework
硕果	碩果	shuò guǒ	lit. bountiful fruit; fig. crown jewel
分歧	分歧	fēn qí	discrepancy of views
游离	遊離	yóu lí	dissociate; unassociated
高科技	高科技	gāo kē jì	high tech
民族大旗	民族大旗	mín zú dà qí	national flag
激励	激勵	jī lì	encourage
刺激	刺激	cì jī	stimulation; stimulate
决策层	決策層	jué cè céng	decision-makers
诠释	詮釋	quán shì	explanation
控股	控股	kòng gǔ	controlling interest
认可	認可	rèn kě	approve; approval
当机立断	當機立斷	dāng jī lì duàn	make a prompt and opportunistic decision
全资收购	全資收購	quán zī shōu gòu	buyout fully
参股	參股	cān gǔ	equity participation
磋商	磋商	cuō shāng	discuss seriously
板上钉钉	板上釘釘	bǎn shàng dìng dīng	seal the deal; finalize
方案	方案	fān gàn	proposal
功亏一篑	功虧一簣	gōng kuī yí kuì	fail or fall short of success for lack of a final effort
火线签约	火線簽約	huǒ xiàn qiān yuē	sign a contract at a critical moment
总值	總值	zǒng zhí	total value
品牌	品牌	pǐn pái	brand
野心	野心	yě xīn	ambition
节点	節點	jié diǎn	turning point
晕头转向	暈頭轉向	yūn tóu zhuàn xiàng	confused and disoriented
市场占有率	市場佔有率	shì chǎng zhàn yǒu lǜ	market share percentage
反超	反超	fǎn chāo	surpass from behind

第三節　互柯達退出樂凱

柯達花了五年時間死死追求樂凱，在2003年終於進入到樂凱。到2007年底的時候，新的變化發生了，柯達宣布退出樂凱。那中間又發生了一些什麼事情呢？

正當葉鶯在中國戰場上馳騁四野、捷報頻傳的同時，柯達卻在行業轉型中陷入巨大困境。由於對數碼技術不夠敏感，以及戰略上的一再遲疑，柯達在全球市場步步敗退。2002年，全球數碼相機首度超過傳統相機，而柯達卻仍然堅持傳統的膠卷市場，為此柯達付出了慘重代價。有人指責說，正是因為投入巨資收購中國的膠卷企業，並對此寄予了過大的期望，部分影響了柯達全球業務的轉型。如果這個結論成立，那麼戰功顯赫的葉鶯竟然成了"罪人"。

吳曉波　我們花四年的時間去改造樂凱，那麼為什麼我們最終會以財務損失的方式退出樂凱？

葉　鶯　中國的市場在走向數碼化的進程當中，這個速度比我們想像的快得多，所以我們整個的合作基礎是傳統的基礎。現在，我們已經沒有更多新的血液可以注入到這個合作的內容裏面。

吳曉波　其實我看到的這個數據應該是在2002年的時候，全球的數碼相機的數量已經超過傳統相機的數量了，是不是當初的合作和戰略的起點已經發生了很大的變化？

葉　鶯　對，這個市場上基本上起了很大的變化。第二，我們當時合作的基礎起了很大的變化。當時我們合作的基礎是我們參股樂凱的上市公司，可是這些都是不流通股。現在因為所有的國營企業都要進行股改[19]，那麼就要變成流通股，我們原來合作的這個基礎已經改變了。那麼今後柯達要做的選擇是，是不是參與這個國營企業的股改？因為我們現在正在忙於我們自己數碼的轉型，柯達已經不再有任何的計劃來發展這塊業務。

2007年11月12日，柯達宣布將所持有的樂凱股權轉讓給廣州誠信創業投資有限公司，有媒體報道稱，柯達在這場交易中賠了1億元，裴學德當年那個天才而瘋狂的全行業併購戰略至此失去了全部的意義。回首十年，這場戰役的重要將

19　"股改"，即"股權分置改革"（gǔ quán fēn zhì gǎi gé），其解釋見第三章的關鍵商業術語與概念（Key Business Terminology）。

領葉鶯幾乎打贏了所有戰鬥，到頭來卻發現，由於種種歷史的因緣際會而輸掉了整個戰役。

吳曉波　我們可以看得清楚整個十年的一個沿革，就是說，你從進入柯達以後，我們來看這段歷史，其實你打贏了每一場戰鬥，你又在這麼幾年裏面把兩千多家傳統的彩印店變成了數碼影像店。另外，現在全球柯達95%的數碼相機在中國生產，然後，柯達全球的採購六分之一是在中國完成。你看這些數據，包括你的那麼長的一個總裁的名稱，看到就是說，其實做得非常成功。

葉　鶯　當然，因為如果你在中國不成功，你在世界會失敗。這也就是為什麼我當時的的確確是大力地推動把我們全球的數碼相機的生產全部歸攏到中國來，這一點我是可以居功的。

吳曉波　但同時我們又看到柯達全球在這些年裏面其實一直是處在一個虧損啊，不斷地虧損，我看到的是2004年虧損一個多億。

葉　鶯　是的，我們連續虧損八個季度。

吳曉波　對，八個季度。因為你在感光行業的成功，一個偉大的企業，反倒造成它變成數碼進行轉移的時候，你原來的成就或者偉大變成一個包袱了，變得你轉得比較慢了。

葉　鶯　我有一個朋友曾經這麼說過，這就像葛優[20]做慣了喜劇演員以後，突然間演秦始皇[21]，有的時候不容易被接受。

吳曉波　我在一開始曾經提到過，你進入柯達的時候其實背負一個很大的完成"九八協議"的使命。十年過去了，隨着樂凱的退出，隨着整個感光行業一個戰略的轉移，其實這個使命已經結束掉了，那麼這個使命的結束對你在柯達的職業生涯會是一個怎麼樣的影響呢？

葉　鶯　其實使命是永遠沒有辦法完成的，柯達的的確確不是我生命當中最後的一站，也不是我的夏天的最後一朵"玫瑰"，我相信有一天我也會跟柯達說再見。

20　葛優（Ge You）：中國著名喜劇演員。

21　秦始皇（qín shǐ huáng）：中國秦朝第一個皇帝（the first emperor of the Qin Dynasty of China）。

吳曉波　十年，你在柯達的這個經歷，這個十年其實也是全球的感光行業一個戰略轉型的時期，回過頭來，你來看這一段歷史，最大的感慨是什麼？

葉　鶯　市場是最講理的，也是最不講理的；市場是最有感情的，也是最沒有感情的。過去的十年，我覺得，（像）一串珍珠項鏈，它的每一顆珠子都有一個故事，非常豐富、非常美麗，也能讓人回味。我不僅是一個說故事的人，而且我在故事其中，何其幸也！

詞語釋義 Glossary

简体	繁體	拼音	英文
驰骋四野	馳騁四野	chí chěng sì yě	gallop in all directions
捷报频传	捷報頻傳	jié bào pín chuán	a steady flow of news of victories
困境	困境	kùn jìng	quagmire
敏感	敏感	mín gǎn	sensitive
迟疑	遲疑	chí yí	hesitation; hesitate
步步败退	步步敗退	bù bù bài tuì	series of defeats
首度	首度	shǒu dù	for the first time
惨重代价	慘重代價	cǎn zhòng dài jià	heavy price
指责	指責	zhǐ zé	accuse; blame
投入巨资	投入巨資	tóu rù jù zī	large scale investment; huge investment
改造	改造	gǎi zào	transform
财务损失	財務損失	cái wù sǔn shī	financial loss
退出	退出	tuì chū	withdraw
数码化	數碼化	shù mǎ huà	digitization
数码相机	數碼相機	shù mǎ xiàng jī	digital camera
数量	數量	shù liàng	volume
起点	起點	qǐ diǎn	starting point
上市公司	上市公司	shàng shì gōng sī	publicly listed company
不流通股	不流通股	bù liú tōng gǔ	non-tradeable share
国营企业	國營企業	guó yíng qǐ yè	state-owned enterprise
股改 （股权分置改革）	股改 （股權分置改革）	gǔ gǎi	non-tradeable share reform
流通股	流通股	liú tōng gǔ	tradeable share
参与	參與	cān yù	involve; involvement; participate in
股权	股權	gǔ quán	equity; stock ownership
交易	交易	jiāo yì	business deal
赔	賠	péi	lose (money)
沿革	沿革	yán gé	reform

简体	繁體	拼音	英文
采购	採購	cǎi gòu	procurement; purchase
归拢	歸攏	guī lǒng	gather all together
季度	季度	jì dù	quarter
包袱	包袱	bāo fu	burden
转移	轉移	zhuǎn yí	shift
职业生涯	職業生涯	zhí yè shēng yá	professional career
战略转型	戰略轉型	zhàn lüè zhuǎn xíng	strategic transformation
感慨	感慨	gán kǎi	reflection
何其幸也	何其幸也	hé qí xìng yě	How lucky it is!

關鍵商業術語與概念 Key Business Terminology

1 協同增效作用

收購活動產生的新增收益被稱為協同效益，但協同收益的具體數字很難估算。一般來說，協同效益主要來自於以下四個方面：1）收入上升；2）成本下降；3）稅收減少；4）資本成本降低。

1 Synergy[22]

Additional benefits produced by acquisitions are called synergies. It is difficult to estimate synergies using discounted cash flow techniques. In general, there are four types of synergy: 1) revenue enhancement; 2) cost reduction; 3) lower taxes, and 4) lower capital requirements.

2 股權分置改革[23]

2005 年以前，中國股市的國有性質決定了國有上市企業的國有控股地位，以及國有控股股東（非流通股股東）和公眾股東（流通股股東）持股成本之間的差異。2005 年中國證監會啟動的股權分置改革，是將國有控股股東的非流通股逐步轉化為可交易的流通股，並在轉化過程中向公眾股東支付一定補償，以彌補持股成本差異帶來的不公平性。這種補償被稱為"對價"。

22　"協同增效作用"（xié tóng zēng xiào zuò yòng）：the explanation of "Synergy" refers to S. A. Ross, R. W. Westerfield, J.F. Jaffe and B. D. Jordan: *Corporate Finance*, 11th Edition, NY: McGraw Hill Education, p. 883 (Chapter 29)。

23　"股權分置改革"（gǔ quán fēn zhì gǎi gé）：詳見百度百科有關詞條。

2 Non-Tradable Share Reform

Before 2005, in order to maintain its control of state-owned enterprises, the Chinese state enforced a stock market policy of tradeable and non-tradeable shares of those companies. As a result, discrepancies in share prices for the two kinds of shares emerged. Non-tradable share reforms launched in 2005 by the China Securities Regulatory Commission (CSRC) addressed the process of converting non-tradeable shares into tradeable shares and the issue of how to compensate public shareholders fairly for share-price differentials. In Chinese, this type of compensation is called " 對價[24]", or "price consideration."

解密柯達倒閉的根源
Uncovering the Roots of Kodak's Bankruptcy

在不同的創新中，有一種創新會導致行業變更，甚至帶來行業整個不同的布局，我們把這種創新稱之為"破壞性"創新。很有趣的是，這種"破壞性"創新往往是由行業內部的大型企業本身所導致的。那麼在這裏要跟大家聊一下的，就是在數碼成像這個"破壞性"創新當中的主角——柯達。

創立於 1881 年的柯達，其創始人正是傳統膠卷的發明人喬治·伊士曼。在數碼相機尚未普及的 20 世紀，柯達是全球家喻戶曉的"黃色巨人"，一度佔據了全球膠卷市場三分之二的份額。然而，隨着數碼相機的發展，這位"黃色巨人"的生存境況日趨惡化。2011 年 10 月 1 日，這家有着 131 年歷史的著名影像產品巨頭傳出正考慮申請破產保護的消息，股價隨即狂跌 54%，至每股 78 美分，處於 38 年來的最低點。隨後，評級機構惠譽和穆迪也將柯達的債務評級下調至"垃圾級"。雖然在 12 個小時後，柯達即發表聲明澄清破產的謠言，但是，那個屬於傳統膠卷的時代已經一去不復返了。

曹聖揚[25] 據我所知，第一台數碼相機是由柯達創造出來的，最後它敗也是敗在這個數碼相機上面，那究竟是一種什麼樣的原因讓它成也數碼相機，敗也數碼相機？

24　對價（duì jià）。

25　曹聖揚（Cao Shengyang）：資深媒體人，他對柯達品牌的觀點是："這是一個沉迷於往日輝煌的老牌企業。"

陸亦琦[26] 其實，柯達很有意思，到底數碼相機是不是它發明的？這個目前還是有爭議的，但是有足夠的證據表明，柯達公司在1975年（這麼早的時間）就已經在它本部創造出全球第一台數碼相機。作為一個大型企業來說，研發部門的關注點跟它商業的關注點是兩樣的。商業的關注點其實在於化學成像，因為這是它最強的地方。但是作為一個成像的公司，它的科研不會只集中在它的化學成像方面，它肯定是更廣泛，是整個以成像行業來看的，所以它的科研勢必是要去嘗試一些不同的東西，包括數碼成像的一些技術，那麼最早它的數碼成像技術據說是被美國航天局用在航天技術上面，總體上來說，它是自己發明了這個數碼相機。但是，就像你剛才說的，為什麼它自己發明了數碼相機，今天數碼相機桌面上不是柯達本人，而是其他的一些像尼康、像佳能這些企業？這其中有一些根深蒂固的原因。如果簡單化地講，可以說，它被它自己的成功所迷惑。就企業內部來說，它之所以這麼好的一個創意沒有很好地在這樣一個大企業當中被利用，其實有它根本的原因，也就是組織架構的原因。前幾年被評為諾貝爾經濟學獎的研究話題，就是在於組織結構內部各個既得利益的一個平衡，很多企業都有這樣的問題。

大家想像一下，像柯達這麼一個化學成像的公司，它企業內最大的（我們講 business unit，就是它的商業單位、商業部門）是哪個部門？肯定是賣膠卷的那個部門。賣膠卷的那個部門肯定有它這個部門的總裁，給公司內部每年交的利潤都來自於這個總裁。這個總裁，他的既得利益是什麼？他的既得利益肯定是想在化學成像方面繼續發展下去，它並不希望看到，由於數碼成像的出現，自己慢慢在公司內部變成一個小的部門，最後成為一個可以被忽略的部門，他當然不希望看到這一點，這個在大公司當中是通病。這也就是為什麼"破壞性"創新往往來自於大公司，在大公司內部卻得不到很好的應用，因為它組織結構的關係。它的組織結構當中始終是舊技術主導部門，它是話語權最大的，它的喉嚨始終是最響的，因為它是家裏最大的孩子。這個最大的孩子會妒忌家裏那個小孩子，會帶來一些新的東西來威脅到它未來的利益。CEO 如果眼光好，

26 陸亦琦（Lu Yiqi）：美國西北大學凱洛格管理學院（Kellogg School of Management）工商管理碩士，範德比爾特大學（Vanderbilt University）博士，長期在世界五百強企業的全球總部及區域市場部任職，有着豐富的品牌營銷經驗。

他就能知道怎麼去調整；CEO 如果眼光差，被喉嚨最響的大兒子的聲音所迷惑，那麼他真的會被他的成功所絆倒。柯達就是這麼一個典型的例子，它被它自己的成功所絆倒，也就是它企業內部最大的這個部門是它真正的絆腳石。

詞語釋義 Glossary

简体	繁體	拼音	英文
导致	導致	dǎo zhì	result in; cause; lead to
变更	變更	biàn gēng	transformation
破坏性	破壞性	pò huài xìng	disruptive
数码成像	數碼成像	shù mǎ chéng xiàng	digital imaging
主角	主角	zhǔ jué	protagonist; leading role
创始人	創始人	chuàng shǐ rén	founder
发明人	發明人	fā míng rén	inventor
乔治·伊士曼	喬治·伊士曼	qiáo zhì yī shì màn	George Eastman, founder of Eastman Kodak Company
家喻户晓	家喻戶曉	jiā yù hù xiǎo	well known to everyone
破产保护	破產保護	pò chǎn bǎo hù	bankruptcy protection
狂跌	狂跌	kuáng diē	plummet; plunge
评级	評級	píng jí	credit rating
惠誉	惠譽	huì yù	Fitch Ratings Inc.
穆迪	穆迪	mù dí	Moody's Corporation
垃圾级	垃圾級	lā jī jí	junk rating
澄清	澄清	chéng qīng	clarify
一去不复返	一去不復返	yí qù bú fù fǎn	gone forever
发明	發明	fā míng	invent; invention
有争议	有爭議	yǒu zhēng yì	controversial; disputable
证据	證據	zhèng jù	evidence
化学成像	化學成像	huà xué chéng xiàng	chemical photographic processing
美国航天局	美國航天局	měi guó háng tiān jú	NASA
航天	航天	háng tiān	aerospace
尼康	尼康	ní kāng	Nikon
佳能	佳能	jiā néng	Canon
根深蒂固	根深蒂固	gēn shēn dì gù	deep rooted; profound
迷惑	迷惑	mí huò	misguided
创意	創意	chuàng yì	innovation
组织架构	組織架構	zǔ zhī jià gòu	organizational structure

简体	繁體	拼音	英文
诺贝尔	諾貝爾	nuò bèi ěr	Nobel
结构	結構	jié gòu	structure; composition
既得利益	既得利益	jì dé lì yì	vested interest; stakeholder
平衡	平衡	píng héng	balance
总裁	總裁	zǒng cái	president
利润	利潤	lì rùn	profit
忽略	忽略	hū lüè	neglect; ignore
通病	通病	tōng bìng	common problem
主导	主導	zhǔ dǎo	leading; dominant
话语权	話語權	huà yǔ quán	have a say
喉咙	喉嚨	hóu lóng	throat
妒忌	妒忌	dù jì	jealousy; resentment
威胁	威脅	wēi xié	threaten; intimidate
眼光	眼光	yǎn guāng	vision
绊倒	絆倒	bàn dǎo	stumble
绊脚石	絆腳石	bàn jiǎo shí	hurdle; stumbling block

第四章

浴火重生
TCL 走向國際化的曲折道路

"儘管我們在諾曼底摔了一個大跟頭，但畢竟我帶領着 TCL 已經踩在
這片沙灘上了。"

—— 李東生（TCL 董事長兼總裁）

We suffered a huge setback in Normandy; even so, TCL managed to put its feet
on the beach under my leadership.

—— Li Dongsheng, Chairman and CEO of TCL

導言 Introduction

　　TCL 集團創辦於 1981 年，是中國最大的全球性消費電子企業之一。TCL 董事長李東生屬於改革開放後的第一批創業家，也是一位倡導中國企業走出國門的先行者。在他的帶領下，TCL 於上世紀 90 年代末開始國際化之旅，並創造了多個 "第一"。在成功打入東南亞市場後，TCL 又以跨國併購的方式開拓歐美市場。2002 年，TCL 併購了德國施耐德電子公司，成為第一個在德國巴伐利亞州實行兼併收購的中國企業。2003 年，TCL 又併購了法國湯姆遜公司的彩電和 DVD 業務，開啟了中國企業重組世界五百強企業主營業務的先河，也使得 TCL 一舉成為全球規模最大的彩電企業。2004 年，TCL 進而併購了法國阿爾卡特公司的手機業務，這是當時中國手機行業最大的跨國併購案，也是中國手機企業首次參與國際範圍的合作。李東生雄心勃勃的跨國併購計劃得到了中國政府的大力支持。2004年 1 月，中國國家主席胡錦濤在訪法期間親自出席了 TCL 與湯姆遜併購交割的簽字儀式。

　　然而，好景不長，TCL 集團併購後卻因整合失利兩年間巨虧 50 多億元人民幣，不得不 "壯士斷腕"，被迫剝離歐洲業務。 2006 年，TCL 經歷了歐洲區的 "敦刻爾克大撤退"。其失誤之嚴重、結局之慘烈，被業界視為跨國併購失敗的一個 "完美" 樣本。

　　本章所選用的錄像片段，真實地展示了 TCL 國際化進程參與者的心路歷程，既有對董事長李東生和其他中外當事人的採訪，也有相關專家的專業點評，為研究和總結中國企業國際化的經驗和教訓提供了珍貴的影像資料。

　　TCL Corporation, founded in 1981, is one of China's largest manufacturers of global consumer electronics. TCL's chairman Li Dongsheng was part of the first group of pioneering entrepreneurs to emerge after China's reform and opening-up; he was also one of the very first to advocate that Chinese businesses step out onto the world stage. In the late 1990's, under his leadership, TCL embarked on the path of globalization, creating many "firsts" along the way. After successfully entering the Southeast Asian market, TCL broke into Western markets through a series of acquisitions. In 2002, TCL became the first Chinese company to engage in mergers and acquisitions (M&A) in Bavaria, Germany, when it acquired Germany's Schneider Electronics AG. In 2003, TCL acquired the TV and DVD division of the French multimedia corporation Thompson, setting a precedent for Chinese firms to reshape the main businesses of the world's top five hundred enterprises[1].

1　這裏指美國《財富》(*Fortune*, cái fù) 雜誌評出的世界五百強企業 (Fortune Global 500)。

TCL then acquired the mobile division of France's Alcatel in 2004 in what was then the largest international M&A transaction undertaken by the Chinese mobile phone industry. It was also the first time China's mobile phone industry participated in an international cooperative venture. Li Dongsheng's ambitious international M&A program earned high-level support from the Chinese government, with then-president Hu Jintao personally attending the Thompson M&A handover ceremony in Paris during his state visit in January of 2004.

The good times did not last long, however. Losses following TCL's integration with its new European acquisitions reached the huge sum of more than five billion RMB in just two years. TCL had no choice but to move decisively to divest of its European assets. In 2006, TCL underwent its own "Dunkirk retreat" from Europe. The gravity of these mistakes and their tragic consequences has led the business community to hold up this case as a textbook example of the pitfalls of cross-border M&A.

The video clips selected for this chapter show the process of TCL's overseas expansion, including interviews with chairman Li Dongsheng and other relevant Chinese and foreign parties, and commentary from experts. These clips impart valuable lessons on the study of Chinese enterprise's overseas expansion by giving firsthand and visual evidence and material.

第一節　TCL 與鷹的重生

　　TCL 總裁李東生發表了一篇在業界引來無數回響的文章，題目是《鷹的重生》。文章的開頭引用了一個故事，説的是一隻鷹為了在殘酷的自然界繼續生存，它必須在生命的中段經過痛苦的、艱難的蜕變。從一家普普通通的地方工廠到中國最有競爭力的消費類電子集團之一，從南粵小城出發進軍世界級戰場，TCL 艱難邁出的每一步都是它成長的里程碑和中國企業探索的方向。

李東生[2]　鷹是世界上壽命最長的鳥類，它在四十歲時必須做出困難卻重要的決定。這時，它的喙會變得又長又彎，它的爪子開始老化，翅膀變得十分沉重，在這種情況下，要麼它進行一種痛苦的重生和蜕變，要麼它可能只能是死亡。鷹的重生的過程是一個很痛苦的過程：鷹首先用他的喙擊打巖石，直到其完全脱落；鷹會用新長出來的喙，把爪子上的老化的趾甲拔掉；當新的趾甲長出來後，鷹把身上的羽毛一根一根地拔掉，讓新的羽毛長出來，這樣的話，鷹就有一個新的生命力。一百五十天的蜕變過程對鷹來講是很痛苦的，但是給它換得了一個新的生活，使它能夠重新成為天空的一個霸主。對企業來講，任何變革，特別是一種深刻意義上的變革，觸及靈魂的變革，也會是一個很痛苦的過程。企業面向未來，要適應全球化的競爭，要建立一個全新的企業組織體系，要形成一個全新的管理觀念，我們自己必須要進行一個這樣的變革創新的過程。

詞語釋義 Glossary

简体	繁體	拼音	英文
鷹	鷹	yīng	eagle
重生	重生	chóng shēng	rejuvenate
蜕变	蜕變	tuì biàn	transmute; transmutation
竞争力	競爭力	jìng zhēng lì	competitiveness
电子集团	電子集團	diàn zǐ jí tuán	electronics conglomerate
南粤	南粵	nán yuè	south Guangdong
里程碑	里程碑	lǐ chéng bēi	milestone
探索	探索	tàn suǒ	explore
寿命	壽命	shòu mìng	lifespan
喙	喙	huì	beak

2　李東生（Li Dongsheng）：TCL 集團董事長兼首席執行官。

简体	繁體	拼音	英文
爪子	爪子	zhuǎ zi	claw; talon
老化	老化	lǎo huà	aging
翅膀	翅膀	chì bǎng	wing
沉重	沉重	chén zhòng	heavy
岩石	巖石	yán shí	rock
脱落	脱落	tuō luò	fall off
趾甲	趾甲	zhǐ jiǎ	nail
拔掉	拔掉	bá diào	pluck; pull off; pry
羽毛	羽毛	yǔ máo	feather
生命力	生命力	shēng mìng lì	vitality
霸主	霸主	bà zhǔ	king; overlord; hegemon
灵魂	靈魂	líng hún	soul
未来	未來	wèi lái	future
全球化	全球化	quán qiú huà	globalization
组织	組織	zǔ zhī	organization
体系	體系	tǐ xì	system
变革	變革	biàn gé	transformation; transform

第二節　TCL 國際化的起點：越南

2.1　TCL 國際化戰略的確立

　　1981 年，一個名為 TTK 的家庭電器公司在中國南方的小城惠州[3]誕生。作為中國最早的十二家合資企業，向往外面更大的世界似乎是它與生俱來的衝動。昔日的 TTK 不僅已經成長為今日位列中國第一流工業製造企業的 TCL 集團股份有限公司，更展現出了登臨世界舞台的雄心。1997 年，一場突如其來的金融風暴讓亞洲經濟陷入近乎毀滅的打擊之中，中國的外向型企業紛紛陷入求存的困境。一小批有遠見和膽識的企業開始意識到經濟全球化的今天，企業走向世界的必要性，TCL 就是其中的一個。

李東生　　中國企業，特別是自主品牌的企業，一定要走出去，一定要進行國際化經營，企業才會有未來。

3　惠州（Huizhou）：位於廣東省。

劉飛[4]　歸根到底，國際化企業的標準是看企業是不是在文化、在體制、在核心競爭力上達到了國際化的標準。

2.2　越南：打開東南亞大門的鑰匙

在 TCL 看來，國際化本身是一個積累的過程，不可能一口吃成一個胖子，必須尋找一種穩妥、健康的方式。1998 年，李東生親自帶領一個包括多方面主管在內的考察團對越南進行實地考察，決定把越南作為 TCL 國際化道路的切入點。

李東生　它（越南）整個經濟體制和政治體制跟中國有非常多相似的地方。

鄧偉文[5]　從它的市場的容量、市場的金融環境、市場的價格，還有一些渠道進行多方面考察。

李東生　我們在那一個地區來開展我們的國際化嘗試的話，比在其他地區就更加熟悉和容易上手。

1999 年，TCL 集團在越南設立分公司並投資建廠，開始雄心勃勃地進軍越南家電的主流市場。但越南市場早有日、韓等品牌捷足先登，加上消費者對中國產品印象不好，致使作為"後來者"的 TCL 在第一年裏遭遇了銷售寒冬，並一度引發了"是走是留"的內部爭議。

李東生　開始的話，我們去的同事都非常努力，但是業績和我們的期望還是有很大的距離。

易春雨[6]　我們做國際化市場不能以中國之大、以中國的慣性思維去思考別人的市場，要進行時空轉換。

李東生　越南本身負責經營的團隊，他們的態度是非常明確的，他們說，我們既然走出了這一步了，就不能輕易言退。

4　劉飛（Liu Fei）：時任 TCL 通訊科技控股有限公司總裁兼首席執行官。

5　鄧偉文（Deng Weiwen）：時任 TCL 越南有限公司總經理。

6　易春雨（Yi Chunyu）：時任 TCL 集團海外事業部總裁。

面對嚴峻的現實問題，TCL 開始另闢蹊徑，採取了農村包圍城市的策略，逐步建立起自己的銷售網絡，並最終實現了在越南的贏利。

鄧偉文　因為它投資小，見效快，農村市場的人對於品牌的認知度不像城市那麼強，還有它的一些客戶基礎，還有對我們要求不是很高，這個地方更容易適合我們的生存，所以，就從這幾方面考量，我們決定還是從農村做起。

李東生　後來的話，我們就順利借越南這個市場打開了勢頭，就把東南亞的其他國家逐步地打開了。

易春雨　作為共同的長征，對於中國革命來說，當時毛澤東[7]有三句話：長征是宣言書，長征是宣傳隊，長征是播種機。那麼我們借用這個話來總結越南的意義和作用：越南的這個意義，也是宣言書，也是宣傳隊，也是播種機。

詞語釋義 Glossary

简体	繁體	拼音	英文
诞生	誕生	dàn shēng	birth; come into being
与生俱来	與生俱來	yǔ shēng jù lái	innate
昔日	昔日	xī rì	bygone; old days
第一流	第一流	dì yì liú	first-rate
雄心	雄心	xióng xīn	ambition
突如其来	突如其來	tū rú qí lái	arise suddenly
金融风暴	金融風暴	jīn róng fēng bào	financial crisis; lit. financial storm
毁灭	毀滅	huǐ miè	destruction; destroy; destructive
外向型	外向型	wài xiàng xíng	export-oriented
求存	求存	qiú cún	struggle to survive
一小批	一小批	yì xiǎo pī	a small group or batch of
远见	遠見	yuǎn jiàn	foresight
胆识	膽識	dǎn shí	courage
自主品牌	自主品牌	zì zhǔ pǐn pái	self-owned brand
归根到底	歸根到底	guī gēn dào dǐ	in the final analysis
标准	標準	biāo zhǔn	standard
体制	體制	tǐ zhì	system

7　毛澤東（Mao Zedong）：毛主席（1949–1976）。

简体	繁體	拼音	英文
核心	核心	hé xīn	core
国际化	國際化	guó jì huà	internationalization
一口吃成一个胖子	一口吃成一個胖子	yì kǒu chī chéng yí gè pàng zi	lit. become obese by eating a single mouthful; fig. achieve instantaneous and spectacular results; overnight success
主管	主管	zhǔ guǎn	person in charge of sth.
实地考察	實地考察	shí dì kǎo chá	on-site inspection
切入点	切入點	qiē rù diǎn	springboard; launch pad
容量	容量	róng liàng	capacity
价格	價格	jià gé	price
上手	上手	shàng shǒu	begin with
分公司	分公司	fēn gōng sī	subsidiary
投资	投資	tóu zī	invest
建厂	建廠	jiàn chǎng	build a plant or factory
家电	家電	jiā diàn	household electronic appliance
捷足先登	捷足先登	jié zú xiān dēng	the swift-footed arrive first; the early bird catches the worm
消费者	消費者	xiāo fèi zhě	consumer
争议	爭議	zhēng yì	dispute; controversy
同事	同事	tóng shì	colleague
业绩	業績	yè jì	performance; achievement
期望	期望	qī wàng	expectation; expect
思维	思維	sī wéi	way of thinking
时空转换	時空轉換	shí kōng zhuǎn huàn	lit. space-time transformation; fig. change ways of thinking
经营	經營	jīng yíng	manage
团队	團隊	tuán duì	team
言退	言退	yán tuì	talk about withdrawal
另辟蹊径	另闢蹊徑	lìng pì xī jìng	open up another path
农村包围城市	農村包圍城市	nóng cūn bāo wéi chéng shì	lit. Maoist revolutionary discourse: encircling the cities from the countryside;
			fig. conquer the rural markets first and then take over the urban markets
策略	策略	cè lüè	tactic
销售	銷售	xiāo shòu	sale; sell
网络	網絡	wǎng luò	network
赢利	贏利	yíng lì	making profit
见效	見效	jiàn xiào	achieve the desired effect
认知度	認知度	rèn zhī dù	degree of (brand) recognition
势头	勢頭	shì tóu	momentum
东南亚	東南亞	dōng nán yà	Southeast Asia

简体	繁體	拼音	英文
长征	長征	cháng zhēng	Long March
革命	革命	gé mìng	revolution
宣言书	宣言書	xuān yán shū	declaration; manifesto
宣传队	宣傳隊	xuān chuán duì	propaganda team
播种机	播種機	bō zhǒng jī	seeder
意义	意義	yì yì	meaning
作用	作用	zuò yòng	impact; effect

第三節　TCL 國際化的難點：歐洲和美國

3.1　法國：TCL 進入歐洲市場的入場券

中國新聞報道　開創改革開放新局面，中國企業首次重組世界五百強企業主營業務，TCL 控股全球最大的彩電企業。

李東生　和湯姆遜的談判開始在 2003 年的 8 月，當時湯姆遜想出售它的彩電業務。

Charles Dehelly[8]　TCL 讓我們印象深刻，是因為他們（同我們）對全球化的走向有着同樣的看法，這意味着同樣的戰略眼光。

作為一個對世界充滿雄心的企業，這無疑是一場里程碑式的合作。

李東生　歐洲和北美這兩個市場是很成熟的，新的競爭者要進入這個市場是非常不容易的。

Dehelly　我記得很清楚，第一次跟李主席開會，他對我説："如果你僅僅'賣掉'你的電視產業，我是不會買的。我要的是一個合夥人，因為如果沒有合夥人，我沒辦法控制我在歐洲和美國的生意，我需要你。"

8　Charles Dehelly：時任湯姆遜公司首席執行官（former CEO of Thomson）。

2004 年 1 月 28 日中國國家主席胡錦濤[9]訪法期間，TCL 和湯姆遜在兩國領導人的注視下簽下了雙方合營的框架性協議，中國企業入主世界的最大彩電生產商由此誕生。同年，TCL 再次併購了法國企業阿爾卡特的全球手機業務。至此，TCL 對未來已經釋放出了最清晰的訊號：下一站，歐洲。法國——歐洲的美麗心臟，在瀰漫着香水與咖啡香的空氣裏，除了光耀世人的法蘭西藝術與文化，還有着以歐盟為背景，擁有近四億五千萬人口，人均年收入一萬二千七百九十歐元的歐洲巨大市場。與兩大法國企業合併，無疑為 TCL 準備好了這張進入歐洲賽場的入場券。

閻飛[10]　歐洲市場比美國市場複雜，歐洲市場面對消費者的服務更艱難，因為消費者的差別比美國要大，所以，我個人覺得，歐洲市場應當是對於一個中國企業來講比較難做的一個市場。換句話說，如果我們在歐洲市場做好了，可能在全球也就更容易做好。

但面對歐洲這個已經深度全球化的成熟市場，要想自立其中，僅僅有雄心顯然是不夠的。而對於歐洲市場的複雜性，TCL 似乎還是缺乏準備。

李東生　我們面臨着一個年度虧損，現在又面臨一個半年的中報虧損。我自己就不斷地問我自己，我是不是做錯了什麼事情？後來大家一起討論，一起分析，慢慢地我們把這個問題心裏想得更明白了。國際化這個路，這個方向是沒有錯的。

3.2　美國：TCL 夢想的天堂

今天看來，李東生的底氣很有可能跟 TCL 全球戰略中另一個極其重要市場上的轉機有關。美國——曾經的冒險家與淘金者的天堂、當今世界頭號經濟強國、現代市場經濟最成功的典範，十六年前，當李東生第一次踏上這塊廣袤的土地時，他就為自己立下了誓言。

李東生　什麼時候我們能真正地像其他的國家，像日本、韓國這樣的跨國企業一樣，能夠在美國來開展我們的業務？當時自己就有這麼一個夢想。

9　胡錦濤 (Hu Jintao)：中國國家主席 (2002–2012)。

10　閻飛 (Yan Fei)：TTE 歐洲業務中心總經理。

2004年4月，李東生首次以 TTE[11] 管理團隊的身份來到印第安納州湯姆遜 RCA 品牌總部，但他正式登陸美國的心情卻是五味雜陳。

李東生　我們併購湯姆遜彩電業務主要是兩塊：一塊是北美，一塊是歐洲。在零四年我們併購的時候，當年的財務數據，北美是有一個巨大的虧損，它零三年虧損了九千萬美元，零四年它是虧損了一億兩千萬。歐洲當年的話大概只虧損了一百萬，所以我們當時併購認為，主要的問題要首先把北美的問題解決好。

Greg Bosler[12]　我認為美國市場和中國國內市場有一個很大的不同就是，美國的大賣場有着相當大的影響力和權力。在市場和供應鏈環節，這很少數的幾個超級大客戶卻掌控着巨大的銷售量，並左右着製造業。

　　針對美國市場的情況，TTE 從中國派出了一支精英團隊，和美國當地團隊組合，對整個業務的系統進行了改造。

陳武[13]　主要客戶縮減到二十五個，這是第一個策略；第二個策略是增加從亞洲或者墨西哥出貨直送的比例；第三條是降低售後服務的費用。

李東生　這些措施在零五年、零六年持續地看到了效果：零五年我們的虧損減少了六千多萬美元，雖然去年我們還是虧損，但是大量減少；今年虧損進一步減少，我們預計，今年的虧損大概能控制在一千萬美元左右。我們希望從明年開始我們（北美）能夠盈利，這是我們的目標。我們在國際市場開展這個業務，我們一定要在這個業務裏給我們創造價值。

　　李東生的夢想很實在。的確，對於中國企業來說，走向世界級的過程中，最初的幾步注定沒有光榮。這是對企業家們能力和意志的測試，也是對旁觀者心胸和視野的考驗。

李東生　歐洲人、美國人，他們成功了，日本人成功了，韓國人成功了，中國人一樣能夠成功。我相信我們的團隊，我相信我自己。

11　TTE：TCL-Thomson Electronics Corporation。

12　Greg Bosler：TTE 北美執行副總裁（Executive Vice President of TTE in North America）。

13　陳武（Chen Wu）：TTE 全球運營中心總經理。

詞語釋義 Glossary

简体	繁體	拼音	英文
改革开放	改革開放	gǎi gé kāi fàng	reform and opening-up
重组	重組	chóng zǔ	reorganize; reshape
主营业务	主營業務	zhǔ yíng yè wù	main business; primary business
汤姆逊	湯姆遜	tāng mǔ xùn	Thomson
出售	出售	chū shòu	sell off
战略眼光	戰略眼光	zhàn lüè yǎn guāng	strategic vision
合伙人	合夥人	hé huǒ rén	partner
领导人	領導人	líng dǎo rén	leader
合营	合營	hé yíng	jointly managed
框架性	框架性	kuàng jià xìng	framework
生产商	生產商	shēng chǎn shāng	manufacturer
阿尔卡特	阿爾卡特	ā ěr kǎ tè	Alcatel-Lucent S.A.
手机	手機	shǒu jī	cell phone
讯号	訊號	xùn hào	message; signal
弥漫	瀰漫	mí màn	permeate
法兰西	法蘭西	fǎ lán xī	France
欧盟	歐盟	ōu méng	European Union (EU)
欧元	歐元	ōu yuán	Euro
合并	合併	hé bìng	merge
赛场	賽場	sài chǎng	arena
入场券	入場券	rù chǎng quàn	entry ticket
艰难	艱難	jiān nán	arduous
差别	差別	chā bié	difference
复杂性	複雜性	fù zá xìng	complexity
缺乏	缺乏	quē fá	lack
年度	年度	nián dù	year; annual
中报	中報	zhōng bào	mid-year
转机	轉機	zhuǎn jī	a favorable turn
冒险家	冒險家	mào xiǎn jiā	adventurer
广袤	廣袤	guǎng mào	length and breadth (of a land)
誓言	誓言	shì yán	oath; pledge
日本	日本	rì běn	Japan
韩国	韓國	hán guó	The Republic of Korea (South Korea)
梦想	夢想	mèng xiǎng	dream
印第安纳州	印第安納州	yìn dì ān nà zhōu	State of Indiana
登陆	登陸	dēng lù	land on; disembark
五味杂陈	五味雜陳	wǔ wèi zá chén	mixed feelings
大卖场	大賣場	dà mài chǎng	hypermarket; large chain-store

简体	繁體	拼音	英文
影响力	影響力	yíng xiǎng lì	power of influence
权力	權力	quán lì	power; authority
供应链	供應鏈	gōng yīng liàn	supply chain
销售量	銷售量	xiāo shòu liàng	sales volume
左右	左右	zuǒ yòu	control
精英	精英	jīng yīng	elite
系统	系統	xì tǒng	system
缩减	縮減	suō jiǎn	reduce
墨西哥	墨西哥	mò xī gē	Mexico
售后服务	售後服務	shòu hòu fú wù	warranty service
费用	費用	fèi yòng	cost; expense
措施	措施	cuò shī	measure
效果	效果	xiào guǒ	effect
控制	控制	kòng zhì	control
目标	目標	mù biāo	goal; aim

第四節　反思 TCL 的併購失敗

4.1　TCL 老總李東生的大起大落

吳曉波[14] 我們接着評論的這個企業家叫李東生。他是 2005 年中國表現最好的企業家，他被評為當年度的經濟年度人物[15]、中國最佳企業家。結果呢，在 2007 年初，他被《福布斯》評為中國最差的企業家之一。那麼，李東生到底幹了什麼呢？

　　李東生，中國家電領軍企業 TCL 老總，他在近兩年裏，經歷起伏猶如過山車。2004 年，李東生宣布收購法國湯姆遜的彩電業務，TCL 一舉成為全球最大的彩電生產商，並開始了國際化遠征。2005 年，躊躇滿志的李東生立下誓言，要在 18 個月內讓併購業務扭虧為盈，沒想到，他卻為這個誓言付出了慘重代價。由於整合失利，TCL 集團兩年巨虧 50 多億人民幣，並不得不在 2007 年[16] 5 月壯士斷腕，剝離歐洲公司業務，重新回歸中國市場。

14　吳曉波（Wu Xiaobo）：財經評論員、財經作家。

15　根據李東生自述，應該是 2004 年他再度被評為 CCTV 年度經濟人物，獲獎理由是收購了法國湯姆遜彩電業務和阿爾卡特手機業務，詳見李東生著：《藍海大變局 —— 我與 TCL》，深圳：海天出版社，2009 年，第 100 頁。

16　根據李東生自述，應該是 2006 年 5 月宣布 TTE 歐洲業務破產，詳見李東生著：《藍海大變局 —— 我與 TCL》，第 134 頁。

4.2 評説 TCL 的併購失敗

吳曉波 李東生這一段的歐洲之旅帶有很強的一個悲壯的氣質。

牛文文[17] 李東生兩年時間裏面大起大落，18個月裏，他告訴我他瘦了十幾斤，他不斷地在反思他到底錯了什麼，中國的企業界和中國的媒體人都在反思，他到底做錯了什麼。買東西難道這麼可怕嗎？我覺得這裏面有一個很大、很大的問題，就是説，中國企業過去30年最成功的一門功夫是賣東西，它能夠把東西賣得非常、非常地便宜。

吳曉波 賣到全世界去。

牛文文 但是，中國企業最弱的地方是買東西。我剛才講，它買什麼，什麼貴，它老是買不好。我覺得李東生的悲劇不怪他自己，李東生遇到這個難度也不怪他自己，是整個國家、整個國家的企業家、整個國家的商業氣氛都沒有從賣進化到買。買是很高明的學問，他不但買錯了一次，他買錯了三次，這就是他致命的問題。那麼他買錯了，別人就買對了嗎？明基在中國，在大陸出發，買了西門子，也放棄了。聯想買了IBM，今天還在艱難地奮鬥。所有買了跨國公司的，包括華為在買3com，越來越大的爭議。我説，李東生的問題不是李東生的問題，李東生只不過在錯誤的時間裏面做了一件錯誤的事情，但是，是一件必須做的事情，所以李東生是偉大的CEO，我們也很尊重他。

吳曉波 他在2006年寫過一篇文章，我們可以看看VTR，這篇文章是2006年，我認為是在過去一年裏面中國企業家在自我反思方面最好的一篇文章。

　　2006年6月，面臨國際化首戰失利的李東生在痛苦煎熬後，以一篇《鷹的重生》自我檢討，並反思TCL變革的必要性和緊迫性。

牛文文 最具深度的一篇文章《鷹的重生》[18]，換一個最美麗的詞叫"涅槃"，"鳳

17　牛文文（Niu Wenwen）：資深媒體人，1991年起加入經濟日報社，2000年任《中國企業家》雜誌總編輯，2008年離職創辦《創業家》雜誌，即創業黑馬的前身。他創辦的創業黑馬2017年8月在深交所創業板掛牌上市，成為國內第一家創業服務領域的上市公司。

18　《鷹的重生》全文詳見藍獅子著：《鷹的重生：TCL追夢三十年1981–2011》，北京：中信出版社，2012年，第253–255頁。

鳳涅槃"。這一代中國企業家犯錯誤,在他有生之年能夠重新修正,超越他的錯誤,我相信李東生一定會重出江湖,他會像鷹一樣重生。這種反思精神、這種這麼快的復原能力,這就是中國企業30年成功的最大的一個秘密。我覺得像《福布斯》這樣的媒體,評價一個人是年度最差CEO,正如跟它做年度最富的人一樣,它是一個非常外在的指標。我相信最差的CEO在美國、在華爾街,引起全世界經濟震盪的那些人,他們應該是最差的CEO。

吳曉波 次級債危機中的這些人。其實我們對李東生的關注,我覺得就是兩個字——祝福,我們祝福李東生能夠成為那只獲得重生的鷹。

詞語釋義 Glossary

简体	繁體	拼音	英文
经济年度人物	經濟年度人物	jīng jì nián dù rén wù	Business Man of the Year
《福布斯》	《福布斯》	fú bù sī	*Forbes*
领军企业	領軍企業	lǐng jūn qǐ yè	leading enterprise
起伏	起伏	qǐ fú	ups and downs
过山车	過山車	guò shān chē	roller coaster
(经历起伏犹如过山车)	(經歷起伏猶如過山車)		(experience ups and downs as riding on a roller coaster)
远征	遠征	yuǎn zhēng	expedition
踌躇满志	躊躇滿志	chóu chú mǎn zhì	smug; enormously proud of one's success
扭亏为盈	扭虧為盈	niǔ kuī wéi yíng	turn the business around; go from a loss to a profit
失利	失利	shī lì	fail; failure; suffer a setback
巨亏	巨虧	jù kuī	huge loss
壮士断腕	壯士斷腕	zhuàng shì duàn wàn	fig. make a quick decision to cut one's losses; to be forced to give up an important asset;
			lit. a vigorous man cuts his wrists
剥离	剝離	bō lí	divest
大起大落	大起大落	dà qǐ dà luò	significant ups and downs; highs and lows
反思	反思	fǎn sī	self-reflection
弱	弱	ruò	weak
进化	進化	jìn huà	evolve; evolution
明基	明基	míng jī	BenQ
西门子	西門子	xī mén zǐ	Siemens AG
华为	華為	huá wéi	Huawei

简体	繁體	拼音	英文
煎熬	煎熬	jiā náo	torment; suffering
检讨	檢討	jiǎn tǎo	examine one's own mistake; self-criticism; self-reflection
紧迫性	緊迫性	jǐn pò xìng	urgency
凤凰涅槃	鳳凰涅槃	fèng huáng niè pán	phoenix's rebirth; rising from the ashes
修正	修正	xiū zhèng	revise; correct; rectify
重出江湖	重出江湖	chóng chū jiāng hú	restart one's business
复原	復原	fù yuán	recover
秘密	秘密	mì mì	secret
指标	指標	zhǐ biāo	indicator; index
震荡	震盪	zhèn dàng	shock
次级债危机	次級債危機	cì jí zhài wēi jī	sub-prime loan crisis

第五節　TCL 的浴火重生

5.1 TCL 的重生過程

羅振宇[19]　如果説有什麼文章一定會入選這個時代的企業家文集的話，我想李東生在前年寫的那一篇《鷹的重生》的文章一定會入選，原因很簡單，像 TCL 這樣一個中國企業，曾經寄予了那麼多我們的盛讚，但是此後又遇到了那麼可怕的陷阱和危機，而現在它又開始重新崛起在我們面前。那麼《鷹的重生》這篇文章正是記錄這樣整個一個過程——自我反省，重新尋找出路，一個企業在試錯之後重新塑造自我的最經典的一篇文獻。那麼今天坐在我面前的李東生，就是一個曾經過過冬的人。他的所有的生命感受、他的所有的思考都值得你傾聽。所以今天的李東生，在我們的節目裏，不是一個自述者，而是一個分享者。

鷹一生的年齡可達 70 歲，它在 40 歲時必須做出困難卻重要的決定：要麼等死，要麼經過一個十分痛苦的更新過程。

李東生　2004 年的兩個國際併購在 2005 年對我們造成非常大的衝擊，2005 年是 TCL 發展史上第一個虧損的年度。

19　羅振宇（Luo Zhenyu）：資深媒體人，曾任第一財經節目總策劃和主持人，中央電視台經濟相關節目的制片人。目前是廣受歡迎的知識型視頻脱口秀《羅輯思維》的創始人。

鷹首先用它的喙擊打巖石，直到其完全脫落，鷹把爪子上老化的趾甲一根一根拔掉。

李東生 面對嚴峻的困難和挑戰，我們在思考，我們企業的這種發展戰略、我們的國際化戰略，是不是真的錯了？未來的話，我們企業應該怎麼去調整才能夠盡快地擺脫困境？

五個月以後，新的羽毛長出來了，鷹重新開始飛翔，重新再度過30年的歲月。

李東生 企業如何脫胎換骨，從一個中國的公司變成一個中國的國際化企業？這個過程對企業來講，是一個非常艱難的過程。

5.2 TCL 實現扭虧為盈的根本原因

就像文章裏的"鷹"一樣，李東生做出了痛苦抉擇：他相繼以6000萬元出賣電腦業務，1.62億元賣掉 TCL 王牌彩電原廠房，5億元出售低壓電器業務。2007年 TCL 實現淨利潤3.96億，摘掉了 ST 帽子[20]。據悉2008年一季度實現淨利潤4.49億元，彩電、手機雙雙盈利。

李東生 去年那個成績單嚴格講起來不算漂亮，它的重要意義在於，企業已經過了盈虧平衡點了，開始盈利了。

羅振宇 出現正現金流了。

李東生 對，出現正現金流，不再虧損了，等於說企業不再流血了，這是很重要的。

羅振宇 財務報表背後的那個增長的力量到底是什麼呢？

李東生 企業的核心能力我覺得不外乎就是四個方面：一個是產品的設計性能的定位、質量；第二個是供應鏈和製造能力；第三個是品牌的營銷力；再加上一個就是團隊的能力，所有這些能力的綜合的提升是我們企業業績改善、業務增長的主要動力。

---

20 "ST" 股的解釋見第四章的關鍵商業術語與概念（Key Business Terminology）。

羅振宇　我可能有一個不情之請，請你作一個提前的決定，假設到了今年的12月底你們公司要發一個大獎，無論是給個人還是給部門，只有一個，你給誰？

李東生　這個獎從我來講，我是希望發給我們的產品部門。我覺得在我們四個競爭力要素當中，現在最讓我揪心的、最急迫的是TCL產品力的提升。我們每一個產品的均價，就是彩電、手機、空調產品的均價，都低於這些跨國公司的同類產品的均價很多，這使得我們產品的這種價值創造能力遠低於這些跨國企業。所以，這兩年我們花了很大的努力，要提高我們產品的技術創新能力。

5.3　"鷹的重生"的真正涵義

羅振宇　我記得去年我在TCL跟你手下的一些員工聊天的時候，觀察到一個很有意思的細節，就是他們一旦要提到說我們要改掉一個什麼習慣或者錯誤的時候，總是在說要拔掉這根毛，其實這個就是從你那篇文章出來的，鷹的重生是要不斷拔毛的過程。那你覺得，這麼長時間鷹的重生的過程，從你的視野看來，拔掉了哪幾根毛？

李東生　整個國際化轉移的過程中，整個團隊要養成一種習慣，要去適應這種變化的環境，不要停留在原來的一些觀念和習慣上，這點是很重要的一個轉變。鷹的重生很重要的一個道理，就是你要重生，必須要拔掉你身上的羽毛，要褪掉你的那些喙，這是很痛苦的一個過程。在某種意義上來講，它是一個自我否定的過程，其實最大的敵人就是你自己。你只有超越自己、自我否定，才能夠很快地學習掌握一些新的觀念和知識，才能夠帶領團隊往前走。

詞語釋義 Glossary

简体	繁體	拼音	英文
盛赞	盛讚	shèng zàn	high praise；rave reviews
崛起	崛起	jué qǐ	rise
自我反省	自我反省	zì wǒ fǎn xǐng	self-reflection; self-criticism
文献	文獻	wén xiàn	document
分享	分享	fēn xiǎng	share

简体	繁體	拼音	英文
挑战	挑戰	tiǎo zhàn	challenge
调整	調整	tiáo zhěng	adjust; regulate
摆脱	擺脱	bǎi tuō	break through
飞翔	飛翔	fēi xiáng	fly
脱胎换骨	脱胎換骨	tuō tāi huàn gǔ	be reborn; thoroughly remold oneself；undergo radical transformation
抉择	抉擇	jué zé	choice; decision
低压	低壓	dī yā	low-voltage
摘掉	摘掉	zhāi diào	take off
ST 帽子	ST 帽子	mào zi	"Special Treatment" (ST) label
双双盈利	雙雙盈利	shuāng shuāng yíng lì	both profitable
盈亏平衡点	盈虧平衡點	yíng kuī píng héng diǎn	break-even point (BEP)
正现金流	正現金流	zhèng xiàn jīn liú	positive cash flow
财务报表	財務報表	cái wù bào biǎo	financial statement
性能	性能	xìng néng	functionality
定位	定位	dìng wèi	positioning
营销力	營銷力	yíng xiāo lì	marketing power
动力	動力	dòng lì	dynamic
不情之请	不情之請	bù qíng zhī qǐng	presumptuous request
要素	要素	yào sù	relevant factor
揪心	揪心	jiū xīn	worried; anxious; concerned
均价	均價	jūn jià	average price
员工	員工	yuán gōng	staff
观察	觀察	guān chá	observe; observation
适应	適應	shì yìng	adapt
褪掉	褪掉	tuì diào	fade
超越自己	超越自己	chāo yuè zì jǐ	surpass oneself
自我否定	自我否定	zì wǒ fǒu dìng	self-denial

關鍵商業術語與概念 Key Business Terminology

1 併購融資的三種方式 Three Ways of Financing M&A

1.1 銀團貸款 [21]

定義：指若干銀行或金融機構共同組成銀團向借款人發放的貸款，也叫辛迪加貸款。

長處：1) 籌資金額大，籌資時間短，借款期限長；2) 貸款違約風險分散，銀團向企業收取的費用較為合理；3) 不會影響到企業的股權結構。

短處：1) 與從一家銀行借款相比，法律程序比較複雜，談判難度大；2) 對借款人借貸條件較為嚴苛，一旦違約會要求立即還款或沒收抵押物。

1.1 Syndicated Loan

Definition: Loans made to borrowers by groups of banks or financial institutions that form a syndicate.

Advantages: 1) A syndicated loan can be raised in a short time with a long maturity in a larger amount than allowed by a loan from a single bank. 2) Default risk is spread out (over the members of the syndicate) and the fees owed to the syndicate by the enterprise are reasonable. 3) A syndicated loan does not impact the ownership structure of the enterprise.

Disadvantages: 1) In comparison with borrowing from one bank, there are greater complications with legal procedures, and syndication complicates negotiation by increasing the number of parties. 2) Lending conditions for borrowers are more stringent, and default will require immediate repayment or seizure of collateral.

1.2 私募股權融資 [22]

定義：引進戰略投資者，通過定向增發股票進行融資。

長處：1) 有穩定的資金來源。與貸款不同，私募股權融資只增加所有者權益，不增加債務，不可隨意從企業撤資，因此不會給企業帶來債務壓力。2) 可能對經營有幫助。私募股權投資者的專業知識、管理經驗

---

[21] "銀團貸款"(yín tuán dài kuǎn)，也稱"辛迪加貸款"(xīn dí jiā dài kuǎn，"Syndicated Loan")。

[22] 這裏關於私募股權融資 (sī mù gǔ quán róng zī) 的解釋主要是針對本章擴充閱讀中李東生反思 TCL 當年併購融資時所遇到的問題進行的專業性補充説明。

及廣泛的商業網絡有可能幫助企業成長。3) 提高企業內在價值。如
果獲得頂尖的私募股權基金，能夠提高企業的知名度和可信度，更容
易贏得客戶。

短處：1) 會攤薄原股東的權益，使股東之間關係複雜化。2) 新的投資者可
能希望盡快獲得投資回報，不太注重企業的長遠發展，因而可能改變
企業發展戰略以實現短期內的收益。

1.2 Private Equity Financing

Definition: Bringing in select strategic investors by issuance of shares to them (private share placement).

Advantages: 1) Stable source of funds. Unlike a loan, private equity financing increases only owners' equity and not debt, and private equity investors cannot freely withdraw capital from the firm. Therefore, this financing does not increase the debt burden of the company. 2) May be helpful for management and operation. Private equity investors have specialized knowledge, management experience, and extensive business networks that can aid the growth of the firm. 3) May improve the intrinsic value of the company. Obtaining the investment of top private equity funds may improve the visibility and credibility of the enterprise, making it easier to win clients.

Disadvantages: 1) Can dilute the original shareholders' stake and create complications in relations with shareholders. 2) New investors may wish for a quick return on their investment and not focus on the long-term development of the company. This may change the development strategy to be more focused on realizing short-term gains.

1.3 股票增發

定義：向公眾增發股票，指直接由企業面向社會融資。

長處：1) 增發股票可以最大限度地利用社會閑散資金，形成多樣化的融資
結構，降低融資成本；2) 不會給企業帶來債務壓力。

短處：1) 資金來源不是很有保障，完全取決於資本市場是否看好這個併購
項目；2) 會攤薄原股東的權益，但一般來說，公眾投資者比定向發
行所持股份少得多，不太可能影響和參與企業的經營。

1.3 Follow-on Offering

Definition: An additional offering of shares to the public, denoting financing directly from an enterprise to society.

Advantages: 1) Additional share issuance can maximize the use of idle funds, form a diversified financial structure, and reduce financing costs. 2) No increased debt burden on the firm.

Disadvantages: 1) The source of funding is not very secure and is completely dependent on the capital markets being optimistic about the M&A project. 2) May dilute original shareholders, although generally the new public investors will hold much less stock than those from private share placement and cannot greatly impact the operation of the business.

2 ST 股

ST 股，即"特別處理"股票。按照中國證券交易所的規定，當上市公司出現財務狀況異常（如連續兩年出現虧損等）並導致股票有被摘牌的風險時，為避免股東權益受到損害而對該公司股票交易實行的特別處理措施，主要包括：1）在公司股票簡稱前冠以"*ST"字樣，以區別於其他股票；2）股票價格的日漲跌幅限制為5%。而在正常情況下，中國上市公司股票日漲跌幅限制為10%。

2 "Special Treatment" Stock

ST stock refers to "Special Treatment" stock. According to the China Stock Exchange, listed companies with financial abnormalities that could harm shareholder interests and result in delisting, such as two consecutive fiscal years of negative net income, will be downgraded to the "Special Treatment" list. ST stocks adhere to the following rules: 1) An "*ST" must appear in front of the original stock name to differentiate it from other stocks. 2) The daily limit for stock price fluctuation is adjusted to 5%. In the Chinese stock market, fluctuations in individual stock prices are limited to 10% in either direction relative to the closing price from the previous trading day.

李東生反思 TCL 的跨國併購
Li Dongsheng's Reflections on TCL's Cross-Border M&A

李東生 從 2004 年開始，是我們國際化的第二個階段，就是跨國併購來布局全球。在 2004 年之前，我們國際化拓展主要是集中在亞洲和周邊國家。在 2003 年的時候，我們有一個機會，就是當時湯姆遜的彩電業務希望出售，通過投行來找到我們，當時我就很有興趣。我們經過半年多的談判，在 2004 年的 1 月 28 日，當時是胡主席[23]訪問法國，在那個時候我們簽訂了正式的合同。

2004 年 1 月 28 日，TCL 集團和法國湯姆遜公司正式簽訂協議，重組雙方的彩電和 DVD 業務，組建全球最大的彩電供應商 TCL 湯姆遜電子公司，即 TTE 公司。在這個合資公司中，TCL 與法國湯姆遜共出資 4.7 億歐元，其中湯姆遜出資 1.551 億歐元，持有 33% 的股份，TCL 出資 3.149 億歐元，佔 67% 的股份。這是我國企業第一次兼併世界 500 強企業。最初，TCL 集團兼併湯姆遜的目的是規避歐美市場的反傾銷和專利費困擾，但令人大跌眼鏡的是，這次併購並沒有給 TCL 帶來拓展歐美市場的機遇，反而背上了沉重的包袱。收購湯姆遜後，TCL 集團在 2005 年、2006 年連續虧損兩年，戴上了 *ST[24] 的帽子，2007 年 4 月，TTE 歐洲公司申請破產清算。如今回想起這段往事，李東生又會有哪些反思和智慧呢？

李東生 當時對我們這個併購項目的評價是比較多的，市場上也確實有不同的聲音。看好的有，因為我們宣布這個併購的時候，我們在香港的電視業務是在 1999 年上市的，股票市場是漲了一輪，大概漲了有百分之四五十，說明當時資本市場是看好的。在我們請的中介機構對這個項目做評估的時候，也是兩派意見：我們的諮詢公司，第一波士頓[25]，它是比較偏謹慎；而摩根士丹利，它是比較偏樂觀。談來談去，最後這個項目我從戰略上來講還是決定要做。一直到今天，還是有各種各樣的評價，確實有成功，也有失敗，有經驗，也有教訓。

---

23 這裏指時任中國國家主席胡錦濤（Hu Jintao）。

24 "ST"（Special Treatment）的解釋見第四章的關鍵商業術語與概念（Key Business Terminology）。

25 更正：應該是波士頓諮詢集團（Boston Consulting Group，簡稱：BCG）。

第一個就是説，在對企業領導人來説，怎麼能夠抵得住誘惑？在跨國併購當中，這個很重要的。當時併購湯姆遜的時候，在後期談判的時候，對於風險點其實我們發現有很多。做不做這個事情，或者是不是再延續談判，當時確實是擺在我們面前的一個很重要的抉擇。當時我就還是沒有抵得住誘惑，這個誘惑是什麼呢？就是我和湯姆遜合在一起的話，我們當年就可以進入全球的前三，而且和第一名差別並不大，簡單地把這兩個銷量疊加起來的話，所以成為全球領先這種誘惑實在是太大了。雖然也看到了這個併購的很大風險，但是全球領先在整個市場策略方面、未來發展空間方面帶來的好處確實是有很大的誘惑性。當時我就沒有能夠咬住牙，把那一個合同推後簽。但是它後期出現的一些情況，就在2003年底，超出了當時我們談判的情況，就是湯姆遜的業務比預期的還要糟糕，所以是不是趕在一月的時候簽約就變成一個很大的問題了。如果是我們以這個為理由，當時不趕胡主席這一個簽約，不去湊這個熱鬧，不去"光榮"這一把，再談三個月，我估計談的條件應該對我們更加有利。所以當時我曾經已經決定説，不去搭理，再談。後來對方動員了所有的力量，過來，我們再給一個讓步，當時再給了差不多一億歐元的讓步，簽了。實際上這個誘惑就是全球第一，另外一個就是咱們胡主席和法國希拉克[26]總統在後面看着你簽字。所以在做重大決策，特別是你當企業領導人的時候，確實有些東西看得特別美好的時候，要忍得住。

當然另外一個就是在操盤上，我們對實際的困難確實沒有估計足。當併購的時候，資本市場還是看好的。當時如果我像後來聯想併購一樣，做一次資本市場的股權融資[27]，再拉合作夥伴一塊兒來做，這樣的話，可能成功就會更容易一些。當時我就太過自信，認為我們手上的資源夠了，不願意去融資，當時可以做融資的，而我選擇了用銀團貸款[28]。好的時候，銀團貸款當然能夠讓股東的收益更好，因為任何的股權增發的行為都會攤薄股東的權益。但是不好的時候，困難的時候，這個貸款，它就是一個炸彈，因為一般銀團貸款它會設定很多財務的條件，你一旦違約了，它就有權要求你提前歸還，在這個時候給你的壓力很大。其實我當

26 希拉克（xī lā kè），Jacques Chirac, 法國前總統（former President of France, 1995–2007）。

27 股權融資（gǔ quán róng zī）的解釋見第四章的關鍵商業術語與概念（Key Business Terminology）。

28 銀團貸款（yín tuán dài kuǎn）的解釋見第四章的關鍵商業術語與概念（Key Business Terminology）。

時最難的時候就是 2005、2006 年，我們經營的存款造成我們財務違約，那個時候給我的壓力是最大的，我必須要解決這個財務違約，必須要把這個銀團貸款給還了。所以這一塊就給大家分享：做一個事情的時候，就像打仗一樣，一定要給自己留足夠的預備隊。雖然這個預備隊你想可能用不上，但是沒關係，你得留着，因為戰場的形勢，很多東西是你意想不到的。

另外一個，在市場和產業轉型的時候，做這種併購行動一定要更加謹慎。其實這一次併購，在現在複盤來看的話，如果當時不是彩電從顯像管向液晶面板轉型來得那麼快的話，實際上我們應該來講應對起來會沒有那麼吃力；手機那一塊，不是從 2G 向 3G 轉那麼快的話，我們也不會那麼吃力的。所以在市場的轉型、技術的轉型期間，要做大的併購的話，它可能帶來的這種衝擊和困難一定要考慮得比較充分。

另外還有，對於相關國家的法律法規要了解得更透一點。這個主要是講歐洲的，當時做重組的時候，我們按照最壞的情況，重組的話，大概要多少成本，這個是可以按照它的法律、相關的規則算出來的。但我們後來才發現，其實在美國是可以的，在歐洲（就）沒有那麼簡單了。要解僱五個人以上，必須要和工會談判。法律沒有規定說不能解僱超過五個人，但是在慣例上來講，必須要取得工會的同意。而工會的話，這個談判會很艱難。有一點，工會說，解僱人可以，但要優先保留那些如果解僱他們，他們很難找到工作的人。很人性化，是吧？但這意味着什麼？你必須要解僱那些優秀的人，保留那些能力比較弱的人。如果按照這個原則去談，怎麼會有結果呢？工會是公開這樣講的，必須要保留那些出去之後很難找到工作的人，所以這個重組的過程就非常艱難。

　　經歷了商戰的洗禮之後，李東生更加從容自信。他說："我們需要看到問題，但看到問題是為了積極樂觀地解決問題。如果看到問題只是為了消極怠惰，這樣的人一定沒有前途。"在李東生的堅持下，TCL 集團股份有限公司已經成為中國最大的全球性消費電子企業集團之一。

詞語釋義 Glossary

简体	繁體	拼音	英文
跨国并购	跨國併購	kuà guó bìng gòu	cross-border mergers and acquisitions (M&A)
布局	布局	bù jú	layout; roll out
拓展	拓展	tuò zhǎn	expand; expansion
周边	周邊	zhōu biān	periphery
谈判	談判	tán pàn	negotiation
签订	簽訂	qiān dìng	sign
供应商	供應商	gòng yìng shāng	supplier
合资公司	合資公司	hé zī gōng sī	joint venture
规避	規避	guī bì	avoid; evade
反倾销	反傾銷	fǎn qīng xiāo	anti-dumping
专利费	專利費	zhuān lì fèi	royalty
大跌眼镜	大跌眼鏡	dà diē yǎn jìng	dumbfounded
机遇	機遇	jī yù	opportunity
破产	破產	pò chǎn	bankruptcy
清算	清算	qīng suàn	liquidation
智慧	智慧	zhì huì	wisdom
看好	看好	kàn hǎo	optimistic or bullish about sth.
中介机构	中介機構	zhōng jiè jī gòu	intermediary
评估	評估	píng gū	evaluation; assessment
咨询公司	諮詢公司	zī xún gōng sī	consulting firm
谨慎	謹慎	jǐn shèn	cautious; prudent
乐观	樂觀	lè guān	optimistic; sanguine
评价	評價	píng jià	appraisal
风险点	風險點	fēng xiǎn diǎn	risky area
延续	延續	yán xù	continue
销量	銷量	xiāo liàng	sales (volume)
发展空间	發展空間	fā zhǎn kōng jiān	development capacity
搭理	搭理	dā lǐ	respond to
动员	動員	dòng yuán	mobilize
让步	讓步	ràng bù	concession
决策	決策	jué cè	make strategic decision
忍	忍	rěn	endure; put up with
操盘	操盤	cāo pán	trade stock
资本市场	資本市場	zī běn shì chǎng	capital market
股权融资	股權融資	gǔ quán róng zī	equity financing
合作伙伴	合作夥伴	hé zuò huǒ bàn	partner
太过自信	太過自信	tài guò zì xìn	overconfident

简体	繁體	拼音	英文
银团贷款 （又称辛迪加贷款）	銀團貸款 （又稱辛迪加貸款）	yín tuán dài kuǎn	syndicated loan
股权增发	股權增發	gǔ quán zēng fā	additional equity issuance
摊薄	攤薄	tān báo	dilute
炸弹	炸彈	zhà dàn	bomb
一旦	一旦	yí dàn	once
财务违约	財務違約	cái wù wéi yuē	financial default
预备队	預備隊	yù bèi duì	reserve forces
意想不到	意想不到	yì xiǎng bú dào	unexpected; unforeseen
转型	轉型	zhuǎn xíng	transform
复盘	複盤	fù pán	game review; post-mortem
液晶面板	液晶面板	yè jīng miàn bǎn	LCD panel
吃力	吃力	chī lì	struggle and toil
法律法规	法律法規	fǎ lǜ fǎ guī	law and regulation
透	透	tòu	thorough; exhaustive
解	解僱	jiě gù	lay off
工会	工會	gōng huì	union
惯例	慣例	guàn lì	common practice; convention; routine
保留	保留	bǎo liú	retain
人性化	人性化	rén xìng huà	human
优秀	優秀	yōu xiù	excellent; brilliant
洗礼	洗禮	xǐ lǐ	baptize
从容	從容	cóng róng	calm; composed
消极	消極	xiāo jí	negative
怠惰	怠惰	dài duò	idleness
前途	前途	qián tú	future

第三編

「請進來、走出去」戰略

Part Three

The Strategy of Welcoming
Investment In and Sending
Investment Abroad

第五章

老美創業在中國

"我們的成功跟任何神秘的模式或者秘方沒有什麼關係。首先要到這裏來，了解市場中發生了什麼，然後看到機會就要能夠抓住。第二點是努力工作並堅持不懈，不放棄。我們一旦看到一個機會就要跟進，直到我們的產品或服務能夠站住腳跟。"

—— 保羅（USActive 有限公司創始人、總裁）

None of the success we've had is due to some sort of magical formula or secret sauce. It's part local presence, simply being here, understanding the marketplace, and being able to respond to opportunities. A second key to success has been hard work and persistence, not giving up. When we see an opportunity, we follow through until we can deliver on the service or product.

—— Paul Stepanek, Founder and President of USActive

導言 Introduction

　　隨着改革開放進程的不斷推進,中國廣袤的市場所帶來的巨大商機吸引着來自世界各國的創業者。2001年中國"入世"後,國外來華創業的人數更是明顯增長。然而,中國媒體的注意力往往集中於大型跨國企業,對中小外資企業在中國的發展狀況卻較少涉及。同這些中小企業對中國經濟的貢獻相比較,對這一題材的關注更是少之又少。

　　本章奉獻給讀者的是一場別開生面的論壇,參與的一方是三位來自美國的中小企業創業者,另一方則是三位研究創業問題的中國專家。雙方圍繞着外國人在中國創業的成功秘訣和所面臨的挑戰這一主題,各抒己見。討論的話題涉及中國的歷史、文化傳統、社會經濟體制、法律環境等諸多方面。

　　三位美國創業者都表示,中國市場有自己的特殊性,生搬硬套西方的商業模式在中國是行不通的。那麼,在他們的眼中,什麼是創業初期的最大挑戰?什麼是他們最大的擔憂和顧慮?什麼又是他們創業成功的關鍵?與此同時,中方專家和現場觀眾也從自己的角度討論了外國人在中國創業的優勢和劣勢之所在,以及他們在中國創辦中小企業取得成功的必要條件。雙方既相互爭論又相互補充,讓人們真切地領略到不同的文化傳統對創業者思維方式和行為準則的深刻影響,以及在中外不同經營理念之間搭建溝通橋樑的必要性。誠然,在實踐中,正是通過中外不同經營理念之間的碰撞、切磋與磨合,中外企業家才能去粗取精,探索出適合企業自身發展的管理模式。

Following the advancement of China's reform and opening-up process, entre-preneurs from countries all over the world have been drawn to business opportunities in the vast Chinese market. The number of foreign entrepreneurs in China increased significantly after China's accession to the WTO in 2001. While the Chinese media have offered extensive coverage of big multinational companies in China, they have given scant attention to foreign-owned small and medium-size enterprises (SME). Indeed, the paucity of attention paid to this topic is astonishing, especially if one considers the contributions that foreign SMEs have made to China's economic growth.

This chapter presents a unique discussion forum. On one side of the discussion are three entrepreneurs from the United States, and on the other side are three Chinese experts on entrepreneurship. The participants on both sides speak their minds on such important issues as the "secrets" of their successes and the challenges facing foreign SMEs in starting businesses in China. They touch upon a wide range of issues, from China's history and traditional culture, to its socioeconomic system, and legal environment.

The three American entrepreneurs believe that the Chinese market has its own characteristics, and foreign business models cannot simply be implanted into China's context. For these entrepreneurs, what were the biggest challenges they had to face while starting businesses in China? What were their top concerns and worries? What were the keys to their business successes? During the forum, the Chinese experts and the audience also share their perspectives about the strengths and weaknesses of foreign entrepreneurs doing business in China, pointing out the conditions necessary for them to be successful. In the course of debate, the two sides also complement each other's perspectives, helping people to realize the depth of the impact of different cultural traditions upon ways of thinking and codes of behavior. It also demonstrates the necessity of bridging differences between Chinese and foreign management practices. In reality, it is through encounters, consultations, and reconciliations that Chinese and foreign entrepreneurs have found valuable common ground, which has enabled them, by dropping the fluff and retaining the essence, to develop new management models most suitable to their businesses.

第一節　三個老美來華創業的原因和背景

1.1　論壇話題

主持人[1] 當我們說到外國投資的時候，你很快、很容易想到世界五百強，你很少能夠想到中小企業。但事實上，正像在森林裏面可能小動物比大動物的數量多得多一樣，中小企業的總的數量，甚至一定程度上來說，它的發展活力，很多方面都和大企業相比有得一拼。所以，今天我們的《頭腦風暴》的話題集中在在中國發展的美國中小企業的成長以及它們的煩惱之上。

1.2　樂華的來華背景

主持人 我們今天首先想要知道的問題是，中國有什麼東西吸引你們？來說說你們的中國緣份從什麼地方開始的。

Scott[2] I didn't come to China to start a business. I came to China as a tourist, and I fell in love with China, fell in love with Shanghai.

樂　華 我到中國來不是為了開公司，我是來中國旅遊的，我愛上了中國，愛上了上海。

主持人 哪一年？

Scott 1999. So when I came in '99 to visit a friend, I just instantly fell in love with Shanghai. I said I've got to move to this place. So I was only 25 at the time. Called my parents, sent for my things, and did what all young foreigners do when they first come to Shanghai, teach English.

樂　華 1999 年。我 1999 年來這裏看一個朋友的時候，我立刻愛上了上海，我說我要搬到這兒來。我那時只有 25 歲，打電話給我的父母，準備好我的東西，做所有外國年輕人剛來上海時會做的事 —— 教英語。

主持人 你開始做這個生意的時候，你有多少本錢？

---

1 袁岳（Yuan Yue）：北京大學社會學博士，哈佛大學肯尼迪政府學院 MPA，曾任第一財經《頭腦風暴》節目主持人，現任零點有數集團董事長。

2 樂華（lè huá，英文名 Scott Minoie）：新元素餐飲管理有限公司創始人、執行董事。2002 年在上海成功創立新元素公司（Element Fresh），主管公司餐廳運作、食品生產和新產品開發工作。

Scott   We started very very small. With very little investment, about five to ten thousand U.S. dollars. And the first real financing we got was for two hundred and fifty thousand U.S. dollars.

樂　華   我們開始時候很小、很小，投資很少，大概 5000 到 10000 美元。我們真正融到的第一筆資金是 25 萬美元。

主持人   有情報告訴我們說，你有個女朋友是上海人。所以我想知道的是，有女朋友在前，然後開始生意，還是做了生意以後吸引人家女孩子，有了女朋友？

Scott   It was during the whole process. Actually we were in the low point of my business. And we met and had very little money at that time.

樂　華   那是在整個過程當中，實際上當時我在事業的低谷，然後我們認識了，當時錢很少。

主持人   事業戀愛共同進行。

樂　華   Yes. 是的。

1.3　保羅的來華背景

主持人   那我們聽聽保羅您這個緣份是怎麼開始的？

Paul[3]   When I was 10 or 12 years old, I saw a *Time* or *Newsweek* article about Japan being this boom economy and how they went from making small plastic flowers to electronics, to automobiles, and their wages went through the roof, and their real estate went through the roof, and looking at the curves and considering my age, I was thinking I've really missed that boom economy. So by the time I'm 20 or 25 when I'm gonna be working, who's gonna be the next boom economy? And I asked that question of a neighbor that we had who was a librarian, and she was probably the best informed person I've ever known. She had books all over her home, every chair, every table, and her name was Mrs. Arnold. Mrs. Arnold said that China was gonna be the next boom economy and so I made the very long plan to come to China.

3　保羅（bǎo luó，英文名 Paul Stepanek）：USActive 有限公司創始人、總裁。1997 年在中國創立 BOHDI 公司，銷售專屬品牌山地自行車及運動用品零配件。2001 年創立 USActive 公司，為國外的汽車、運動器械、傢具等製造行業在中國開展業務提供風險管理、質量認證、設備組裝等服務業務。

保　羅　當我10到12歲的時候，我看到一篇《時代》或《新聞周刊》上的文章，關於日本及其經濟的迅猛發展，他們如何從做小塑料花開始，到電子產品，到汽車，他們的工資如何飆升，他們的房價如何瘋漲。看看他們的發展，考慮到我自己的年齡，我確實錯過了這個經濟飛速發展時期。所以，當我20多歲、25歲要工作的時候，哪裏會是下一個經濟飛速發展的國家？我向我一個鄰居問了這個問題。她是一個圖書管理員，她可能是我見過的學識最豐富的人，她家到處都是書，椅子上、桌子上，她的名字是厄諾夫人。厄諾夫人説："中國將是下一個經濟飛速發展的國家。"所以，我制訂了一個很長遠的計劃來到中國。

主持人　不過我們已經總結了第一個幸運和第二個幸運都跟女人有關。看看第三個，老彭你的經驗。

1.4　老彭的來華背景

彭士傑[4]　其實我本來也沒有什麼計劃到中國來，我當時在美國的麥肯錫公司工作，我一直想到國外去做一個項目，一直沒有機會。有一天，我完成了一個項目，我就問負責分配人才的人："我能不能有機會到國外去，像巴黎、倫敦這些好地方？"他説："我們有一個非常好的機會在韓國。"我韓國話也不會説，什麼都不懂，但是我覺得，有這個機會還是要抓住。到了韓國以後，我才知道，我的將來、我的未來，都會在亞洲。

主持人　你怎麼知道的？在韓國怎麼就知道了？

彭士傑　其實看活力，亞洲人做事情是非常認真的，在我看來，肯定這樣的商業環境比較好。到了中國以後，我覺得，這個地方要比韓國還要好，一是人多。

主持人　這倒是。

4　彭士傑（péng shì jié，英文名 Jeffrey Bernstein）：1994年來到中國，創立並擔任美星倉儲物流（上海）有限公司董事總經理。畢業於沃頓商學院，曾在麥肯錫從事管理諮詢工作，曾擔任上海美國商會（American Chamber of Commerce in Shanghai）主席。

彭士傑	而且這是一個多民族國家，所以外國人可能比較容易被接受。最後我覺得機會應該蠻多，因為中國在那個時候的經濟發展還不如韓國快，所以，我想可以把一些那邊積累的經驗帶到中國。
主持人	其實你在說的時候，你也沒有說，但是我也知道，你的太太是上海人。
彭士傑	沒錯。
主持人	你太太的姻緣在前還是你的這個物流姻緣在前？
彭士傑	應該是同時。
主持人	在你的商會⁵裏面有百分之多少是中小企業？
彭士傑	80% 應該算中小企業。
主持人	其中有多少是高新科技的？
彭士傑	我估計20%。

詞語釋義 Glossary

简体	繁體	拼音	英文
世界五百强	世界五百強	shì jiè wǔ bǎi qiáng	Fortune Global 500
中小企业	中小企業	zhōng xiǎo qǐ yè	small and medium sized enterprises (SME)
活力	活力	huó lì	vitality; vigor
话题	話題	huà tí	topic
成长	成長	chéng zhǎng	growth; grow
烦恼	煩惱	fán nǎo	worries; troubles
缘分	緣份	yuán fèn	destiny; fate
生意	生意	shēng yi	business
本钱	本錢	běn qián	start-up capital
低谷	低谷	dī gǔ	low point
《时代》	《時代》	shí dài	*Time*
《新闻周刊》	《新聞周刊》	xīn wén zhōu kān	*Newsweek*
迅猛	迅猛	xùn měng	rapid; swift and fierce

5　這裏指上海美商會（American Chamber of Commerce in Shanghai）。

简体	繁體	拼音	英文
电子	電子	diàn zǐ	electronic
飙升	飆升	biāo shēng	skyrocket
房价	房價	fáng jià	house price; property price
疯涨	瘋漲	fēng zhǎng	soar
飞速	飛速	fēi sù	rapid
图书管理员	圖書管理員	tú shū guán lǐ yuán	librarian
学识	學識	xué shí	knowledge
制订	制訂	zhì dìng	formulate; draft
分配	分配	fēn pèi	allocate; allocation
姻缘	姻緣	yīn yuán	serendipitous meeting of lovers
估计	估計	gū jì	estimate

第二節　中方對老美在華創業的錯誤認識

2.1　樂華和保羅糾正中方的錯誤認識

主持人　你們三位基本上生意做得還算是順利的，最關鍵的訣竅和秘訣、最主要的心得是什麼？在中國市場有機會，但是怎麼樣能夠抓住這個機會？每人寫兩條。我想請你們三位準備的是説，依着你們對於中小企業（不限於美商的）在中國的成長，作為一個中小企業要在市場上成功，快速地成長，關鍵是什麼？也寫兩條。好，現在我們在座的各位，你們可以發揮想像力，來説説你們認為他們靠什麼？好，這位。

觀　眾　他們在中國能夠發展得這麼好，我覺得有兩個字可以概括這一切，就是態度。

主持人　怎麼講？

觀　眾　我有很多美國朋友，在上海我看到他們，首先一個是對做事有非常好的態度，做事嚴謹，並且他們的心態也非常地樂觀，這是他們成功最重要的因素。

主持人　好，還有哪位？嗳，這位女士。

觀　眾　美國中小企業在中國的成功，我想應該歸於三個因素：第一個是完善的管理體系；再一個就是領先的技術；還有就是人才，傑出的人才。

主持人　我倒想問問這個樂華，你剛在中國開始生意的時候，你有什麼完善的管理體系嗎？

Scott　Yeah, I hope so. It was just me. But again, coming from the U.S. food and beverage industry, I was, certainly from the time I started it at age 18, always going through very good training and development programs. And that's one thing that we focus on very strongly here in Shanghai.

樂　華　我也希望我能夠像她說的那樣。我在美國的時候，從18歲開始從事餐飲行業，我所在的那家公司，設有很好的培訓課程，所以，在上海我們也很重視這一點。

主持人　所以你原來自己就有這麼兩下子，是嗎？

Scott　Yeah, I do have experience in training. I worked as a corporate trainer, for one of the companies that I was part of.

樂　華　對。我有培訓方面的經驗，我擔任過公司培訓師，我是那家公司的合夥人。

主持人　謝謝。好，我們再看看後面這位。

觀　眾　在美國，它有比較多的創新的理念和商務模式，還有一些技術。但是相對來說，可能在美國或者說歐洲，它的市場體系是比較完善，或者說比較成熟，那麼在中國可能會有更多的市場機會。那麼第二點，我是想說一句俗語，就是外來的和尚好唸經。

Paul　The young lady, her comments are a perception, I think, is typical in China, which is that the foreigners are bringing some sort of technical skill, some sort of very well-tuned management experience, and what I found is that's not necessarily the case, for sure for my business. I found that local Chinese people are quite capable in the technical areas, are quite capable in the management areas. And the things I think that American entrepreneur brings to the table are the cowboy attitude, the willingness to take a risk.

保　羅　那位女士，她的評論、她的觀點我認為在中國很典型，就是外國人帶來一些技術、一些非常完善的管理經驗，我卻發現並不一定是這樣的。對於我的企業來說，我發現中國人很有能力，在技術上、在管理方面也很有能力。但我想美國企業家所帶來的是一種牛仔精神，願意冒險。

主持人　敢幹。

保　羅　Yeah. 是。

主持人　敢想敢幹。

保　羅　 Yeah. 對。

主持人　而不是説技術怎麼熟練。

Paul　Right. Not only the willingness to take risk, but it's also the ability to organize talent where talent is needed to create the organization to deliver either a service or a product.

保　羅　是的，不僅是願意冒險，而且是一種在需要把有能力的人組織起來提供服務或者產品的時候能夠把人才組織起來的能力。

主持人　我覺得這點也是蠻重要的。不是説老外來的時候，他真的每一樣都像我們想得那麼好，但他至少有一點，第一是敢想敢幹，第二點就是能夠把這個東西組織起來，形成一個很好的團隊或者一種組織形式來實現這個目的。

2.2　老彭糾正中方的錯誤認識

主持人　哪位再來跟我們分享？好，這位先來。

觀　眾　美國有些中小企業能夠在中國成功，我想有一個因素、有一個原因，我可以指出來，就是因為他們是來自美國這樣一個發達的國家，所以他們可能就看到一些我們在中國看不到的商業機會，然後他們把西方商業模式或者其他方面複製到中國來，所以在中國可以得到成功。

彭士傑　我不太同意，因為美國市場跟中國很不一樣，中國的客戶們的需要也不一樣。所以，其實我覺得，很多中小企業，要創立這些企業的外國人，先到中國了解市場。

主持人　看看有什麼需要。

彭士傑　看看是什麼需要。可能不妨把美國的經驗借過來，可是不一定是把美國的思路覆蓋到中國的市場。

詞語釋義 Glossary

简体	繁體	拼音	英文
诀窍	訣竅	jué qiào	key (to success); knack
秘诀	秘訣	mì jué	secret (of success)
心得	心得	xīn dé	knowledge (gained through experience)
概括	概括	gài kuò	summarize
态度	態度	tài dù	attitude; outlook
严谨	嚴謹	yán jǐn	exacting; precise
心态	心態	xīn tài	state of mind; mindset; temperament
归于	歸於	guī yú	attribute to
完善	完善	wán shàn	well-tuned; sophisticated
管理体系	管理體系	guǎn lǐ tǐ xì	management system
领先	領先	lǐng xiān	advanced; leading
杰出	傑出	jié chū	outstanding
人才	人才	rén cái	talented person
培训课程	培訓課程	péi xùn kè chéng	training program
有这么两下子	有這麼兩下子	yǒu zhè me liǎng xià zǐ	have the skills
培训师	培訓師	péi xùn shī	trainer
理念	理念	lǐ niàn	concept
俗语	俗語	sú yǔ	adage; proverb; saying
外来的和尚好念经	外來的和尚好唸經	wài lái de hé shàng hǎo niàn jīng	lit. The priest from abroad has an easy time preaching; fig. A foreign individual or entity is afforded preferential status, treatment, or exemptions solely because it is foreign.
典型	典型	diǎn xíng	typical; representative
牛仔精神	牛仔精神	niú zǎi jīng shén	cowboy spirit
冒险	冒險	mào xiǎn	take risk
敢想敢干	敢想敢幹	gǎn xiǎng gǎn gàn	dare to dream and take risk
蛮	蠻	mán	quite; pretty
形式	形式	xíng shì	form
发达	發達	fā dá	developed
复制	複製	fù zhì	replicate; reproduce; copy
了解	了解	liǎo jiě	figure out; get the hang of; understand
思路	思路	sī lù	style of thinking
覆盖	覆蓋	fù gài	carry over

第三節　中國專家談在華創業的成功訣竅

3.1　李紀陽談老美在華創業的成功訣竅

李紀陽[6]　我見過很多美國中小企業，包括在中國的，我總結起來，成功的有三個原因：第一個，我把它總結為"傍大款"。美國有很多跨國公司到中國來了，他以前那些中小企業的供應商跟着來，他對客戶有充分的了解，有多年的合作經驗。嚴格說來，咱們這個 Jeff（彭士傑）當年就是開始傍大款。第二就是"兩邊倒"。中美經濟有強烈的互補性，但是它又有很大的障礙，語言障礙、文化障礙等等，需要像在座的這樣的人，不遠萬里來到中國。就像這位保羅，在中國搞山地自行車，中國人不騎山地自行車，美國人騎，中國人勞動力便宜，可以做出來，兩邊一結合。第三種就是"走高端"，或者叫抓高端。這位樂華在新天地開一個店，中國有一幫高端的消費者，他們喜歡體驗一下美國的這種（東西）。三種可以成功，我認為。

主持人　一個是"高處"，一個是"兩邊走"，一個是"傍大款"，他把你們三個都給評價了一番。老彭你給我們講一下，你是怎麼傍大款的？

彭士傑　其實我覺得關鍵是有一個比較特別的思路，要看市場有什麼需要。因為我看到大多數在國外生產貨物的企業，它們要進入中國市場，並不僅僅需要搬運的工作，也不僅僅需要報關的工作，也不僅僅需要開票、收錢的工作，它們需要一條龍服務，當時沒有企業提供它們這種比較透明的一條龍的服務，所以從這裏我就抓住了機會。

李紀陽　但是你一開始的客戶都是跨國公司。

彭士傑　對。

李紀陽　都是我説的那種"大款"。

彭士傑　對。

李紀陽　你就上去了。

6　李紀陽（Li Jiyang）：時任思紀上海有限公司董事長。

主持人 就是你給那個"大款"幹完以後，其他"小款"都很佩服你，然後"大款"一看你也是我們美國來的。

彭士傑 說得對。找第一個客戶最難，因為其實你也是一個外國人，憑什麼這個公司要相信你懂得怎麼在中國運作？所以，真的，吸引第一個客戶是最難的。

3.2 呂本富談在華創業的成功訣竅

主持人 客戶關係、團隊建設、政府關係。

呂本富[7] 對。客戶關係，在中國來說，任何一個中小企業，要生存，首先就要有客戶。不一定要有很新的技術，也不一定要有多麼好的創新，有客戶關係是最重要的。

主持人 會搞好關係就好。

呂本富 對，這是大部分中國的中小企業的第一點。那第二點，為什麼團隊建設很重要呢？因為中國的企業很年輕，平均就三、五年，長也不過十來年。凡是一個年輕的企業，往往有一種水滸的情結，要排座次，這個團隊誰是老大，誰是老二，排不好就分裂，所以團隊建設是中國中小企業可能第二個最重要的要素。那為什麼有時候還說政府關係呢？其實中國政府控制了很多經濟資源，只要拿到政府的經濟資源，企業也能生存。

3.3 張一談在華創業的成功訣竅

張　一[8] 我也是兩點。其實第一點很像，就是認準市場，因為中國這個市場現在太大了，競爭也大。

主持人 你來重點講第二點。

張　一 第二就是說速度、質量取勝。那為什麼我這麼說呢？就是現在有一種說法，中國的速度是日本的四倍，那麼我們知道日本的速度很快，而且這

---

7 呂本富（Lyu Benfu）：時任中科院研究生院管理學院副院長。
8 張一（Zhang Yi）：時任加齊生物有限公司董事長。

麼多聰明的人都會想到同樣的主意，比如開餐館，那就看誰速度快。那質量這個説法的話，質量就是生命。所以説，這就是為什麼能夠把像強生這種大公司打垮，搶到它的市場，我覺得就是靠質量。

詞語釋義 Glossary

简体	繁體	拼音	英文
傍	傍	bàng	rely on
大款	大款	dà kuǎn	rich or wealthy person
傍大款	傍大款		riding on the coattails (of a major firm) to get ahead; fig. rely on a large and wealthy company to do business
两边倒	兩邊倒	liǎng biān dǎo	serve both parties (in a deal)
互补性	互補性	hù bǔ xìng	complementary; complement
障碍	障礙	zhàng ài	barrier; obstacle
劳动力	勞動力	láo dòng lì	labor force; workforce
结合	結合	jié hé	combine
高端	高端	gāo duān	high-end
抓	抓	zhuā	grab; seize; 抓高端：seize high-end market
货物	貨物	huò wù	goods
搬运	搬運	bān yùn	transport
报关	報關	bào guān	customs declaration
开票	開票	kāi piào	provide an invoice
一条龙服务	一條龍服務	yì tiáo lóng fú wù	full service
水浒	水滸	shuǐ hǔ	*Water Margin*
情结	情結	qíng jié	complex (a psychology term to describe one's perception of a particular topic)
排座次	排座次	pái zuò cì	lit. arrange the order of seats; seating arrangement; fig. arrange positions or ranks in accordance with seniority (in a company)
老大	老大	lǎo dà	head; chief; boss; lit. eldest sibling
分裂	分裂	fēn liè	split; separate
重点	重點	zhòng diǎn	emphasis
取胜	取勝	qǔ shèng	win
倍	倍	bèi	multiple; times
强生	強生	qiáng shēng	Johnson & Johnson
打垮	打垮	dǎ kuǎ	defeat

第四節　三個老美分享在華創業的成功秘訣

4.1　樂華談在華創業的成功秘訣

老美在中國成功的訣竅究竟是什麼？

Scott　One of the challenges is of course finding good people, but more importantly is retaining good people.

樂　華　挑戰之一當然是找到好的人才，但更重要的是留住人才。

Paul　Once we see that we have the opportunity following through, until we are actually able to deliver on the service or product.

保　羅　看到一個機會就跟進，直到我們能在這個產品或服務中站住腳跟。

彭士傑　如果你是一個小土豆，你不能直接跟最強的對手競爭。

主持人　我們的這三位嘉賓，他們認為成功的訣竅在什麼地方？Scott。

Scott　The secret to success for us, I think Mr. Li made the point very good, (is to) know the customer. We spent quite a bit of our time talking to our customers and trying to learn about their habits, what they like and what they don't like and what's important to them. One of the sandwiches we have is grilled tofu. We grill it like barbeque, and we slice it really thin, and we use a Chinese parsley sauce to mix with it, and put it on some bread with vegetables. It's very very popular.

樂　華　我們成功的訣竅，我認為李先生說得很對，了解我們的客戶。我們花了相當長的時間和我們的客人交談，了解他們的習慣，他們喜歡什麼，他們不喜歡什麼，對他們來說什麼重要。我們有一種三明治，豆腐乾三明治，我們把豆腐烤一下，就像做燒烤一樣，切成薄片，澆上一些中國醬汁，混在一起，然後加上麵包和蔬菜，這個非常受歡迎。

主持人　OK，第二點。

Scott　The second one is training and development. One of the challenges of course is finding good people, but more importantly is retaining good people. Restaurants for a lot of people are still a stepping stone into something else. We have a lot of recent graduates from universities that graduated with a marketing degree or law degree, and they actually come and work in our restaurants for 6 months to a year, and use that as a way to enhance interpersonal skills.

| 樂　華 | 第二點是培訓和發展。一個挑戰就是找到好的人才，但更重要的是，留住好的人才。在餐館工作，對很多人來說是一個跳板，從一個地方到另一個地方。我們有很多大學畢業生，所學專業是市場營銷，或者是法律，實際上到我們餐館來工作半年到一年，利用這個機會加強個人技能。 |

| 主持人 | 如果你們的員工比如說跳槽離開你們的公司，他要自己開一個餐廳，開成你那樣，你覺得行嗎？ |

| Scott | If someone can come and work for me, and open their own restaurant, I think that's a great compliment because I've taught them something to enable them to have their own successful business. |

| 樂　華 | 如果有人到我這兒來工作，然後開了自己的餐館，我覺得那對我來說是種恭維，因為我教會了他們一些東西，使他們有能力成功地擁有了自己的生意。 |

4.2　保羅談在華創業的成功秘訣

| Paul | The two points that I made, and I don't think any of the success that we've had are related to any magical formula or any secret sauce that we have. One is local presence, simply being here. You know, understanding what's going on in the marketplace and being able to respond to opportunities here. The second thing is hard work and persistence, not giving up. Once we see that we have an opportunity following through, until we are actually able to deliver on the service or product. |

| 保　羅 | 我不覺得我們的成功和任何神秘的模式或者秘方有關。我講兩點：第一點是本土化。就是到這兒來，了解市場中發生了什麼，然後能夠對市場的機會做出反應。第二點是努力工作並堅持不懈，不放棄。一旦我們看到一個機會就跟進，直到我們能在這個產品或服務中站住腳跟。 |

4.3　老彭談在華創業的成功秘訣

| 主持人 | 老彭，看看您這個主席的答案有什麼特點。 |

彭士傑 第一個是新的思路或者一個市場，先要了解市場。要了解市場，你先要找到一個突破口。如果你是一個小人物，一個"小土豆"，你不能直接跟最強的對手競爭，所以我不會跟聯邦快遞競爭。我找了一個不是他們專長的地方，對我們來說是一條龍服務，包括報關所有這些許可證的申請，也包括庫存管理，這些不一定是我們大的物流公司的強項。

主持人 可不可以説，這是一個新的商業模式？

彭士傑 可以這樣説，不同的模式，而且為了做這個模式，必須要當地化、本地化。我覺得第二個問題，很多 B2B，Business to Business 是比較複雜的工作，培養一個客戶可能要六個多月、一年多。為了招一個大的客戶，你要對你的新思路非常有自信心，要不然你堅持不了。

4.4　中美企業在經營理念和方式上的差別

呂本富 中國的中小企業和美國的中小企業由於創始人的不一樣，那應該是有很多差別。如果這個創始人是美國人，他可能受他的傳統文化的影響，這些問題解決的就不是中國式的方法，所以那種勾心鬥角的東西可能就會少一些，而對於員工技能的培訓可能就會多一些，這個是我講的第一個不一樣。其實這個堅持，這倒是美國人的一個特點，比較容易堅持。那麼中國的這個中小企業，某種意義上也不是不堅持，它往往有一種轉型快的特點，如果兩年、三年不行了——

主持人 不行趕緊換一個。

呂本富 趕緊換一個地兒。現在中國市場之所以和美國發達國家不同，就是快速變化。

彭士傑 我不同意，完全不同意。

主持人 不同意？

彭士傑 我覺得我們面對市場，為了解這個服務，不是僅僅做貿易，今天什麼可以賣得快。

主持人 短平快。

彭士傑	短平快。美國人一般不是這個"短平快"的概念,意思是我要一步步地建立一個新的思路、新的企業。所以,雖然要了解市場,可是我覺得,中國企業可能更重視那種靈活性,而美國的企業可能(更)重視這種一步一步的發展。
主持人	中國企業的很多人都是讀毛主席書長大的,會游擊戰。
彭士傑	你剛才說到毛主席的影響。其實所有這些美國五百強企業,99%以上都是從中小企業開始的。我們都有想法,如果有一天我可以自己開公司,可能我就是跟福特先生一樣,可以從一個人開始,到幾十萬個人。
主持人	只要我能堅持的話。
彭士傑	對。
主持人	我們現在請觀眾們投票,你們聽了這些東西,如果你再次選擇工作,你有可能會考慮美資的(當然也有可能是其他外資的)這種中小企業嗎?A代表會積極地考慮;第二就是有可能考慮,比較謹慎;C基本上不考慮;D說不清楚。拿起我們的投票器,選擇我們的選項,一、二、三。 經過剛才我們的風暴還是看出了成效,有31%的人會積極考慮。不過我想看看,這些基本不考慮的人,數字是13%,你(們)為什麼基本不考慮?哪位願意跟我們說?這位。
觀　眾	美資的中小企業,應該說很有發展前景,但是在中國,尤其上海這樣一個比較成熟化的地域裏,它的謹慎和規範化不大適合於一種快速成長。而且作為我們個人,在上海這個特定的市場,可以從不同文化背景的差異化中汲取我們迸發的一種實力,而有時候我覺得,相對來說,西方的一種謹慎系統化的東西可能不利於我們快速的成長。

詞語釋義 Glossary

简体	繁體	拼音	英文
留住	留住	liú zhù	retain
三明治	三明治	sān míng zhì	sandwich
跳板	跳板	tiào bǎn	stepping stone
市场营销	市場營銷	shì chǎng yíng xiāo	marketing

简体	繁體	拼音	英文
法律	法律	fǎ lǜ	law
加强	加強	jiā qiáng	strengthen; enhance
跳槽	跳槽	tiào cáo	job-hopping
恭维	恭維	gōng wéi	compliment
神秘	神秘	shén mì	mystical
反应	反應	fǎn yìng	respond; response
坚持不懈	堅持不懈	jiān chí bú xiè	persistence
突破口	突破口	tū pò kǒu	niche
小土豆	小土豆	xiǎo tǔ dòu	small potato
联邦快递	聯邦快遞	lián bāng kuài dì	FedEx
专长	專長	zhuān cháng	specialty; expertise
许可证	許可證	xú kě zhèng	license; certification; permit
申请	申請	shēn qǐng	apply; application
库存管理	庫存管理	kù cún guán lǐ	inventory management
强项	強項	qiáng xiàng	strength
本土化	本土化	běn tǔ huà	localization
自信心	自信心	zì xìn xīn	self-confidence
勾心斗角	勾心鬥角	gōu xīn dòu jiǎo	plot and wrangle against each other
贸易	貿易	mào yì	trade
短平快	短平快	duǎn píng kuài	short cycle, quick return; high yield
概念	概念	gài niàn	idea; concept
重视	重視	zhòng shì	value; emphasize
灵活性	靈活性	líng huó xìng	flexibility
游击战	游擊戰	yóu jī zhàn	guerrilla warfare
福特	福特	fú tè	Henry Ford (1863–1947), founder of the Ford Motor Company
积极	積極	jī jí	positive; proactive
成效	成效	chéng xiào	effectiveness
考虑	考慮	kǎo lǜ	consider; consideration
前景	前景	qián jǐng	prospect; outlook
地域	地域	dì yù	region
规范化	規範化	guī fàn huà	standardization
差异化	差異化	chā yì huà	differentiation
汲取	汲取	jí qǔ	derive; draw
实力	實力	shí lì	strength; ability
系统化	系統化	xì tǒng huà	systematization

第五節　老美在華創辦中小企業的問題與挑戰

5.1　美國中小企業在華面臨的"三座大山"

主持人　我們也知道，任何一個企業，即使是一個大企業，在中國成長中間也會遇到很多困難。作為中小企業在中國的話，當然有它自己遇到的一些困境或者是一些尷尬的情況，那麼現在我們通過大屏幕來看看美國中小企業在中國也有"三座大山"。哪三座？

　　　　與跨國大公司的風光相比，美國中小企業在中國的發展面臨着更大的壓力。首先，由於資金和人力有限，中小企業無法像跨國公司那樣時刻保持技術研發領先。而在知識產權保護相對薄弱的中國，仿冒商品的衝擊無疑是致命的。其次，在與中國同類企業的競爭中，由於文化差異和對本土市場的不熟悉，外資中小企業的實際市場准入往往沒有本土企業來得順暢。第三，隨着中國市場的進一步開放，美國的中小企業還面臨着來自歐亞等其他國家同類企業的競爭壓力。

5.2　中國觀眾眼中老外在華的創業難題

主持人　各位觀眾，你站在其中某一位的角度來説，你認為他現在會遇到的最有可能的問題和挑戰會是什麼樣的？

觀　眾　我想第一是人力資源，就是説人才的吸引，因為我們都知道，現在二十一世紀最貴的是人才嘛。第二個就是在中國市場，因為我們國家有管制，包括外匯管制，或者政策方面有一些進入的壁壘，那麼企業怎麼去面對這些問題？我想還有一個就是跨文化交流的問題，因為中國文化和國外的文化有很大的差異，那麼他們怎麼樣去解決這些問題？

5.3　老彭的創業難題

主持人　現在讓我們看看我們三位嘉賓，他們認為最大的挑戰跟我們觀眾提出的是不是比較一致。老彭，你先來。

彭士傑　第一個是融資的問題；第二個是我覺得遵守法律所造成的成本劣勢。作為一個守法企業，經常有一個成本上的弱勢。

主持人　你不好下賬，還是心理上……？

彭士傑　其實有幾個因素：一個方面，作為一個中小企業，如果政府有要求，稅務局説你買一個軟件，海關也説你要買我的軟件，統計局説你要買我的軟件，如果是一個五百強的企業，這些軟件的成本也不算什麼。可作為一個中小企業，要做守法的事情，那肯定影響我的成本。第二個問題是，很多大的企業有一些便利條件成為試點企業，往往政府有一些試點工程是不會選（擇）中小企業先得到這樣的優惠的。

5.4　保羅的創業難題

主持人　你説到這個人員 (HR)，在你們公司工作，你要求大家都要會英語嗎？

Paul　No. There are certain positions that English is a requirement. There are certain positions that speaking is a requirement. There are other positions that corresponding is a requirement. And then there are positions that it's not a requirement. So it depends. The second one that I would say is quite a challenge is credit worthiness, whether it's a contract or whether it's a stated-promise and keeping that promise or following through and I think that as the economy becomes more mature and there are more local companies, more Chinese companies that have something they want to protect, intellectual property, where they want to have a binding contract, the rule of law will become more honored, more established, more mature. And so I think that's something that's improving.

保　羅　不。有些職位英語是必需的，有些職位要求會説英語，有些職位要求能用英語通信，有些職位就對英語不做要求，要看情況。第二點我想説的是，無論是一個合同，還是口頭承諾，還是堅守承諾或者跟進實施方面，信譽是一個相當大的挑戰。我想，隨着經濟日趨成熟，會有更多的中國本土企業要保護自己的一些東西，保護知識產權，它們也要有一個有約束力的合同，法律規則會更受尊重、更完善、更成熟，這是我覺得正在改進的地方。

5.5　樂華的創業難題

Scott　Real estate is a huge problem. Of course, nobody wants to drive all the way across the city to a bad neighborhood to go to their favorite restaurant. But more importantly than finding the right location is getting the landlords to agree to rent it to us. Every landlord in development Shanghai, whether they are from China or from abroad, all want to have in their development Giorgio Armani, they wanna sell Rolex watches, maybe a BMW dealership, because these people can pay very very high rent. Restaurants cannot pay high rent. Our costs are much different than those type of businesses. So, how do we attract the landlords to us and make them want to rent to us? It's something we have worked on a great deal last year, and have met with some success this year. The other big one is recruitment. Finding good people and finding people that want to work in a restaurant is not easy, especially because our waitstaff is required to speak English at least to some degree, and a lot of the recent graduates find that "I'd rather work for Motorola or IBM if I can speak English. Why would I want to work in a restaurant?" Often times, their parents have different dreams for them. That's why we offer part time and try to recruit people for 6 months or a year. But even just recruiting people in Shanghai to wash dishes or to make juice and coffee for us is difficult, so we've actually gone out to other provinces, again it's slowly starting to pay off. But those are the two problems that we have the most.

樂　華　租店面是一個巨大的問題。當然沒有人願意為了去他們最喜歡的餐廳橫穿整個城市到一個很爛的小區去,但更重要的莫過於找到了合適的地方,怎麼讓房東同意把它租給我們。每個上海的房東和開發商,無論他們來自國內或國外,都希望在他們的地盤上是喬治·阿瑪尼,賣勞力士手錶的,或是賣寶馬的車行,因為他們可以付得起很高的房租。餐館沒辦法付得起那麼高的價位,我們的成本和那樣的生意很不一樣。所以,我們怎麼吸引這些房東,使他們願意把房子租給我們?我們去年就花了很多心血,今年有了些小成績。另一個大問題是招聘人才。找到想在餐館工作的人不容易,尤其是因為我們的服務員需要會說英文,至少會一點。很多大學畢業生覺得,我可以找到摩托羅拉或者 IBM 的工作,如果我會說英文,為什麼我要在餐館工作?他們的家長也對他們有不一樣的期望。這是為什麼我們提供兼職的工作,試著招聘半年或一年的員工,但就算是要找洗碗工或者製作果汁或咖啡的員工在上海也很困難,所以,我們實際上已經去其他省市招工了,慢慢有了一點成效。這些就是我遇到的兩個最大的難題。

詞語釋義 Glossary

简体	繁體	拼音	英文
尷尬	尷尬	gān gà	awkward; uneasy
研发	研發	yán fā	research and development (R&D)
知识产权	知識產權	zhī shí chǎn quán	intellectual property rights (IPRs)

简体	繁體	拼音	英文
保护	保護	bǎo hù	protect; protection
薄弱	薄弱	báo ruò	weak; vulnerable; frail
仿冒商品	仿冒商品	fǎng mào shāng pǐn	counterfeit good
本土	本土	běn tǔ	local
准入	准入	zhǔn rù	entry; access
顺畅	順暢	shùn chàng	smooth
面临	面臨	miàn lín	face; confront
人力资源	人力資源	rén lì zī yuán	human resource (HR)
外汇管制	外匯管制	wài huì guǎn zhì	foreign exchange control
壁垒	壁壘	bì lěi	barrier
跨文化交流	跨文化交流	kuà wén huà jiāo liú	cross-cultural communication
遵守	遵守	zūn shǒu	comply with
成本劣势	成本劣势	chéng běn liè shì	cost disadvantage
守法	守法	shǒu fǎ	obey the law; law-abiding
税务局	稅務局	shuì wù jú	tax bureau
软件	軟件	ruǎn jiàn	software
统计局	統計局	tǒng jì jú	statistics bureau
试点企业	試點企業	shì diǎn qǐ yè	experimental enterprise
职位	職位	zhí wèi	position
信用	信用	xìn yòng	credit worthiness; credibility
合同	合同	hé tóng	contract
口头承诺	口頭承諾	kǒu tóu chén nuò	oral agreement
坚守	堅守	jiān shǒu	hold; stick to
日趋成熟	日趨成熟	rì qū chéng shú	mature with each passing day; mature gradually
规则	規則	guī fàn	rule
改进	改進	gǎi shàn	improve; improvement
房东	房東	fáng dōng	landlord
开发商	開發商	kāi fā shāng	developer
地盘	地盤	dì pán	development; lot
乔治·阿玛尼	喬治·阿瑪尼	qiáo zhì · ā mǎ ní	Giorgio Armani
劳力士	勞力士	láo lì shì	Rolex
宝马	寶馬	bǎo mǎ	BMW
房租	房租	fáng zū	rent
招聘	招聘	zhāo pìn	recruit; recruitment
服务员	服務員	fú wù yuán	waitstaff
摩托罗拉	摩托羅拉	mó tuō luó lā	Motorola
兼职	兼職	jiān zhí	part-time (job)

關鍵商業術語與概念 Key Business Terminology

1 紅海戰略

　　假設整個市場由紅藍兩種顏色的海洋所構成，"紅海戰略"是指在界限和競爭規則已經劃定的現有市場空間，通過壓低成本、擴大規模、提高效率來擊敗對手，獲得更大的市場份額。"紅海戰略"也因這種"血拼"式的競爭方式而得名。

1 Red Ocean Strategy

Assume the entire market is comprised of two oceans: one red and one blue. The Red Ocean Strategy denotes highly competitive markets with well defined boundaries and rules of competition where barriers to entry are relatively low. This means that firms must compete aggressively on cost reduction, expansion, and enhanced efficiency to outperform their rivals, achieving greater market share. The subsequent cutthroat competition turns the ocean blood red, hence, "Red Ocean."

2 藍海戰略

　　"藍海戰略"是指通過超越行業內部的相互競爭，開創新的市場需求，實現價值創新，來獲得新的發展空間和利潤增長點。如果企業能找到一個全新的、尚未開發的市場，那它就進入了所謂的"藍海"空間。在這裏，消費者是新的，消費概念是新的，企業的發展機會也是新的。有些"藍海"可以完全在現有產業之外創建，但大多數"藍海"可以在充滿競爭的"紅海"中被開拓出來。

2 Blue Ocean Strategy[9]

The Blue Ocean Strategy seeks to create value in untapped market spaces by either expanding the scope of industries or leaving them altogether to go beyond their cutthroat competition, creating new needs in the marketplace, achieving profitable innovation, both of which create new room for development and new sources of growing profit. If an enterprise uncovers a new and untapped market, then it has entered the so-called "Blue Ocean" space where consumers, concepts of consumption, and business development opportunities are all entirely new. Although some Blue Oceans can be created entirely outside of existing industries, most can be opened within the competitive "Red Ocean."

9　有關 "藍海戰略"（lán hǎi zhàn lüè）的參考著作：Renée Mauborgne, W. Chan Kim: *Blue Ocean Strategy*. Massachusetts: Harvard Business Review, 2005。

黃明教授談中國經濟 [10]
Professor Huang Ming's Talk on China's Economy

第一節　中國經濟增長的顯著特點

首先，中國經濟的飛速增長，很多人覺得是一個奇跡，中國的經濟連續十幾年都保持了 10% 左右的增長，這個是非常可觀的。

那麼中國經濟為什麼發展得這麼好、這麼快呢？下面多少年會不會發展得同樣好呢？我覺得有三大原因可以解釋經濟的飛速發展，同時也可以為大家提供一個預測未來的依據。

第一大原因，大家也經常提到，中國有非常廉價的，而且是高質量的勞動力。高質量不是因為我是中國人，我就說中國人的勞動力是高質量，而是中國人這麼多世紀以來就有這種吃苦耐勞、特別認真幹活的特點，中國還有幾億農村勞動力，他們願意接受比較低的工資，願意認真幹活。所以中國的勞動力市場潛力巨大，以至於中國現在成為世界製造業的重要基地之一。

第二，中國的本土市場非常大，這一點經濟學家往往強調得比較少。因為中國的本土市場非常大，它不需要依賴出口，其實中國對出口的依賴沒有經濟學家想像得那麼大，很多企業有獨特的中國式的商業模式，不依賴出口就可以在本土培養出一個巨大的企業。

第三點，我以前都不太講，其實是以前普林斯頓大學一位諾貝爾獎獲得者講的，提到這個人的是 Burton Malkiel，他寫了一本書叫 *A Random Walk Down Wall Street* [11]。Burton Malkiel 說，他進入普林斯頓當教授的時候，當時有一個得諾貝爾獎的老教授就跟他談：「我研究了一輩子，什麼樣的經濟增長，什麼樣的經濟不增長，其實跟政治體制的關係不是那麼大，不是那麼依賴政治體系，也不是那麼依賴政府參不參與經濟，其實是在於這個民族是不是肯勤勞工作，是不是肯冒風險，是不是不偷懶，就是這個民族的特點，民族對工作、對創業的願望等等這些方面。基本上是職業道德，這可以解釋很多經濟學解釋不了的東西。」我個人認

10　這是黃明教授在康奈爾大學（Cornell University）做的一次講座的摘錄，有些講解過於口語化，因此進行了部分編輯和改寫。有關黃明教授的簡介見第七章。

11　Burton Malkiel：*A Random Walk Down Wall Street*，這本書的中譯本書名為《漫步華爾街》。

為，看到中國人和很多其他國家或民族的人的工作態度的差異，並用這個來解釋中國經濟發展較快的原因有一定的道理，一個國家的經濟和企業發展速度的快慢部分是可以用文化區別來解釋的。

我認為接下去很多年，十幾年甚至二十幾年，中國經濟的優勢還在那兒。我覺得，當中國的勞動力成本到了美國勞動力成本的四分之一、五分之一那個時候，中國的經濟發展就有點懸了，它的經濟增長速度將急劇放慢。

第二節　海外在華投資與中國的銀行狀況

銀行是中國金融市場的主要支撐點。促使中國經濟快速發展的原因有幾個方面：第一，政府投資。政府通過銀行投了很多錢，銀行全都屬於政府擁有。第二，中國經濟發展得好，很大部分得感謝全世界的華人。在北美、歐洲、台灣、香港、南亞的華人在全球積累了很多的財富，當中國經濟發展開始的時候，華人往中國做了很多的投資。文化和語言相通的優勢給海外華人企業家提供了這樣一個機會，只要找到一個好的商業模式，在中國就可以鋪天蓋地地去創造。因為中國的土地跟美國一樣大，人口卻是美國的五倍多。就像星巴克似的，就用一個模式，沒完沒了地複製，所以這種經濟增長通過海外的投資也非常多。當然海外投資不止是華人的投資，很多歐美企業發現市場的潛力這麼大，到大陸賺了很多錢。資本家是不會虧錢還不斷投資的，你就看他們不斷往中國擴張投資的勢態，就知道他們在大陸確實是非常賺錢的。那麼海外的投資及政府的投資彌補了中國金融市場的缺乏、中國市場的缺陷。但是長久來說，中國經濟發展還得需要本土金融市場的支持，所以下面我把中國金融市場給大家介紹一下。

首先我談一下中國政府控制下的銀行。中國的金融市場基本上是靠中國政府的銀行提供了百分之八十幾的輸血功能。而中國政府的銀行不是真正意義上的銀行，它是政府的行為，我說的也許誇張點，典型的中國的銀行行長都是政府官員，他決定把款貸給誰的時候，不是完全按照商業價值來評判，而是看這個人政治上是不是更可靠。當我把款貸給一個國有企業的時候，我不會犯政治錯誤。即使這個企業不還錢了，錢也是虧到國家企業手上，但是我要把款貸給一個私人企業，假如這個私人企業不還錢了，那政府覺得我好像把政府的錢給浪費了，我要負政治責任。這些問題使中國的銀行效率非常低，中國銀行我覺得有點像日本銀行，比日本銀行還要差。當銀行不好的時候，它會對經濟泡沫起急劇的放大作用，並會加速泡沫的破裂。因為銀行要不好，就瞎給那些熱的項目貸款，於是就產生泡沫，而且一旦泡沫跌下去的時候，它全都是壞賬，使得銀行貸不出款了，後果挺可怕的。

當然最近有了一些改善，尤其是根據 WTO 的條款，中國必須開放銀行市場，所以國外的銀行，包括匯豐銀行、花旗銀行，還有一些歐洲銀行都已經進入中國市場。這些銀行會給中國的銀行帶來挑戰，同時也幫助中國做好銀行市場，我覺得這是好事情。

詞語釋義 Glossary

简体	繁體	拼音	英文
可观	可觀	kě guān	remarkable
依据	依據	yī jù	basis
廉价	廉價	lián jià	cheap
吃苦耐劳	吃苦耐勞	chī kǔ nài láo	able to endure hardship
认真	認真	rèn zhēn	dedicated; earnest; serious
农村劳动力	農村勞動力	nóng cūn láo dòng lì	rural labor force
工资	工資	gōng zī	wage; salary
潜力	潛力	qián lì	potential
制造业	製造業	zhì zào yè	manufacturing industry
基地	基地	jī dì	base
本土市场	本土市場	běn tǔ shì chǎng	domestic market
经济学家	經濟學家	jīng jì xué jiā	economist
依赖	依賴	yī lài	rely on; dependent on
商业模式	商業模式	shāng yè mó shì	business model
诺贝尔奖	諾貝爾獎	nuò bèi ěr jiǎng	Nobel Prize
勤劳	勤勞	qín láo	diligent
职业道德	職業道德	zhí yè dào dé	work ethics
文化区别	文化區別	wén huà qū bié	cultural difference
悬	懸	xuán	imperiled; in a dangerous condition
急剧	急劇	jí jù	drastically; dramatically
支撑点	支撐點	zhī chēng diǎn	(supporting) pillar
财富	財富	cái fù	wealth
铺天盖地	鋪天蓋地	pū tiān gài dì	fig. on a massive scale; lit. blanket the earth and eclipse the sky
海外投资	海外投資	hǎi wài tóu zī	overseas investment
扩张	擴張	kuò zhāng	expand
势态	勢態	shì tài	situation; tendency; state

简体	繁體	拼音	英文
弥补	彌補	mí bǔ	compensate for
缺陷	缺陷	quē xiàn	deficiency; shortcoming
行长	行長	háng zhǎng	bank president
官员	官員	guān yuán	official
贷	貸	dài	lend; loan
放大	放大	fàng dà	inflate; enlarge
破裂	破裂	pò liè	burst; pop
跌	跌	diē	crash
坏账	壞賬	huài zhàng	bad debt
条款	條款	tiáo kuǎn	clause
汇丰银行	匯豐銀行	huì fēng yín háng	HSBC
花旗银行	花旗銀行	huā qí yín háng	Citi Bank

Chapter Six
Chinese Mergers and
Acquisitions Abroad:
Pros and Cons

第六章
中國海外併購的利與弊

"要避免去買一幢鬧鬼的房子。如果把一個企業比作是一幢房子，它外表靚麗，品牌、技術和銷售渠道都很強，但它鬧鬼，內部有很大的黑洞，那就不能買，因為一個外來企業不管多麼努力，也沒有辦法把鬼趕走。"

—— 滕斌聖（長江商學院副院長、戰略學教授）

A business is like a house. Never buy a haunted house. Even if a firm boasts a lovely exterior, an established brand, advanced technology, and strong sales channels, it still isn't worth buying if it has dark, haunted corners inside. No matter how hard a foreign buyer tries, it is impossible to purge a house of its ghosts.

—— Teng Binsheng, Associate Dean and Professor, CKGSB

導言 Introduction

2001 年中國"入世"後，大批中國企業走出國門，跨國併購是"走出去"的重要路徑之一。近年來，隨着中國經濟發展放緩，人口紅利逐漸消退，中國企業到海外的投資更是呈爆發式增長。儘管投資專家不斷疾呼：海外併購成本高、風險大、收益小，眾多積累了雄厚資本實力，又在國內缺乏其他投資渠道的中國企業家到海外併購的衝動還是有增無減，對併購諮詢服務的需求也隨之增加。對外，這的確是中國國力與財富的體現；但對內，中國經濟增速下降，而海外投資又無法獲得預期的回報，中國經濟如何才能實現可持續發展？面對這一令人堪憂的局勢，普及併購知識以增強風險意識便成了當務之急。

本章是對前面兩章（第三章和第四章）有關跨國併購經典個案的補充、延伸和總結。本章選用的短片以論壇的形式、生動形象的語言深入淺出地對過往各類併購案進行了全方位的梳理和評説。中國有哪些海外併購案例特別值得關注？海外併購的動因何在？併購的難點是什麼？失誤主要發生在哪裏？如何才能把握成功的關鍵？要想知道答案，請看中國併購專家們的深度點評。

Since China's accession to the World Trade Organization in 2001, a large number of Chinese businesses have ventured abroad, and cross-border mergers and acquisitions (M&A) have served as one important pathway for "heading out." In recent years, following China's slowing economic growth and the gradual decline of its demographic dividend, overseas investment by Chinese businesses has undergone even more explosive growth. Despite continuous cries from investment experts about the high costs, steep risks, and meager returns of M&A, the impulse toward overseas M&A continues to increase steadily among Chinese entrepreneurs who have amassed ample capital strength but lack domestic investment channels, a trend that has spurred greater demand for M&A advisory services. To the outside world, the continuing increase of Chinese acquisitions certainly attests to China's national strength and wealth. From an internal perspective, however, the question arises of how the Chinese economy can achieve sustainable development in the face of decelerating economic growth and the inability of overseas investments to generate their expected returns. Facing this troubling situation, the need to understand M&A and its risks has become a pressing imperative.

This chapter supplements, expands upon, and summarizes the two preceding chapters (chapters three and four) that analyze classic cases of cross-border M&A. The talk show selected for this chapter takes the form of a discussion forum. It uses vivid and cogent language to offer comprehensive scrutiny and evaluation of various M&A cases. Which cases of Chinese cross-border M&A merit particular attention? What motivates cross-border M&A? What are the key difficulties of M&A? Where do failures most likely occur? What are the keys to cross-border M&A success? The answers can be found in the penetrating insights of these Chinese M&A experts.

第一節　海外併購案例概覽

正如 150 年前狄更斯《雙城記》中所言："這是最好的時代，這是最壞的時代。"由於國際金融危機尚未見底，外部環境雲詭波譎，一些知名大公司的資產持續縮水，而市場走勢比預期的要明朗，海外併購成本下降，機會逐漸增多。面對擋不住的誘惑，中國企業"走出去"的意願更加強烈。不過總體上，中國企業海外併購之路卻是迷霧重重，一波三折。早在 2004 年 7 月[1]，TCL 變相收購湯姆遜彩電事業部，組建了全球最大的彩電製造企業——TTE。併購後兩年，連續出現巨虧，TCL 在歐洲市場全面陷入被動，苦心經營的國際化戰略遭受巨大的挫折。2004 年 12 月 8 日，國內 PC 機航母的聯想以 12.5 億美元高價收購了 IBM 的 PC 機業務，在業界留下了許多猜想。直到今天，很多人還在追問這場"蛇吞象"的跨國表演，IBM 到底給聯想帶來了什麼？2005 年 5 月，明基再步聯想後塵，高調收購西門子手機業務，看似完美，但很不幸，明基遭遇了 TCL 式困局。2006 年 12 月 8 日，明基已虧損 8 億歐元，收購決定已被證明失敗。進入 2009 年，收購的高潮一波接一波：6 月 2 日，美國通用汽車公司宣布與四川騰中重工機械有限公司就出售悍馬事宜達成備忘錄，消息一出，四座皆驚；6 月 24 日，蘇寧電器宣布投資 8 億日元，約 5730 萬元人民幣，收購日本家電連鎖公司 Laox 株式會社 27.36% 的股權，成為其第一大股東，蘇寧電器業由此成為中國連鎖經營企業首個衝出國門的"吃螃蟹者"；無獨有偶，不久又傳來有中國企業收購國際著名品牌皮爾卡丹的中國業務。然而，風光背後，究竟是潛在的風險，還是更多的機遇？據麥肯錫的統計顯示，過去 20 年裏，全球大型企業兼併案中真正取得預期效果的比例不到 50%，而中國 67% 的海外併購不成功，僅 2008 年我國企業海外併購的損失就達到 2000 億元人民幣左右。併購交易確實很刺激，但對於還是"新手"的多數中國企業，一幕幕"蛇吞象"現象背後，是貪心不足的表現呢，還是企業迅速成長的"走出去"的捷徑？機遇與挑戰面前，我們真的準備好了嗎？

1　更正：這裏應該是 2004 年 1 月。

詞語釋義 Glossary

简体	繁體	拼音	英文
金融危机	金融危機	jīn róng wēi jī	financial crisis
云诡波谲	雲詭波譎	yún guǐ bō jué	unpredictable; bewilderingly changeable
资产	資產	zī chǎn	asset
缩水	縮水	suō shuǐ	shrink
诱惑	誘惑	yòu huò	temptation
一波三折	一波三折	yì bō sān zhé	ups and downs; twists and turns
挫折	挫折	cuò zhé	setback
联想	聯想	lián xiǎng	Lenovo
通用汽车公司	通用汽車公司	tōng yòng qì chē gōng sī	General Motors (GM)
四川腾中重工机械有限公司	四川騰中重工機械有限公司	sì chuān téng zhōng zhòng gōng jī xiè yǒu xiàn gōng sī	Sichuan Tengzhong Heavy Industrial Machinery Company Ltd.
备忘录	備忘錄	bèi wàng lù	memo
四座皆惊	四座皆驚	sì zuò jiē jīng	surprising to everyone
苏宁电器	蘇寧電器	sū níng diàn qì	Suning Applicance Company Ltd.
Laox 株式会社	Laox 株式會社	lɑox zhū shì huì shè	Laox Co., Ltd.
吃螃蟹者	吃螃蟹者	chī páng xiè zhě	daredevil; the first person or entity with the courage to try something new
无独有偶	無獨有偶	wú dú yǒu ǒu	coincidentally
皮尔卡丹	皮爾卡丹	pí ěr kǎ dān	Pierre Cardin
潜在	潛在	qián zài	potential
麦肯锡	麥肯錫	mài kěn xī	McKinsey & Company
统计	統計	tǒng jì	statistic
兼并案	兼併案	jiān bìng àn	acquisition case
捷径	捷徑	jié jìng	shortcut

第二節　專家點評海外併購案例

主持人 [2]　我首先想請大家來給我們分享中國企業海外併購的案例中間特別值得一說的案例。

2　袁岳 (Yuan Yue)：北京大學社會學博士，哈佛大學肯尼迪政府學院 MPA，曾任第一財經《頭腦風暴》節目主持人，現任零點有數集團董事長。

葉長青[3] 我先說吧。(從) 我個人來講,我一直在跟蹤 TCL 收購阿爾卡特手機業務那個案例,最主要的原因,一方面我是覺得中國企業,剛才講到出外併購品牌都是買一些可能遇到困境的企業,那麼我作為一個諮詢顧問經常會被人家問到,它被媒體覆蓋得也比較多,所以我一直跟蹤它,從裏面吸取一些經驗和教訓吧。

主持人 實際上它做得怎麼樣呢?阿爾卡特那個手機。

葉長青 大家可能看到媒體的報道,實際上它碰到很多問題了,因為在之後連年虧損,甚至影響到了它在中國的業務。

主持人 事實上那個時候 TCL 兼併了一個施奈德,湯姆遜也是一個。

葉長青 我認為湯姆遜這個合併不是一個典型案例,因為這兩個都是夕陽產業,一定程度上是顯像管業務,那麼大家來合併,企圖"抱團取暖"。但是在手機業務這塊是什麼呢?當時手機還是一個很朝陽的產業。

主持人 包括 TCL 本身的手機。

葉長青 TCL 手機又在中國發展得很快,但是這裏面,可以跟大家分享的有一點,其實手機有一個技術壁壘,當時十二家國際的品牌商是互相交叉特許使用,所以它技術上是可以使用,就是不需要為使用付費。

主持人 所以實際上它通過兼併來獲得技術。

葉長青 TCL 在中國是可以做,這是信息產業部幫助它,但是出不了口,出不了海。它的產品不管做得再便宜,做得再好,出不了中國,它通過這個兼併可以進入這個俱樂部。

主持人 TCL (李東生) 經常說,不管我們的海外兼併戰略怎麼樣,但是至少有一點,就是說,我們其實在獲得技術或者突破技術障礙方面還是有收益的、有收穫的。

葉長青 對。

3　葉長青 (Ye Changqing):時任普華永道 (PWC) 企業併購服務合夥人。

主持人　還有哪位來？

傅　軍[4]　剛才也提到了，我對皮爾卡丹還是比較有興趣，為什麼呢？我在上海坐出租車，出租車司機告訴我，他知道的西服品牌就是皮爾卡丹。皮爾卡丹其實給中國的很多人都是一個品牌的啟蒙，基本上是這樣的一個位置，所以我覺得很有意思。

主持人　你覺得很有意思在什麼地方？什麼地方有意思？

傅　軍　我覺得很有意思就是說，中國改革開放以後，皮爾卡丹基本上第一個進入中國，可以說現在在大眾老百姓心中，它甚至成為了第一品牌，就是說高端服裝的第一品牌。那麼現在它淪落到這麼一個境地——賣給中國的一些企業。

主持人　或許我們中國人覺得還挺光榮的。

傅　軍　對，有很多中國人覺得很光榮。

主持人　是，包括當初聯想收購 IBM 電腦的時候，我們還是覺得挺光榮的，有光榮感。

陳　頡[5]　我關心的一個項目也是大家討論比較多的，就是聯想併購 IBM PC 業務那個案子。因為我個人一向覺得，一個企業去買另外一個企業，因為一個 trophy 的原因，一個炫耀式的收購是非常愚蠢的事情。這種愚蠢的事情，日本企業在 80 年代做了很多，21 世紀輪到了中國企業來做同樣的很多非常愚蠢的炫耀式的收購。

主持人　我們這幾位評論員，你們觀察的案例是像什麼樣的案例？

柯銀斌[6]　我這幾年觀察了一個比較重要的案例，可能是大家不太熟悉的，就是中國化工集團在海外的併購。

主持人　中化。

4　傅軍（Fu Jun）：時任 Brandman 品牌顧問公司董事總經理。

5　陳頡（Chen Xie）：時任中投中集團創始合夥人。

6　柯銀斌（Ke Yinbin）：時任上海交大中國企業發展研究院院長助理。

柯銀斌 它在2006年連續併購了三家海外企業，在我們的媒體當中報道都是比較少的。但是這個案例我研究了兩年多時間，而且跟任建新[7]先生也親自有過交流。他認為，我們從資產上把人家併購了，是人家老板，但是在企業經營管理上，別人是老師，我們應該更好地學習。所以我給任建新併購用了一個新詞叫"學習式併購"，這也許是中國企業未來併購成功一個比較好的方式。

主持人 滕總——

滕斌聖[8] 我印象比較深的，最近比較關注多的是吉利汽車收購澳洲的一家變速箱公司，是全世界第二大的變速箱公司。之所以我關注多，是我覺得這是中國一大類型的併購。其實我總結下來有三大類型：一個是資源類的，中石油、中海油之類的；第二種就是品牌類的，像皮爾卡丹這種消費品的；第三類就是你所說的製造類的，就是所謂"B2B"的。就這一類裏邊，我之所以對它感興趣，因為它很典型，就是你說的買的是技術，來補我的"短板"，所以從短期來說，理由非常充分，幾乎無懈可擊，因為這是你必需的一個技術，然後也很好消化。

主持人 假定現在價錢又合適的話。

滕斌聖 對，但是我對它關注的另外一個原因就是，你如果把眼光放長的話，這個風險又大大地增加了，尤其是當你的眼光就是放在技術的補充上面，這就聯繫到剛才 TCL 的案例。為什麼 TCL 會失敗？從規模的疊加上來說毫無問題一下子變成全世界最大的電視機生產商，但是你要知道它這個技術，就是 CRT 陰極顯像管，那個是馬上要過時的。

主持人 變成了一個更難改變的短板。

滕斌聖 更難改變的東西。所以我覺得很多中國企業犯的錯誤其實在這裏。

主持人 王先生——

7　任建新（Ren Jianxin）：時任中國化工集團公司總經理。

8　滕斌聖（Teng Binsheng）：時任長江商學院（Cheung Kong Graduate School of Business，簡稱 CKGSB）副院長、戰略學教授。

王福重[9] 其實我和傅先生關注的差不多，就是這個皮爾卡丹這個事情。我是這樣講，皮爾卡丹本來在西方不是一個什麼頂級品牌，是中國人覺得它不錯。其實品牌是一個什麼東西呢？它是一個精神因素，就是它上面有個光環，你沒買它，它就值五個億。咱們買下來之後，它就不值五個億，它就從鳳凰變了一隻雞。你花了一隻鳳凰的錢，實際你買到的是一隻雞。

主持人 長春——

王長春[10] 我要說的就是萬向[11]和美國 UAI[12] 的收購，為什麼萬向這個案例值得講呢？我覺得，其實它很好地解釋了一個成功的海外併購需要的關鍵的因素，就是控制力的問題。因為就像一個陌生人，你人生地不熟，去一個陌生的大都市，其實往往不知會發生一些什麼狀況。但是萬向這個魯冠球[13]，魯老先生就非常厲害，他就大膽啟用一個美國留學回來的高材生，而且最後把他招為女婿。

主持人 這招厲害。

王長春 用家族的關係、人脈關係成功地把美國的一盤棋全部走活。

主持人 這個策略也不容易學。

王長春 其實你也不一定都啟用，比方說招一個女婿什麼的，但是你看看現在國企成功的收購，就是中鋼在澳洲的收購，我覺得有一點接近。它為什麼解決了控制力的問題？就是因為它其實在十年前就啟用了澳洲的團隊。

主持人 所以實際上它是先掌握人，再通過人去掌握事兒。

王長春 對，我覺得這個很重要。謝謝。

9 　王福重（Wang Fuzhong）：時任北航金融研究中心常務副主任。

10 　王長春（Wang Changchun）：時任第一財經網站執行主編。

11 　萬向集團（wàn xiàng jí tuán）：中國汽車零部件製造公司。

12 　UAI：美國汽車制動器零件的主要供應商之一，是一家上市公司。

13 　魯冠球（Lu Guanqiu）：萬向集團創始人和董事長。

詞語釋義 Glossary

简体	繁體	拼音	英文
咨询顾问	諮詢顧問	zī xún gù wèn	consultant
连年亏损	連年虧損	lián nián kuī sǔn	consecutive annual losses
施奈德	施奈德	shī nài dé	Schneider Electronics AG
夕阳产业	夕陽產業	xī yáng chǎn yè	lit. sunset industry; fig. declining industry
显像管	顯像管	xiǎn xiàng guǎn	CRT
抱团取暖	抱團取暖	bào tuán qǔ nuǎn	lit. stick together to keep warm; fig. strength in numbers; merge for greater profit
朝阳	朝陽	zhāo yáng	rising; promising; up and coming
特许	特許	tè xǔ	special permission
俱乐部	俱樂部	jù lè bù	club
有收益	有收益	yǒu shōu yì	beneficial
启蒙	啟蒙	qǐ méng	enlighten
沦落	淪落	lún luò	sink (into depravity)
光荣	光榮	guāng róng	glory; honorable
炫耀	炫耀	xuàn yào	show off; showy
愚蠢	愚蠢	yú chǔn	stupid
中国化工集团 (简称：中化)	中國化工集團 (簡稱：中化)	zhōng guó huà gōng jí tuán	China National Chemical Engineering Group Corporation (ChemChina)
变速箱	變速箱	biàn sù xiāng	gearbox
短板	短板	duǎn bǎn	shortcoming; weak point
无懈可击	無懈可擊	wú xiè kě jī	impeccable; invulnerable
消化	消化	xiāo huà	digest; absorb
叠加	疊加	dié jiā	add up
过时	過時	guò shí	obsolete; outdated
顶级品牌	頂級品牌	dǐng jí pǐn pái	top-tier brand; top of the line
光环	光環	guāng huán	halo
凤凰	鳳凰	fèng huáng	phoenix
控制力	控制力	kòng zhì lì	ability to control
人生地不熟	人生地不熟	rén shēng dì bù shú	be a stranger in a strange land
高材生	高材生	gāo cái shēng	gifted student
女婿	女婿	nǚ xu	son-in-law
人脉关系	人脈關係	rén mài guān xì	social connection

第三節　有關併購海外品牌的爭論

柯銀斌　這是一個微笑曲線[14]，這大家都比較熟悉的，對吧。任何一個產業基本上分三個環節：製造、研發跟品牌。我的觀點是，中國企業三十年走到今天，它的製造業優勢已經出現了，在這個情況下，可以做一些國際化戰略跟"走出去"。那麼，從"走出去"的路來講，根據我對中國這麼多企業的案例研究，我認為，在技術方面以"併"為主，在品牌方面以"養"為主。現在我沒看到過中國企業去併購外國品牌有成功的案例，但是以獲取技術為目的的併購成功的案例很多。但是品牌這個東西，剛才那位先生講了，它是一個精神的、文化的東西，它是需要時間來積累的，所以它不是買進來的。

主持人　所以更需要併啊，我養一百年都不在了。

柯銀斌　這個正好是因為它是時間積累的。品牌跟它的民族性有很大的關係，比如說，皮爾卡丹跟法國文化聯繫在一起，悍馬跟美國精神聯繫在一起，如果變成中國企業就完全錯位了。

滕斌聖　我在這點上稍微做一點補充：基本上我覺得，說品牌可能太籠統，我們可能還得再細分什麼樣的品牌，品牌有很多種。對，我同意，可能在消費品領域裏面因為品牌和民族性、文化密切相關，很難移植過來。但是B2B的，比如說我剛才舉的例子像吉利這樣的，包括大連有一家民營的做鑽頭的，它花了很少的錢買了世界上可能是最好的鑽頭公司之一，是一家北美的公司。

主持人　另外資源品牌公司問題不大，像礦山。

滕斌聖　資源就太簡單了，不用說了。像工業品的這種東西，你把這個品牌買了，繼續用，大家都認。大家不會覺得因為變成中國公司擁有的這麼一個品牌，就不買這個鑽頭了，所以，我覺得這裏面還是要做一個細分。

王福重　我覺得，我們還要繼續潛伏，就是有了錢的人，他就想折騰。我就不說國企，國企比如說剛才像滕先生講的，到國外去收購什麼石油公司，弄

14　微笑曲線 (wēi xiào qū xiàn) 的解釋見第六章的關鍵商業術語與概念（Key Business Terminology）。

點資源。你要知道美國這些列強，它把世界的資源已經弄差不多了，只剩下邊邊角角，沒多少油水實際上。我還是同意剛才柯先生講的，那悍馬是美國人桀驁不馴的象徵，到了中國，中國沒有這個東西，你買回來之後賣給誰？中國人是因為它是美國品牌才買，美國人是因為它的桀驁不馴才去賣，你買過來之後，這兩邊就都失去了。因此，我就說，我們是缺乏這種基因的。我們缺乏這個基因，我們不會運作一個品牌，我們不善於創造一個品牌，因為中國這種商業習慣，這種市場的文化，我們才三十多年，人家西方經過了一兩百年。

傅　軍 我覺得這個王教授太悲觀了，你剛才的意見是，不僅不能買，同時自己也做不了一個品牌，我覺得這個太悲觀了。

王福重 哦不，我是說你要等待。我們看到日本的汽車，看見沒有？經過多年潛伏，它是第一，為什麼？因為它慢慢地在這個行業裏積累經驗，它去學習，它摸到了這個門道，摸到這個門道之後，它就可以成功，現在我們實際上沒有摸到。

葉長青 我很不同意這個觀點，我是很旗幟鮮明地覺得有機會就要去試。什麼道理呢？可能我們沒有基因，因為特別是併購這個事情，我們就是過去十年開始慢慢地有。正因為我們沒有做過，我要學，那我怎麼學？大家都知道，你可以看書學，但是學又學不到。有什麼辦法呢？唯一的辦法就是你要去做。因為我做併購的時候，往往看到你是在霧裏看花，你看報紙上天天在評論通用怎麼樣，歐寶怎麼樣，沃爾沃怎麼樣。如果你真的進去，你進入這個流程去看這個企業，你看到的東西跟你外面看到的東西完全不同。那麼你只有走進去做了以後，試了以後，你才能知道，你才能真正地學到東西。

詞語釋義 Glossary

简体	繁體	拼音	英文
悍马	悍馬	hàn mǎ	Hummer
错位	錯位	cuò wèi	mismatched
笼统	籠統	lǒng tǒng	general
移植	移植	yí zhí	transplant
钻头	鑽頭	zuàn tóu	drill bit

简体	繁體	拼音	英文
潜伏	潛伏	qián fú	lie low
折腾	折騰	zhē teng	lit. do something obsessively; fig. make trouble for oneself
列强	列強	liè qiáng	Great Powers
油水	油水	yóu shuǐ	profit
桀骜不驯	桀驁不馴	jié ào bú xùn	unruly; stubborn
悲观	悲觀	bēi guān	pessimistic
门道	門道	mén dào	knack; skill
雾里看花	霧裏看花	wù lǐ kàn huā	fig. shaky understanding; have a hazy idea; lit. as if seeing flowers in a fog
欧宝	歐寶	ōu bǎo	Adam Opel AG

第四節　海外併購的失敗根源

主持人　我們假定説現在咱們去兼併了，在做海外兼併了，我們在做海外兼併的時候，最應該避免的問題是什麼？要避免這樣的問題，我們應該做的準備是什麼？

滕斌聖　我覺得，最要避免的就是，買來的是"鬧鬼"的房子。如果我們把一個企業比作是一幢房子的話，不要是買的東西，外表看着非常靚麗，有很強的技術、很強的渠道、品牌，但是它是鬧鬼的。什麼叫"鬧鬼"呢？就是它這個內部是有很大的黑洞，這個漏洞非常大，所以這種黑洞你哪怕做盡職調查，也不一定是完全能夠做出來的。

主持人　比如像什麼樣的黑洞？你舉個例子。

滕斌聖　黑洞，比如説這個企業它本身虧損很厲害，就是它品牌看來是很強，皮爾卡丹等等的，技術也很優秀，但不知道為什麼它就虧很多錢。

主持人　虧損為什麼盡職調查都發現不了呢？

滕斌聖　能發現它虧錢，但是你不一定知道它會虧多少錢，持續虧多少錢，你要花多少代價才可以把它的血止住。我想 TCL 就是這樣，當時買的兩個都是虧錢的，所以你動作稍微一慢，你自己的血也流光了，你輸給它都來不及，因為你作為一個外來企業沒有辦法去幫它從一個鬧鬼的房子裏把鬼趕走，這是做不到的。

主持人	因為你對鬼不了解。
滕斌聖	對，可以這麼說。
主持人	好像最近大家說悍馬這個案子的時候，其實也有很多人就認為說，悍馬這個水深，你都還不知道到底水有多深。
王福重	我說，最主要是防止急，好比說，貝爾斯登也好，雷曼兄弟也好，你不着急，幾塊錢就買來了，你一着急就是冤大頭了。實際上它要賣給你這個東西，你想想，這個騰中才四年半的歷史，通用一百多年了，它都玩不轉這個東西，都像垃圾一樣丟掉了，它要想出售，說明它已經怎麼樣了？實際上急的是它，而不是你，所以說我們不急，不急。
主持人	大家都同意這個"不急"嗎？
傅　軍	急是不急，但是有時候該出手時就得出手，有的東西錯過了就沒有了。
主持人	我看看你寫的什麼？傅軍。
傅　軍	我寫的是這樣的，我寫的是不要犯同樣的錯誤，就是 TCL 交的學費，你不用再交一遍。
主持人	咱們再交其他的學費。
傅　軍	對，也可以啊。我們交其他的學費，然後咱們媒體、教授都總結一下，寫一個案例，大家一起來學。
主持人	葉總。
葉長青	我們做併購的時候一直在講，我們要告訴客戶，該走開的時候要走開。我們最怕的客戶就是，他來的第一天就說，我一定要買這個公司，這樣的客戶我是不接的。
主持人	但是還有一種就是可走可不走的呢？
葉長青	可走可不走的，這個就要幫助他把風險分析清楚。但是我寫的是什麼，實際上是無知者無畏。

| 主持人 | 就是不要想那麼多。 |

| 葉長青 | 不是，要避免做無知者無畏。我認為很多事情是可以看清楚的，但是，當你覺得這個事情是看不清楚的時候，那你也得不做。 |

詞語釋義 Glossary

简体	繁體	拼音	英文
闹鬼	鬧鬼	nào guǐ	be haunted
靓丽	靚麗	liàng lì	beautiful; pretty
漏洞	漏洞	lòu dòng	loophole
尽职调查	盡職調查	jìn zhí diào chá	due diligence
贝尔斯登	貝爾斯登	bèi ěr sī dēng	Bear Stearns
雷曼兄弟	雷曼兄弟	léi màn xiōng dì	Lehman Brothers
冤大头	冤大頭	yuān dà tóu	foolish spender; someone with more money than sense
玩不转	玩不轉	wán bú zhuàn	not manageable; not workable
出手	出手	chū shǒu	make the move; offer to buy
无知者无畏	無知者無畏	wú zhī zhě wú wèi	knowing nothing, fear nothing

第五節　海外併購的成功策略

| 王長春 | 我覺得諮詢公司不僅有用，而且大大地有用。我想說的就是洗腦，我反話正說，我覺得海外併購一定要洗腦，洗腦是雙重的。 |

| 主持人 | 誰洗腦，怎麼洗腦？ |

| 王長春 | 就是說，你讓併購者也要去洗，洗自己的腦。然後你還要做好打艱苦卓絕戰鬥的準備，去洗外國人的腦，比如你說的工會，那就是要一層一層洗出來才能夠進行融合的。我覺得諮詢公司其實也是一個很好的環節。 |

| 主持人 | 也是幫着洗腦的。 |

| 王長春 | 為什麼呢？我舉個例子，大家講到的 TCL 併購失敗，講了這麼多的原因分析。其實據我所知，有兩層不太為人所知的內情：第一層就是，後來李東生自己在反思的時候說，他犯了兩個很關鍵的錯誤，一個就是那個時候頭腦太發熱，聽到說要做強、做大中國的產業。 |

主持人　然後又被法國總統一握手。

王長春　他就率先衝出去，因為他是第一個衝出去，看到什麼好資產就買，但是也不知道這裏面陷阱有多少。第二個他說沒聽諮詢公司的話，為什麼呢？因為他當時請的是波士頓諮詢公司，後來波士頓開價，開了幾百萬美金，給他做了一個非常詳細的分析，你要注意什麼，比如注意工會要"鬧鬼"，比如說注意你們的產業重合程度可能並不高，但是他捨不得花這個錢。

柯銀斌　正好討論到我該做總結的時候了，剛剛大家討論的問題實際上是兩個不同的問題。我的理解是，專業人士最熟悉的，我們在 MBA 教材，包括所有的教授、媒體、記者知道的跨國併購，大多數是指強勢企業為主體的併購。而中國企業恰恰在全球市場上是一個弱小者，是一個後來者，我們這類企業在海外市場如何併購？印度也是一樣的，這是一個新的課題。對中國企業而言，想要併購成功不能整合。"整合"是什麼意思呢？強勢企業併購弱勢企業，它可以整合，把我這一套東西全交給你。你想不想幹？你認不認同我這套規則、我這套理念、我這套文化？你不認，我換你。

主持人　我用一個框把你裝進來。

柯銀斌　我把你換掉，我再請人，或者我馬上自己派人，所以你看強勢企業併購的話，換 CEO、CFO，那是很經常的事情。對於中國企業，一個弱小的企業要併購的話，你想成功就必須走融合的道路，整合的道路是行不通的。那麼"融合"的道路具體是哪些內容呢？我根據中國化工集團的案例研究大概有這麼幾點（剛才各位嘉賓也講了）：第一個就是長期的準備過程，這個準備有時候是有意的，有時候是無意的。第二個，你買的那個東西成功率最高的是跟你多年打過交道的人，所以說中國企業併購，中國化工集團的案例跟萬向案例都算比較成功的，他們都是有五年以上，三年、五年，甚至十年的合作經歷，買的是合作夥伴，青梅竹馬，大家都很熟悉，這個婚姻才能好啊，所以這是一個核心的問題。第三個，融合的最核心的是用人的問題。這裏頭用人最關鍵一點就是用好那個被併購企業原有的高層管理者，這個很重要，融合式併購有一個很重要的特點，盡量用原來的管理者。

主持人　謝謝！對於中國的經濟來説，我們今天雖然不差錢，但是我們還差很多東西。我們一方面當然要瞄一些可利用的資產、可掌控的資產，另外我們應該把這些錢拿去培育創造更多我們現在差的東西，就是除了不差錢之外，差的很多東西，這樣我們才能有一個完整的準備能力，在全球化的經濟競爭中間表現出更大的活躍和獲得更大的勝算。

詞語釋義 Glossary

简体	繁體	拼音	英文
洗脑	洗腦	xǐ nǎo	brain wash
艰苦卓绝	艱苦卓絕	jiān kǔ zhuó jué	arduous
融合	融合	róng hé	merge; integrate
陷阱	陷阱	xiàn jǐng	trap
波士顿	波士頓	bō shì dùn zī xún	Boston Consulting Group
咨询公司	諮詢公司	zī xún gōng sī	(BCG)
重合	重合	chóng hé	overlap
强势	強勢	qiáng shì	mighty
后来者	後來者	hòu lái zhě	latecomer
青梅竹马	青梅竹馬	qīng méi zhú mǎ	childhood's sweet hearts; lit. green plums and a bamboo horse
瞄	瞄	miáo	target
培育	培育	péi yù	cultivate; develop
胜算	勝算	shèng suàn	odds of success

關鍵商業術語與概念 Key Business Terminology

1 橫向收購[15]

橫向收購指的是兩個或兩個以上生產或銷售相同、相似產品的公司之間的收購，其目的在於消除競爭，擴大市場份額，增加收購公司的壟斷實力或形成規模效應。比如，TCL 併購德國施耐德公司和法國湯姆遜公司的彩電業務，以及聯想集團併購 IBM 的個人電腦部分，就都是橫向收購。

1 Horizontal Acquisition

A horizontal acquisition occurs when two or more companies that produce or sell the same or similar products combine to eliminate competition, expand market share, increase the monopoly power of the acquiring firm, or create economies of scale. For example, TCL's acquisition of Schneider Electric AG and Thomson in the German and French television industry represents a horizontal acquisition. Lenovo's acquisition of IBM's PC sector is another example of horizontal acquisition.

2 縱向收購[16]

縱向收購，也叫垂直收購，是指處於同一產品不同生產階段的公司之間的收購，收購雙方往往是上下游關係。上游企業往往是原材料供應者或半成品生產者，下游企業則往往是成品製造商。下游企業可以通過併購穩定材料的來源，節約交易成本，提高生產效率。而上游企業則可以通過併購實現向下游供應鏈的延伸，整合產業運營，以實現產銷一體化。比如，2009 年四川騰中重工機械公司試圖收購美國通用汽車旗下的悍馬品牌，就是一種上游企業 (材料供應商) 對下游企業 (汽車製造商) 的收購。

2 Vertical Acquisition

A vertical acquisition refers to a firm's acquisition of a company or companies operating at different production stages of the same product. In cases of vertical acquisition, participating companies usually have upstream-downstream relationships. Upstream companies are often suppliers of raw materials or purchasers of semi-finished goods; downstream companies are typically manufacturers of finished products. Vertical acquisition permits downstream enterprises to secure supplies of production materials, cut transaction costs, and enhance efficiency, while it also enables upstream companies

---

15 橫向收購 (héng xiàng shōu gòu)
16 縱向收購 (zòng xiàng shōu gòu)

to expand toward downstream supply chains and streamline operations by integrating with the production and sales process. For example, in 2009, Sichuan Tengzhong Heavy Industrial Machinery Company's attempted acquisition of General Motors' Hummer is a clear example of an upstream enterprise (a material supplier) acquiring a car manufacturer.

3 混合或雙重收購[17]

混合或雙重收購是指既橫向又縱向的收購。比如，2013年中國雙匯國際集團收購全球規模最大的生豬生產商及豬肉供應商美國史密斯·菲爾德食品公司，被收購對象既是豬肉供應商，又是豬肉制品生產商，所以這是一次雙重收購。

3 Mixed or Double Acquisition

A mixed or double acquisition refers to both horizontal and vertical acquisition. In 2013, for example, China Shuanghui International Group acquired the world's largest manufacturer of pork and hog products, Smithfield Foods Inc. (SFD). In this acquisition, SFD was both a pork supplier and a producer of hog products, making this a case of mixed acquisition.

4 微笑曲線[18]

微笑曲線是台灣宏碁集團董事長施振榮提出的科技企業發展戰略的形象表述。曲線分成左、中、右三段，左段代表技術、專利，中段代表組裝、製造，右段代表品牌、服務，整個曲線代表附加價值。中段位置的附加價值較低，左、右兩段位置的附加價值較高，整個曲線看上去像是個微笑符號，其含義是：要增加企業附加價值，絕不能只做組裝、製造，而必須向左右兩端發展。

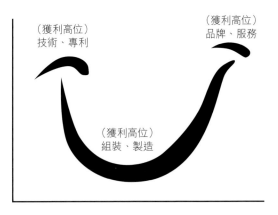

（獲利高位）
技術、專利

（獲利高位）
品牌、服務

（獲利高位）
組裝、製造

---

17 混合或雙重收購（hùn hé huò shuāng chóng shōu gòu）

18 有關 "微笑曲線"（wēi xiào qū xiàn）可參考施振榮：《再造宏碁：開創、成長與挑戰》（*Me-Too Is Not My Style*），台北：天下文化，2004 年。

4   Smiling Curve

The Smiling Curve is a visual representation of a development strategy of the tech industry advanced by Stan Shih, Taiwanese chairman of Acer. The curve is segmented into three parts, left, middle, and right. The left segment represents technology and patents, the middle assembly and manufacture, and the right brand and service. The whole curve depicts the process of value-added. The middle's value-added is lower while left and right have greater value-added, resulting in a curve that looks a smiley. The implication of the curve is that in order for a business to increase its value-added, it cannot only engage in assembly and manufacture, but must orient its development toward the two sides.

擴充閱讀 Supplementary Reading

吉利收購沃爾沃
Geely's Acquisition of Volvo

主播周瑛鋒　首先來關注到的是中國浙江吉利控股集團有限公司28號[19]在瑞典第二大城市哥德堡與美國福特汽車公司簽署最終的股權收購協議，獲得了沃爾沃轎車公司百分之百的股權及相關資產。

吉利集團董事長李書福和福特汽車公司首席財務官劉易斯·布斯 (Lewis Booth) 當地時間28號下午在哥德堡沃爾沃轎車總部簽署了協議。吉利集團收購價約為18億美元，創下中國收購海外整車資產的最高金融紀錄。

Lewis Booth　Our primary goal of the sale process was to find a new owner who would share Ford's values about Volvo cars and about Volvo cars' future. I am very pleased to say that we believe that we have found such an owner in Geely.

劉易斯·布斯　出售過程的主要目的就是要給沃爾沃找到一個新的主人，這個新主人對沃爾沃汽車以及沃爾沃汽車的未來和福特有相同的觀點。現在我非常高興地告訴大家，我們在吉利集團找到了這個新主人。

李書福在協議簽署儀式上説：“作為全球最大的汽車市場，中國將成為沃爾沃轎車的第二個本土市場，沃爾沃轎車將在發展迅速的中國釋放出巨大的市場潛力。”瑞典副首相兼工業與能源大臣 Maud Olofsson 和中國工業與信息化部部長李毅中出席了協議簽署儀式。根據協議，吉利購買沃爾沃的具體內容包括九個系列

19　這裏指 2010 年 3 月 28 日。

產品，三個最新平台，兩千四百多個全球網絡、人才和品牌以及重要的供應商體系，此協議還有待監管部門的審批。在對退休金缺口、負債、現金和運營資金核算的基礎上對收購價格進行常規性調整以後，吉利和福特預計今年[20]第三季度完成交割。沃爾沃目前擁有兩座汽車組裝工廠，分別在瑞典和比利時。此外，沃爾沃在瑞典還有一個發動機生產廠，沃爾沃目前在全球有數萬名員工，其中約有一萬六千人在瑞典。在沃爾沃收購吉利的簽字儀式上，吉利集團董事長李書福就表示，收購之後將保留沃爾沃的獨立運營，繼續執行既有的商業計劃以及未來沃爾沃的可持續發展。

李書福　作為具有鮮明北歐傳統的汽車企業，沃爾沃的管理總部和研發總部仍然留在哥德堡，並繼續由沃爾沃的管理層管理，推動沃爾沃的獨立自由發展。

　　據了解，交易完成以後，沃爾沃轎車總部仍然設在瑞典哥德堡。在新的董事會框架下，沃爾沃轎車的管理團隊將全權負責沃爾沃轎車的日常運營，繼續保持沃爾沃轎車在安全、環保技術上的優勢，拓展沃爾沃轎車在全球一百多個市場的業務。

周瑛鋒　那不容忽視的是，近幾年以來，沃爾沃連續虧損，銷量下滑。而與此同時，吉利汽車雖然在國際化經營方面有過一些成功的經驗，但是，畢竟沒有運營一家跨國企業的經驗。那如何保證收購之後，盡快地讓沃爾沃扭虧為盈？在這一方面，吉利集團又有一些什麼樣的打算？吉利集團董事長李書福回答了本台記者在稍早之前電話採訪時提出的問題。

李書福　在這方面，我們有一個新的商業計劃，這個商業計劃是一個非常嚴謹和可行的計劃。我們認為，沃爾沃的技術，尤其在安全和環保這兩個方面的技術是全球領先的，這兩個技術的研究是花了大量的錢的。那麼，這麼好的技術，如果把它的產量放大出來，那成本就能大大下降。而現在由於它的產量沒有達到規模效益，因此，就像您剛才所說的，企業的運營出現虧損。所以我們要打開在中國的市場，在中國製造沃爾沃技術的沃爾沃產品，這樣就會降低它的成本而產生經濟效益。當然，我們還有其他許多更嚴密的措施，我們要按照沃爾沃到2025年的計劃實現的"兩

20　這裏指2010年。

個零"的目標，就是零傷亡和零污染，也就是說，今後的沃爾沃汽車是不會對空氣產生污染，也不會對行人產生威脅。我們叫"兩個零"的計劃，以及"兩個強"的計劃，就是要形成強大的市場競爭力與強勁的企業生命力，這"兩個零"和"兩個強"的計劃將會推動沃爾沃在全球汽車市場地位的不斷提升。

周瑛鋒　吉利收購沃爾沃的消息讓中國消費者非常關注，沃爾沃在一夜之間就成了"自家人"。那麼收購行為是否會改變沃爾沃作為世界高端轎車品牌的定位？沃爾沃的價格是否會因此而下調呢？我們再來聽聽李書福是怎麼說的。

李書福　這事情可能最近幾年都是做不到的，因為我們現在還不可能馬上在中國大批量生產沃爾沃轎車。沃爾沃轎車現在主要是在歐洲製造，在比利時的根特和瑞典的哥德堡，在中國就是在長安一小部分的組裝。我們要在中國投放投產還是需要好多年的時間，而不是幾個月就能做得到的，因此，價格不會很快出現令大家滿意的現象。

詞語釋義 Glossary

简体	繁體	拼音	英文
吉利控股集团	吉利控股集團	jí lì kòng gǔ jí tuán	Geely Holding Group
瑞典	瑞典	ruì diǎn	Sweden
哥德堡	哥德堡	gē dé bǎo	Gothenburg (Göteborg)
福特汽车公司	福特汽車公司	fú tè qì chē gōng sī	Ford Motor Company
沃尔沃	沃爾沃	wò ěr wò	Volvo
轿车	轎車	jiào chē	car
首席财务官	首席財務官	shǒu xí cái wù guān	chief financial officer (CFO)
收购价	收購價	shōu gòu jià	acquisition price
创下…纪录	創下…紀錄	chuàng xià … jì lù	set a record
仪式	儀式	yí shì	ceremony
释放	釋放	shì fàng	unleash
副首相	副首相	fù shǒu xiàng	deputy prime minister
大臣	大臣	dà chén	minister
部长	部長	bù zhǎng	minister
系列产品	系列產品	xì liè chán pǐn	product line
监管部门	監管部門	jiān guǎn bù mén	regulator

简体	繁體	拼音	英文
审批	審批	shěn pī	examination and approval
退休金	退休金	tuì xiū jīn	pension
运营资金	運營資金	yùn yíng zī jīn	operating capital
核算	核算	hé suàn	examine and calculate; assess; account for
交割	交割	jiāo gē	hand over
组装	組裝	zǔ zhuāng	assembly
比利时	比利時	bǐ lì shí	Belgium
发动机	發動機	fā dòng jī	engine
可持续发展	可持續發展	kě chí xù fā zhǎn	sustainable development
管理团队	管理團隊	guǎn lǐ tuán duì	management team
全权负责	全權負責	quán quán fù zé	full responsibility
日常运营	日常運營	rì cháng yùn yíng	daily operations
安全	安全	ān quán	safety
环保	環保	huán bǎo	environmental protection
不容忽视	不容忽視	bù róng hū shì	no one can afford to neglect
跨国企业	跨國企業	kuà guó qǐ yè	multinational corporation
可行	可行	kě xíng	feasible
产量	產量	chǎn liàng	output
规模效益	規模效益	guī mó xiào yì	economies of scale
经济效益	經濟效益	jīng jì xiào yì	economic benefit
严密	嚴密	yán mì	exacting
污染	污染	wū rǎn	pollution
行人	行人	xíng rén	pedestrian
提升	提升	tí shēng	elevate; improve
根特	根特	gēn tè	Ghent (a port city in northwest Belgium)
长安	長安	cháng ān	Chang'an (an old name of Xi'an)
投放投产	投放投產	tóu fàng tóu chǎn	production launch

第四編

投資銀行與金融危機

Part Four

Investment Banks and the Financial
Crisis

第七章
利益衝突下的國際投資銀行

"國際投行在與客戶打交道時往往會有利益衝突,也往往為了自己的
利益而犧牲客戶的利益。我們應該正視這一點,不要把國際投行當成
獨立的專家顧問,而要把他們當成追求利潤的商人。"

——黃明 (美國康奈爾大學金融學教授)

Conflicts of interest routinely arise when global investment banks serve their
clients. When faced with these conflicts, investment banks often sacrifice clients'
interests in pursuit of their own gains. This is a point worth remembering.
Global investment banks should not be regarded as independent specialists or
advisors, but rather as businesses in pursuit of profits.

—— Huang Ming, Professor of Finance, Cornell University

導言 Introduction

　　金融是國民經濟不可或缺的重要組成部分，也是現代經濟的"血脈"和"神經中樞"，對企業的創辦、經營以及發展壯大都至關重要。中國"入世"後，資本市場逐步開放，中國經濟崛起、國企改革等因素又帶來巨大商機，成為國際投資銀行進軍中國市場的內在動力。由於中國的資本市場起步甚晚，無論在資金、技術，還是聲譽和經驗上，都無法與歐美國家相媲美，毫不奇怪，國際投行受到了一些中國企業的青睞，甚至是熱烈追捧。而華爾街的投資銀行，這些金融業的"貴族"，憑藉着精深的運作技術和豐富的社會人脈，不斷變換着令人目眩的資本魔方，掀起一浪接一浪的市場熱潮。

　　然而，2008年金融危機爆發後，美國投行首當其衝，不僅自身遭受重創，更被視為危機的肇事者之一。許多中國企業在金融危機的影響下也同樣蒙受了巨大經濟損失，國際投行的一系列跟金融風險與監管相關的問題由此浮出水面。歸根結底，投行雖然標榜以信譽為本，卻有着欲蓋彌彰的嗜賭天性和趨利本性。

　　那麼，投資銀行是怎麼產生的？經歷了怎樣的發展歷程？開拓了何種業務模式？如何聚斂財富？面對巨大的經濟收益，國際投行遵循的又是怎樣的"潛規則"？本章選用的美國康奈爾大學約翰遜商學院金融學教授黃明的演講片段，通過破解利益衝突之下國際投行的種種謎團，揭開了投行的神秘面紗。與此同時，黃明教授作為一名具有實戰經驗的金融學專家還就中國企業家如何與國際投行打交道等問題分享了自己的真知灼見。

Finance is an indispensable and critical component of a national economy. It is also the lifeblood and central nervous system of the modern economy and is crucial to the creation, operation, development, and expansion of modern enterprises. Following China's accession to WTO in 2001, tremendous business opportunities arose in China on the heels of the nation's gradual opening of capital markets, the rapid growth of the Chinese economy, and the reform of state-owned enterprises. These developments contributed to the dynamics that international investment banks encountered when entering Chinese markets. Given the relatively late rise of Chinese capital markets, China was not in a position to compete with Western nations with respect to funds, technology, reputation, and experience. Little wonder that international investment banks found favor among Chinese enterprises. In fact, some of them were enthusiastically courted in China. The Wall Street investment banks, the "nobility of finance", deployed their refined operating techniques and expansive networks in offering a dizzying array of speculative financial products to Chinese investors, triggering one market bubble after another.

However, American investment banks were the first to be hit by the outbreak of the financial crisis in 2008. These banks not only suffered setbacks themselves, but were also seen as partial perpetrators of the crisis. Many Chinese companies likewise suffered losses due to the financial crisis. A series of issues associated with financial risks and oversight rose to the surface for international investment banks during the crisis. Although investment banks touted their commitment to honesty and the principle of placing clients first, these banks in fact exposed their true inclination toward gambling and quick profits.

So, how did investment banks come into being? What kinds of development processes have they undergone? What new business models have they invented? How have they amassed such wealth? What unspoken rules do these banks follow when facing huge potential profit? The presentation selected for this chapter was delivered by Finance Professor Huang Ming of the Johnson Graduate School of Management (JGSM) at Cornell University. Professor Huang's analysis unlocks many mysteries caused by conflicts of interest in investment banks, lifting the veil to reveal the true face of investment banking. In addition, Professor Huang also shares keen suggestions that draw from his own financial expertise and rich practical experience on the best ways for Chinese industry to interact with investment banks.

第一節　投行的歷史和傳統功能

它是金融危機幕後推手，它是財富與欲望的混合體，聚焦國際投資銀行，它有怎樣的歷史？如何聚斂財富？又陷入怎樣的利益衝突？《世紀大講堂》力邀康奈爾大學終身教授黃明破解利益衝突之下的國際投資銀行。

黃明[1]　今天非常高興給大家談一談我研究上比較關注的一個對象，就是國際投資銀行。多年來，國際投行戴着高信譽的光環，在我們中國的形象非常好，我們的社會把國際投行人士當作精英人士，我們的政府、我們的企業、我們的媒體經常把投行人士作為專家、顧問向他們諮詢，向他們請教。但是，與此同時，我們也知道，全球金融危機的最大的肇事者之一就是國際投行，而且國際投行給我們中國的很多企業，國企、民企、私人等等兜售了很多劇毒的複雜衍生產品，造成了很多的虧損，不僅是中國，在很多的發展中國家都有類似的現象。因此，我們就得問這個問題了，投行究竟是什麼？我們的社會、我們的國家、我們的企業和媒體究竟應該如何看待投行？尤其是我們的企業在和投行打交道的過程中應該如何對待它們？這就是我們今天要討論的題目。

首先，我想通過投行的歷史演變這個角度簡單地來看投行的社會功能。投行是於1800年前後在歐洲開始興起的。最初的投行都是一些私人合夥公司，它們從社會上通過發債等等籌了很多資金，然後把這些資金投到一些大的項目上去，那這些大的項目往往就是歐洲國家的政府要打戰爭這樣的項目，可以想像，投行在歐洲世界當時的影響力非常大。而這些投行往往是以家庭為核心的組織，其中有兩個家族非常有名，一個就是巴林兄弟。一八一幾年的時候，一位法國首相曾經這麼說過，歐洲有六大列強，英國、法國、普魯士、匈牙利、俄國和巴林兄弟，可見巴林兄弟在歐洲政治上影響力有多大。順便說一下，這個巴林兄弟後來演變成巴林銀行，就是在1995年被里森——二十幾歲的一個年輕人在新加坡炒衍生產品給搞垮了。

1　黃明（Huang Ming）：現任美國康奈爾大學（Cornell University）約翰遜商學院（Johnson Graduate School of Management）金融學終身教授，中歐國際工商學院金融學教授，北京睿策私募投資管理有限公司創始合夥人、董事長和投資總監，被評為《福布斯中國》最佳陽光私募基金經理。曾經擔任長江商學院學術副院長，上海財經大學金融學院院長。

還有另外一個家族非常有名，就是瑞斯特家族[2]。至今為止，我們國內還有謠傳說，瑞斯特家族還在控制着世界的金融和政治，但這只是謠傳而已，因為遠在一八六幾年開始，瑞斯特家族因為沒有賭對美國的崛起就把國際市場上的影響力喪失給了摩根財團。摩根財團取而代之，摩根財團於1900年前後成為世界上最有影響力的財團，而且有一陣 J. P. 摩根和美國總統幾乎是平起平坐的這麼一個地位。美國政府不希望看到某一個財團對美國的社會、經濟影響這麼大，終於等到1919年，在 J. P. 摩根死去之後成立了美聯儲，這樣才逐漸削弱了摩根財團的影響。隨之在世界大蕭條發生的過程中，《格拉斯－斯蒂格爾法案》在一九三幾年設立，這樣就逼迫美國的國際財團選擇，是做商業銀行還是投行？這樣又逐漸地把國際投行和銀行的勢力給分散和削弱了，那麼這是投行的開端。

演變到現在為止，投行主要的盈利模式和社會功能還是離不開當初的功能，也就是做資本的融資方和投資方的中介，也就是說做資本買賣的中介。那我下面就來說一下，它這樣一個傳統的功能到底是怎麼回事。

說白了，就有點像我們買房子用中介一樣的道理，房屋中介就是在買房方和賣房方之間搭一個橋樑。投資銀行最主要、最傳統的功能無非就是在融資方和投資方之間搭一個橋樑。為什麼我們需要這個橋樑呢？因為融資方和投資方之間存在着嚴重的信息不對稱。打個比方，我們國內很多城市的二手車市場特別不活躍，因為存在嚴重的信息不對稱。這個車有什麼貓膩，只有賣方更清楚，買方不敢相信，尤其當賣方特別樂呵呵地把車賣給你的時候，你更不敢買了。那麼為了克服這種信息不對稱，就需要中介出來拍着胸說，你們雙方都相信我，這個事就可以成。為什麼投資者可以相信投行呢？就跟為什麼我們相信中介買賣二手車一樣的道理。一個賣二手車的人，他就賣這一次，把你蒙了，你也找不着他，找他也沒用。可是當一個中介把一個車賣給你，你被蒙了，它聲譽倒地，將來還怎麼做中介這個活兒呢？因為這樣，中介就起到了一個獨特的作用。

---

2 這裏瑞斯特是 Rothschild 的一個中譯名，但更為普遍使用的中譯名是羅斯柴爾德（luó sī chái ěr dé）。

回到投行，當投行做融資方和投資方之間的中介的時候，儘管投資者對融資方不是特別了解，但是因為投行通過它們自己的信息、知識和信譽，保障了投資方不會蒙受虧損，也就是說，它給融資方和投資方之間鋪上一個平穩溝通的橋樑。那麼說到這兒，大家就得問了，那投行憑什麼幹這個活兒呢？它的核心競爭力到底是什麼呢？大家從剛才的分析中估計已經看到了，其實投行的核心競爭力基本上就是它的信息和信譽。它掌握了信息，對上市公司能夠分析、能夠了解，這就是它的優勢。另外，它有信譽，這種長期的信譽導致它能做這個買賣，別人很難做。這也就是為什麼從一九七幾年到現在，全球帶企業上市的這樣的頂尖的投行品牌基本上沒變，比方說，高盛、摩根士丹利、美林、瑞銀等等，就這幾家，幾十年很難變，因為信譽絕對不是一天能夠建立起來的。

那麼投行這種傳統功能，我們首先要肯定，的確給資本市場的發展以及全球的經濟發展帶來了非常積極的、正面的作用，這一點我們在中國資本市場的發展過程中能夠感受到。當資本市場發展得不好的時候，融資方與投資方之間就沒有橋樑，於是社會給企業就很難輸血，比方說，我們在國內，很多投資方只能拿到銀行的那麼一點兒利息，沒有太多的投資機會，可是很多融資方有特別好的項目融不到資，有時候得付百分之好幾十的利息才能融上資，這就是融資方和投資方之間失去了橋樑作用，而投行在這個橋樑的建設過程中的確起到了很多積極正面的作用。

詞語釋義 Glossary

简体	繁體	拼音	英文
幕后推手	幕後推手	mù hòu tuī shǒu	puppet master
聚焦	聚焦	jù jiāo	focus
投资银行 (简称：投行)	投資銀行 (簡稱：投行)	tóu zī yín háng	investment bank
聚敛	聚斂	jù liǎn	amass (wealth)
利益冲突	利益衝突	lì yì chōng tū	conflict of interest
康奈尔大学	康奈爾大學	kāng nài ěr dà xué	Cornell University
信誉	信譽	xìn yù	credibility; reputation
专家	專家	zhuān jiā	expert
顾问	顧問	gù wèn	advisor
咨询	諮詢	zī xún	consulting

简体	繁體	拼音	英文
肇事者	肇事者	zhào shì zhě	perpetrator; troublemaker
国企 (国有企业；国营企业)	國企 (國有企業；國營企業)	guó qǐ	state-owned enterprise
民企 (民营企业)	民企 (民營企業)	mín qǐ	privately running enterprise
兜售	兜售	dōu shòu	sell; hawk
剧毒	劇毒	jù dú	highly toxic
衍生产品	衍生產品	yǎn sheng chǎn pǐn	derivative
发展中国家	發展中國家	fā zhǎn zhōng guó jiā	developing country
演变	演變	yǎn biàn	evolve; evolution
功能	功能	gōng néng	function
合伙公司	合夥公司	hé huǒ gōng sī	partnership
发债	發債	fā zhài	bond issuance
筹	籌	chóu	raise (capital)
巴林兄弟	巴林兄弟	bā lín xiōng dì	Baring Brothers Bank
普鲁士	普魯士	pǔ lǔ shì	Prussia
里森	里森	lǐ sēn	Nicholas "Nick" Leeson
搞垮	搞垮	gǎo kuǎ	make insolvent; ruin
瑞斯特家族	瑞斯特家族	ruì sī tè jiā zú	Rothschild family
谣传	謠傳	yáo chuán	rumor
摩根	摩根	mó gēn	JP Morgan
财团	財團	cái tuán	consortium; financial group
取而代之	取而代之	qǔ ér dài zhī	supersede; replace
平起平坐	平起平坐	píng qǐ píng zuò	stand on an equal footing with (someone)
美联储	美聯儲	měi lián chǔ	Federal Reserve
削弱	削弱	xuē ruò	weaken; cripple
大萧条	大蕭條	dà xiāo tiáo	Great Depression
《格拉斯——斯蒂格尔法案》	《格拉斯——斯蒂格爾法案》	gé lā sī——sī dì gé ěr fǎ àn	Glass-Steagall Act
逼迫	逼迫	bī pò	force; coerce
融资方	融資方	róng zī fāng	issuer; borrower
投资方	投資方	tóu zī fāng	investor
搭	搭	dā	set up; build
桥梁	橋樑	qiáo liáng	bridge
二手车	二手車	èr shǒu chē	used car
猫腻	貓膩	māo nì	trick
蒙	蒙	mēng	deceive; trick; cheat
声誉倒地	聲譽倒地	sheng yù dǎo dì	loss of reputation

简体	繁體	拼音	英文
蒙受	蒙受	méng shòu	suffer
顶尖	頂尖	ding jiān	top-notch
高盛	高盛	gāo shèng	Goldman Sachs
摩根士丹利	摩根士丹利	mó gēn shì dān lì	Morgan Stanley
美林	美林	měi lín	Merrill Lynch
瑞银	瑞銀	ruì yín	United Bank of Switzerland (UBS)
输血	輸血	shū xuè	capital injection; lit. blood transfusion
利息	利息	lì xī	interest

第二節　投行的業務模式

　　信譽為本，卻有賭博天性，偏愛冒險的投資銀行，開拓了怎樣的業務模式？巨大經濟利益、重大歷史事件，國際投行遵循了怎樣的"潛規則"？

黃明　　但是投行並沒有滿足於這些傳統的金融中介的功能，它們畢竟是為了創造財富的。隨着歷史的變遷，它們利用自己的信息和信譽這些核心競爭力逐漸引進了其他的業務模式：比方説，因為它們需要帶企業上市，就得研究企業，於是建立了自己的研究分析師團隊；因為它們對企業上市，以及對哪些投資者買了企業股票非常了解，很自然地，它們就在交易、銷售，甚至在經紀業務上有核心競爭力了，就在這個方面，也能發展很強大的業務；另外，隨着對行業、企業的了解，它們也做起兼併收購的諮詢的業務；最後它們還能夠帶着客戶理財，這樣它能夠收取費用；到最後，投行覺得替別人理財不過癮，還不如拿自己的資本來賭，而且槓桿放大了賭，這就是自營業務。也就是自營業務最後這一項才導致在這一輪的金融危機中，五大投行要沒有美國政府救全得倒，因為其他所有的業務都不需要把它的資本賭上去，都是收費用，它不會虧的，就是自營業務才需要冒巨大的風險。當然了，投行的創新遠遠不止這些項，隨着1980年之後資本市場的發展，投行做了很多創新，就是如何把這些資產買來，打包，切切剁剁，然後再出去賣，也就是資產證券化[3]的過程，然後還有很多其他衍生產品的創新，這些創新無疑對這一次全球金融危機的發生起到了關鍵性的作用。

3　資產證券化（zī chǎn zhèng quàn huà）的解釋見第七章的關鍵商業術語與概念（Key Business Terminology）。

詞語釋義 Glossary

简体	繁體	拼音	英文
赌博	賭博	dǔ bó	gamble
开拓	開拓	kāi tuò	explore; open up
遵循	遵循	zūn xún	follow; comply with
潜规则	潛規則	qián guī zé	unwritten rule; unspoken rule
分析师	分析師	fēn xī shī	analyst
交易	交易	jiāo yì	trading
经纪业务	經紀業務	jīng jì yè wù	brokerage
兼并收购	兼併收購	jiān bìng shōu gòu	merger and acquisition (M&A)
理财	理財	lǐ cái	financial management
过瘾	過癮	guò yǐn	satisfying
杠杆	槓桿	gāng gǎn	(financial) leverage
倒	倒	dǎo	go bankrupt
打包	打包	dǎ bāo	package; pool together; bundling
资产证券化	資產證券化	zī chǎn zhèng quàn huà	asset securitization

第三節　投行的輕微與嚴重的利益衝突

　　投行畢竟是要講信譽的，投行畢竟是需要替客戶去牟利的，但同時，投行又想追逐自己的財富，這不就有利益衝突了嘛。一百多年以前，這種利益衝突還比較好解決，因為是一個家族在做，投行要不講信譽，會砸了自己家族的飯碗，因此還是非常講信譽的。可是，自從 1980 年之後，國際的投行界基本上逐漸被職業經理人給控制了，而且這些職業經理人都是拿着短期激勵的。拿短期激勵的職業經理人不會像家族那麼講信譽的，因此我們就開始注意到了投行有大量的利益衝突。

黃明　為了講清楚投行的各種利益衝突，我就從投行的傳統業務開始一個一個來講。

　　首先，我來講講投行做融資者與投資者之間中介的這麼一個傳統業務中的利益衝突。在現代的版本就是帶企業上市，帶企業融資、發股、發債，在這個過程中，投行的利益衝突體現在一種輕微的利益衝突。輕微的利益衝突就是，它有兩個客戶，一個融資方，一個投資方，它為了照顧一方，就往往要侵犯另一方的利益，這是一個輕微的利益衝突。最重要的體現就是，當企業家上市的時候才知道，投行經常會玩命地把價往下壓。投行為什麼為了投資者的利益希望把股價往下面壓一點呢？因為它有兩個客戶，為了長期投資者的客戶的利益，它偶爾需要把上市公司的利益往下壓一點。這種利益衝突，我們長期以來已經關注到了，但這不是一個嚴重的利益衝突，畢竟它是在為客戶服務，而這個簡單的利益衝突以及相應的投行的信譽、信息的理論在1990年之前基本上能解釋美國很多上市的數據。

可是1990年之後，隨着職業經理人的激勵更加短期化，就出現了更惡性的利益衝突。比方說互聯網泡沫期間，當廣大投資者確實都"醉"了之後，很多投行就故意把一些上市公司的股價壓得特別低，把它給拋售出去。當你把原始股[4]壓得很低，一上市第一天就能翻三倍，最高的翻到七倍，這樣的情況，誰得到了原始股，誰就可以發大財。這個時候投行就得挑了，把原始股該給誰呢？後來美國證監會調查發現，有很多頂尖的投行都幹了非常惡意的利益衝突，比方說，當它決定把一個原始股份給一個基金之前，它會讓基金承諾，把賺的錢的一半給我回扣回來。當然了，在美國的回扣不是拎着現金去回扣，而是你拿了這股，翻了五倍，你賺了錢，賺多少錢，你把一半左右通過經紀費還給投行，也就是說，你將來要買賣其他股票都得在我這買賣，我得收你特別高的經紀費。其中有一個案例，某一個客戶，AT&T 股票，每交易一股的經紀費是兩個多美元，你可以想像，兩個多美元就為了買一股股票的經紀費，這是非常之大的。這種經紀費絕對不是個市場行為，它就是個典型的回扣行為。那麼，在這兒大家看到了，投行犧牲了這些互聯網上市公司的發行融資方的利益，把股價定得低低的，然後從投資者那兒拿回扣，這種就非常惡性了。所以，即使在投行對社會有意義的這麼一個傳統的融資中介的業務上，它也有一些惡意的利益衝突。

那麼緊接着下面，我們就開始討論投行其他的一些功能和業務。我們會發現它們的利益衝突往往會變得越來越嚴重，比方說，投行作為經紀是收經紀費，幫客戶買賣股票做交易的，但當投行自己又有自營業務部門，想替自己買賣的時候，那不就很可能有利益衝突嗎？很簡單的做法就是在客戶的單子前面跑老鼠倉。老鼠倉這概念我們都知道，當你知道

4　更正：演講人口誤，這一段的"原始股"（pre-IPO shares）都應該改成"發行股"（IPO shares）。

一個大的倉位要來買的時候，你在前面先下了單，後面的單子就把你給推上去，你就賺錢了。那麼這個大家放心，美國證監會是打擊得非常嚴格的，但是，即使嚴打，投行也能找到其他的嚴格說來不犯法的方式，來做小的老鼠倉。我給你舉個例子，當你是一個大客戶，你需要買一百萬股的某股票，一百萬股這個單子比較大，你不想把這一百萬股的單子需求馬上告訴投行，你怕這信息漏出去了，別人跑在你前面，因此很多客戶都有這個習慣，像擠牙膏似的慢慢告訴投行，我先告訴你十萬股，你先去給我買十萬股，買完了以後，我再讓你買，十萬股、二十萬股。投行時間長了也琢磨出來了，你不是告訴他買十萬股嘛，他就去買，他一定不要在你的十萬股前面跑老鼠倉，因為根據法律，你必須把客戶的單子先下了，才能自己買，但是投行知道，你這十萬股買完之後，還有九十萬股，不是嗎？他就把你的十萬股買了，然後他自己跟着買，然後你的九十萬股的倉位終於告訴他的時候，他裝着吃驚，你還有九十萬股，就把這個股票給推上去了。嚴格來說，他沒有犯美國的法律，因為他下倉的時候，你還沒告訴他，你要買那九十萬股，可是從精神上，他已經違背了他的客戶的利益，實質上他已經做了老鼠倉。那麼像這樣的利益衝突，直到現在投行也都還有。

還有另外一種利益衝突，就是兼併收購諮詢方面的利益衝突。我老是警告企業家不要輕信投行，為什麼呢？投行的業務模式是這樣子的，你要是收購成功了，它拿錢，你收購不成功，它不拿錢，因此你要聽投行的建議，它肯定會建議你一定要去買，有好多例子都是這樣。舉一個例子，某一個民營企業家僱了一家投行到海外去幫他收購一家美國企業，但是你收購一家企業，你得做盡職調查，看這個賣方的資產是不是健康等等。他請這家投行去做盡職調查，我說，你錯了！你相當於請一個房地產中介告訴你，這房子該不該買，它當然會說要買。所以，盡職調查要請一個中立方來做，不要請投行，簡單來說，投行的利益跟兼併收購的企業的利益在這個時候又有點衝突了。

當然，投行還有其他的業務，比方說資產證券化、衍生產品創新，以及投行逐漸通過資本市場的發展取代了傳統商業銀行的盈利模式。整個這些創新，我們也知道，也就是這輪全球金融危機誘發的重要原因之一。在這些方面，我們看到投行的利益衝突就更大了，投行為了追逐自己的盈利，它與整個社會發展的利益都有衝突了。這一點不光我們在國內，在西方很多政府都已經看到了，所以這一輪西方政府要做很多的金融改革，希望能夠限制國際投行在這方面的利益衝突。

在投行所有的業務中，利益衝突最厲害的恐怕就是複雜衍生產品的兜售業務了。因為在一個複雜衍生產品的交易中，雙方是對立的，客戶剛簽合同那一刻輸得越多，就說明投行賺得越多。假如要是對客戶有利的話，就應該給他推薦一些簡單的衍生產品，可是簡單衍生產品投行賺不了多少錢。因此投行就肯定會推薦一些特別複雜的衍生產品，可是越複雜，對客戶的財務狀況就越有毒，因此，在這上面有嚴重的利益衝突。

詞語釋義 Glossary

简体	繁體	拼音	英文
牟利	牟利	móu lì	reap profit
追逐	追逐	zhuī zhú	quest for; pursue
砸饭碗	砸飯碗	zá fàn wǎn	smash the rice bowl; fig. lose one's job
职业经理人	職業經理人	zhí yè jīng lǐ rén	professional manager
短期激励	短期激勵	duǎn qī jī lì	short-term incentive
融资	融資	róng zī	financing; fund raising
发股	發股	fā gǔ	issue shares
证监会	證監會	zhèng jiān huì	SEC (Securities & Exchange Commission)
基金	基金	jī jīn	fund
承诺	承諾	chéng nuò	commit; promise
回扣	回扣	huí kòu	kickback
经纪费	經紀費	jīng jì fèi	trade commission
老鼠仓	老鼠倉	lǎo shǔ cāng	front-running trade; rat trading
仓位	倉位	cāng wèi	order; position; stake
单子	單子	dān zi	trade order
漏	漏	lòu	leak
下仓	下倉	xià cāng	submit a trade order
警告	警告	jǐng gào	warn; caution
轻信	輕信	qīng xìn	readily believe; readily trust
中立方	中立方	zhōng lì fāng	neutral party
诱发	誘發	yòu fā	induce; lead to; cause

第四節　如何正確看待投行的作用

投行在各種各樣的業務中，往往和客戶有利益衝突，因此我們怎麼來對待投行呢？

黃明　因為在中國主要是企業家跟投行直接打交道打得最多了，所以我首先得從企業的角度來告訴企業家應該如何對待投行。

假如你要上市，要到美國、香港等等其他地方去上市，我建議你還是一定要用頂尖的投行，比方說，最頂尖的兩家，高盛、摩根士丹利，這是最棒的品牌了，我舉雙手讚成。我並沒有一味地批評投行，在它的傳統業務上還是應該找頂尖的品牌。一旦找了頂尖的品牌之後，信它們多少呢？差不多信百分之八十，為什麼這麼說呢？因為投行要是成功帶你上市了，你成功了，它拿承銷費，你要不成功，它不拿錢，所以利益基本上是一致的。再比方說，如何寫招股書，如何重組公司的結構，如何做公司治理，如何對待審計師等等方面，可以聽投行的，可以信百分之八十。哪百分之二十不能信呢？就是在投行定價的時候，在它選擇承銷團隊其他成員的時候，往往有它自己的利益摻雜在裏面，你注意就行了。

但是，其他的業務就要越來越小心了。比方說兼併收購，就像我說過的，你要不要去收購某個國外企業，不要聽投行的，得自己拿主意，最好找獨立的專家。比方說，國際上比較了解國際市場的獨立的諮詢公司，讓它們幫你去拿主意，該不該做這個收購。一旦你決定要做這個收購了，在結構上、在融資上，這些方面可以聽投行的。因此，我的結論是，在兼併收購諮詢業務上信投行百分之五十，信一半；在利益衝突最嚴重的衍生產品業務上，我建議大家只能最多信百分之十，百分之九十都不能信。因為當你信一個投行的時候，就相當於你跟對方打麻將，然後要讓對方幫你出牌，那你不就等着虧損嘛。我們很多企業，不論是國企還是民企，都是在遇到問題的時候，請教投行給它們設計衍生產品，結果設計出了非常劇毒的、複雜的、完全沒有必要的衍生產品。

那麼，今天我通過對國際投行的歷史演變以及它的社會功能的分析來總結：國際投行往往在與客戶打交道的過程中會有利益衝突，它們為了自己的利益而犧牲了客戶的利益。可以這麼說，在近代美國對資本市場的監管歷史中，有很大的篇幅都是美國的監管層與投行的利益衝突在作鬥爭。那麼從這個方面，我們國內的監管層，我們的社會也應該正視國際投行，不要再把它們當成獨立的專家顧問，而是把它們當成追求利潤的商人對待，這才是應該看待投行的正確方法。

詞語釋義 Glossary

简体	繁體	拼音	英文
承销费	承銷費	chéng xiāo fèi	underwriting fee
招股书	招股書	zhāo gǔ shū	stock prospectus
审计师	審計師	shěn jì shī	auditor
掺杂	掺雜	chān zá	mix; mingle; involve
监管层	監管層	jiān guǎn céng	top-level regulators

關鍵商業術語與概念 Key Business Terminology

資產證券化

信貸資產證券化是把信貸產品或應收賬款等銀行預期未來會有收益的資產做成證券產品進行出售。舉一個簡單的例子，假如一家銀行把1億元人民幣貸給某家企業，貸款期限為一年，在一年內，這1億元信貸債權對於放貸銀行來說就是一筆死錢。資產證券化以後，這1億元信貸債權就可以通過打包並發行證券的形式被銀行賣出，進行融資，而不必等到持有到期。這樣一來，銀行提前收回了資金，還可以繼續放貸。如此循環反復，銀行的放貸額度雖說仍然只有1億元，但實際循環放貸的額度可能放大了好幾倍。

哪些資產可以被證券化？根據產生現金流的資產類型不同，信貸資產證券化可分為住房抵押貸款證券化（簡稱："MBS"）和資產支撐證券化（簡稱："ABS"）兩大類。MBS的基礎資產是住房抵押貸款，而ABS的基礎資產則是除住房抵押貸款以外的其他資產，包括車貸，信用卡消費貸款，道路、水利這樣的基礎設施貸款等等。可以證券化的資產是非常多的，不僅包括按揭貸款、一般證券，也包括企業的資產，如一棟大樓、一攬子股票、一攬子債券，等等。總之，所有有價值的，流動性不太好的，將來有現金流入的資產都是可以證券化的。

Asset Securitization

Credit asset securitization refers to the practice of banks selling credit products, accounts receivable, and other similar products with expected future cash flows as securities. For example, a bank lends RMB 100 million yuan with a one-year term to maturity to a business. During the year the money is illiquid and cannot be collected by the bank. After securitization, however, this credit claim can be packaged into a security and sold off by the bank to recoup its outlay, so it no longer needs to wait to maturity to collect. In this way banks can recoup their funds earlier and continue to lend money. Because this cycle can be repeated, the bank is able to loan out several times the value of its original 100 million yuan.

Which assets can be turned into securities? Credit asset securitization can be divided into either mortgage-backed securitization (MBS) or asset-backed securitization (ABS) depending on the type of underlying assets that generate cash flows. MBSs take mortgages as their asset base, while ABSs take assets other than mortgages, including car loans, credit card loans, road, water, other infrastructure loans, and so on. Many assets can be securitized, including not only mortgage loans and general securities, but also business assets, such as a building, a portfolio of stocks, bonds, valuables, illiquid assets, and assets that are expected to generate cash flow into the future.

擴充閱讀 Supplementary Reading

雷曼兄弟破產與次貸危機的爆發
Lehman Brothers' Bankruptcy and Outbreak of the Subprime Crisis

主播王端端　　今天我們首先來關注美國次貸危機愈演愈烈。華爾街目前正遭遇一場來勢洶洶的金融風暴。由於涉及次貸虧損嚴重，潛在的收購者相繼退出了談判，有着158年歷史的美國第四大投資銀行雷曼兄弟公司15號[5]申請破產保護。與此同時，美國第三大投資銀行美林證券公司身處困境，最終被美國銀行收購。曾經的華爾街五大投資銀行，僅剩下了兩家，全球金融市場面臨着重新洗牌的重大變局。受金融業震盪的影響，當天美國紐約股市全線暴跌。

　　雷曼兄弟公司15號向法院遞交了破產保護申請，一旦申請得到批准，雷曼兄弟將在破產法庭監督下走向重組之路，這也創下了十八年來美國金融界最大的一起破產案。此前雷曼兄弟公司因為美國次貸危機遭受嚴重損失，一直在尋找

5　這裏指2008年9月15日。

買家，以便籌集資金，度過難關。英國第三大銀行巴克萊銀行和美國銀行曾經表示有意收購雷曼兄弟公司，但在美國政府拒絕為收購行動提供擔保以後，兩家公司宣布放棄收購行動。同一天，美國第三大投資銀行美林證券的命運也發生了劇變，因為次貸危機陷入困境的美林證券最終同意被美國銀行收購。15號，美國銀行和美林證券聯合舉行新聞發布會，宣布了這項總價為 500 億美元的收購協議。這筆交易使美林避免成為下一個次貸危機的犧牲品，並有望造就一家全球銀行業的巨無霸，然而美林作為一大金融巨頭的獨立地位也同時成為歷史。雷曼兄弟、美林證券，加上半年前賣給摩根大通的貝爾斯登公司，華爾街五大投行僅剩下高盛集團和摩根士丹利公司。美國金融業震盪極大打擊了投資者對美國經濟的信心，紐約股市 15 號遭受重挫，道瓊斯指數暴跌 500 多點，標準普爾指數跌幅達 4.71%，納斯達克綜合指數跌幅達到了 3.6%，國際油價大幅下挫到每桶 95 美元的水平。

　　華爾街正面臨着百年一遇的金融風暴的考驗，市場對美國金融界的擔憂情緒在逐漸蔓延。15號，美國總統布什在白宮給市場打氣，他表示，相信美國經濟的健康程度足以經受金融市場危機帶來的衝擊。布什當天在白宮發表講話說，美國政府正在採取措施以減少目前金融市場局勢對經濟的破壞作用，爭取將這場危機對經濟的影響減少到最小程度。他說，到目前為止，他對財政部、美聯儲以及大金融機構為穩定金融市場所做的工作表示滿意。

President Bush	As policymakers, we are focused on the health of the financial system as a whole. In the short run, adjustments in the financial markets can be painful. In the long run, I am confident that our capital markets are flexible and resilient and can deal with these adjustments.
布什總統	作為決策者，我們集中關注金融系統作為一個整體的健康狀況。從短期來看，金融市場的調整是痛苦的；從長遠看，我相信我們的資本市場是靈活和富於彈性的，能夠應對這些調整。
王端端	就華爾街遭遇金融颶風的消息馬上連線的是本台駐美國記者吳漢嬰。漢嬰，你好！
吳漢嬰	你好，端端！
王端端	請你給我們介紹一下當地媒體是如何分析的，就是雷曼兄弟公司的破產還有美林證券被兼併，到底會給美國經濟乃至全球的金融市場造成多大的衝擊呢？還有美國政府有沒有提出來應對的措施呢？

吳漢嬰	嗯，好的。雷曼兄弟公司是美國抵押證券市場上最大的承銷商，它在華爾街生存了158年，曾經在19世紀的鐵路破產風波中倖存，也幸運地躲過了上世紀30年代"大蕭條"的衝擊，但這次，在次貸危機的衝擊下卻是難逃厄運。但壞消息還遠遠不止這一個。在半年的時間裏，華爾街排名前五名的投資銀行已經垮掉了三家，其他的還包括貝爾斯登和美林證券，華爾街五家巨頭目前僅剩下了摩根士丹利和高盛集團兩家。雷曼兄弟面臨破產的消息也讓全球股市遭遇了"黑色星期一"。然而人們也許還要面對更壞的時刻，全球最大保險公司美國國際集團目前也被視為下一個雷曼。有分析師預測，世界金融體系的板塊結構正在發生改變，從中將誕生一個金融世界的新秩序。美聯儲周日聯合美國十大銀行，成立700億美元的平準基金，用來為存在破產風險的金融機構提供資金保障，以確保市場的流動性。市場上現在有猜測，即將在周二召開理事會的美聯儲，很可能還將有進一步的措施，包括降低利率等，來阻止次貸危機的進一步加劇。
王端端	好的，謝謝吳漢嬰在美國為我們作的介紹。

詞語釋義 Glossary

简体	繁體	拼音	英文
次贷危机	次貸危機	cì dài wēi jī	subprime mortgage crisis
来势汹汹	來勢洶洶	lái shì xiōng xiōng	raging; fierce; furious
收购者	收購者	shōu gòu zhě	buyer
相继	相繼	xiāng jì	successively
美林证券	美林證券	měi lín zhèng quàn	Merrill Lynch
美国银行	美國銀行	měi guó yín háng	Bank of America (BOA)
重新洗牌	重新洗牌	chóng xīn xǐ pái	reshuffle
变局	變局	biàn jú	change in the situation or circumstances
金融业	金融業	jīn róng yè	financial industry
纽约股市	紐約股市	niǔ yuē gǔ shì	New York Stock Exchange (NYSE)
全线暴跌	全線暴跌	quán xiàn bào diē	tumble across the board
法院	法院	fǎ yuàn	legal court
破产法庭	破產法庭	pò chǎn fǎ tíng	bankruptcy court
监督	監督	jiān dū	supervise; oversee
筹集资金	籌集資金	chóu jí zī jīn	raise funds; fund-raising
难关	難關	nán guān	predicament; difficulty; adversity

简体	繁體	拼音	英文
巴克莱银行	巴克萊銀行	bā kè lái yín háng	Barclays
剧变	劇變	jù biàn	drastic change
新闻发布会	新聞發布會	xīn wén fā bù huì	press conference
牺牲品	犧牲品	xī shēng pǐn	victim
造就	造就	zào jiù	create; establish
巨无霸	巨無霸	jù wú bà	powerhouse
重挫	重挫	zhòng cuò	serious setback
道琼斯	道瓊斯	dào qióng sī	Dow Jones
指数	指數	zhǐ shù	index
标准普尔	標準普爾	biāo zhǔn pǔ ěr	Standard & Poor's
跌幅	跌幅	diē fú	decline (by percentage)
纳斯达克	納斯達克	nà sī dá kè	NASDAQ
油价	油價	yóu jià	price of oil
下挫	下挫	xià cuò	decline; drop
蔓延	蔓延	màn yán	spread; extend
布什	布什	bù shí	George W. Bush
白宫	白宮	bái gōng	White House
打气	打氣	dǎ qì	encourage; boost morale
采取措施	採取措施	cái qǔ cuò shī	take measures
财政部	財政部	cái zhèng bù	Department of the Treasury
飓风	颶風	jù fēng	hurricane; fig. (financial) turmoil
兼并	兼併	jiān bìng	acquire; take over
抵押证券市场	抵押證券市場	dǐ yā zhèng quàn shì chǎng	mortgage-backed security (MBS) market
风波	風波	fēng bō	turmoil; disturbance
幸存	倖存	xìng cún	survive
难逃厄运	難逃厄運	nán táo è yùn	be doomed
远远不止	遠遠不止	yuǎn yuǎn bù zhǐ	far more than
排名	排名	pái míng	ranking
垮掉	垮掉	kuǎ diào	collapse
保险	保險	bǎo xiǎn	insurance
美国国际集团	美國國際集團	měi guó guó jì jí tuán	American International Group (AIG)
世界金融体系	世界金融體系	shì jiè jīn róng tǐ xì	global financial system
秩序	秩序	zhì xù	order
平准基金	平準基金	píng zhǔn jī jīn	stabilization fund
资金保障	資金保障	zī jīn bǎo zhàng	funding guarantee
理事会	理事會	lǐ shì huì	Board of Governors
猜测	猜測	cāi cè	speculate
加剧	加劇	jiā jù	aggravate

第八章

2008 年金融危機是怎麼釀成的？

"金融高度發展到今天，這個大海裏已經沒有任何可阻攔海水流動的東西了。"

　　　　　　——李小加（現任香港交易所行政總裁，摩根大通前任中國區主席）

Today, the finance industry has developed into such a vast ocean that nothing can impede its flow.

　　　　　　—— Charles Li, Chief Executive of HKEX, former Chairman of JP Morgan China

導言 Introduction

2008年的金融危機又被稱為次貸危機。這場危機由雷曼兄弟公司破產而引發，導致美國乃至世界各國的金融體系遭受重創，股市崩盤、資產縮水、公司破產、失業率劇增，經濟發展急轉直下。2014年，在採取了六年之久的量化寬鬆和政府大規模購買金融資產等經濟刺激政策之後，美國經濟才從低谷中緩慢復蘇。人們常常把這場危機所導致的經濟衰退與1929年的經濟大蕭條相比較，它的嚴重性可想而知，它的重要性不言而喻。

那麼，到底什麼是次貸？它又是如何演變成一場波及全球的金融危機的呢？本章所截取的這段李小加博士的演講以簡明清晰的語言闡明了2008年次貸危機的前因後果，滿足了包括非金融專業學者在內的感興趣人士對這段歷史的求知欲望。

The 2008 financial crisis, also called "sub-prime mortgage crisis," spread globally when Lehman Brothers filed for bankruptcy in September of that year. The United States, as well as economies across the globe, underwent a crash with unprecedented asset and capital loss. In addition to businesses experiencing the devastating effects of the financial crisis, the U. S. unemployment rate skyrocketed while the global economy nosedived. In 2014, after a six-year period of economic relief efforts via remarkably loose monetary policies, primarily in the form of quantitative easing and government purchases of financial assets on an unprecedented scale, the American economy began a slow yet steady recovery. There is frequent comparison of the 2008 financial crisis to the Great Depression of 1929, and this comparison underscores the severity of the 2008 financial crisis. It goes without saying that pursuit of a deeper understanding of such a cataclysmic event is of critical importance.

What, exactly, are "sub-prime mortgages"? How did they catalyze a financial disaster that infected global markets? This lecture by Dr. Li Xiaojia, in precise and understandable language, explains the causes and consequences of the 2008 subprime financial crisis. This information not only satisfies those with a casual interest in the financial world, but also suits the needs of qualified professionals who also seek a deeper understanding of this issue.

第一節　什麼是次貸？

1.1　投行的演變

李小加[1]　從二戰以後，有差不多四五十年，我認為，可以把它看作是一種華爾街的 "不惑之年"，這時候，它可能像四十歲的人一樣已經過了不惑之年。它戰後繁榮了四十年，在這繁榮中間，美國非常發達，華爾街非常強大，全球都把華爾街當作金融的中心。到了 2000 年新世紀以後，我覺得華爾街可能進入了一個新的階段，我們不妨把華爾街比喻成進入了半百了 —— 五十歲的人。五十歲的人是什麼情況呢？這個時候，它已經在世界上是絕對的領導者 —— 軍事上的絕對霸主、經濟上的絕對領導，那這個時候就像一個養尊處優的五十多歲的人，已經非常胖了，營養非常地過剩，而這個時候，他的身體裏的疾病也開始逐漸地出現了。我們今天回過頭來看華爾街，我想五十歲的狀態，一個最集中的表現就是金融產品泛濫。從投資銀行角度來看，投資銀行在歷史上實際上是一種比較簡單的公司，它就是把世界上有錢人和沒錢的人結合在了一起。本來應該比較簡單的兩頭大、中間小的這樣一種傳統的業務模式，在它五十歲以後肚子脹起來了，它肚子脹得非常大，就是中間的這一塊業務叫作交易業務、自營業務，也就是說，它自己產生了很多產品，有些產品是自己創造出來的，發明出來的，有些是賣給了投資者，有些賣給了融資者，有些索性就在進行交易。那這一塊的業務實際上已經遠遠大於傳統的兩頭重、中間輕的業務，所以，這樣呢，似乎這個肚子就脹起來了，這也就是為什麼過去這十年華爾街賺錢最多的、最盈利的是交易部門。而華爾街過去十年裏的利潤是非常大的，主要就是在這中間自營的時候產生出很多的產品，這些產品，次貸是其中之一。

1.2　次貸的產生

沒有貸款資質的人為什麼能夠獲得貸款？一場房地產次級貸危機怎樣通過逐級的放大最終釀成全面的金融危機？

---

[1]　李小加：美國哥倫比亞大學法學博士，曾任美林證券和摩根大通中國區主席、執行總裁，2010 年起任香港交易所行政總裁。

李小加　　　到底什麼東西是次貸？次貸不是大事，但是次貸變成了大事，它有三級放大：第一步，它經過了一個打包評級的放大，因此變大了；又經過了一個槓桿的放大，又變大了；又經過了一個擔保的放大，又變大了。本來一個基本上可以控制住的次貸規模，經過三級的放大，變成了一個非常大的金融客體，產生了一個很大的問題。同時，由於房地產下滑、經濟放緩等等一系列原因，次貸本身裏面的價值開始出現貶值。可是一出現貶值，如果簡單的貶值也沒有問題，但在貶值的過程中間又經過了三次加速，這三次加速——會計減值的加速、賣空的加速、又一次評級降級的加速，這三個加速使一個高速膨脹的次貸從一個有限的問題變成了個巨大的問題。而這個巨大的問題"應聲倒地"，在很短的時間內三級的加速，造成了我們今天的問題。

那我們就首先來看一下次貸本身，次貸其實很簡單，次貸就是把錢借給了不應該借給他錢的人，有些銀行把錢借給了不應該借給他錢的人。這些次貸的借貸人有幾個重大特性：第一，他們的收入都不夠；第二，他們都沒有什麼真正的資信的條件和歷史。或者是他們錢還不少，也有富人是次貸的（借款人），那是什麼人呢？他買好幾個房子，好幾個豪宅，等他買到第三、第四個豪宅的時候，他實際上已經是沒有什麼錢買豪宅了，所以，從信用上來說，不應該把錢借給他們來買這些房子。由於沒首付，看到一百萬的房子，昨天還住公寓呢，今天突然看了一個漂漂亮亮的房子，太太說："趕快咱們買吧，你看又不要首付，不買白不買。"那就馬上住進去了。同時，月供又很低，月供為什麼低呢？在2002、2003年這個時候，由於網絡崩潰以後，為了刺激經濟，拼命地降利率，所以利率非常低。而利率低，發出來這些按揭都是低息的，但是，頭兩年是固定低息，然後是浮動利息，是這樣的一種特點。大家可以看到了，收入不夠、沒有資信條件、不加首付、又很低的月供，碰到這樣的便宜事兒，我想，我們很多的人都會說，那何樂而不為呢？尤其是大家說，反正房價這麼多年天天都在上漲，就算房價上漲了以後，實在是還不起了，咱們把房子賣了還能賺點錢。銀行也是這樣想，借給他沒事，儘管他還不起，儘管他沒錢，過兩天漲價了，把房子賣了，我們也沒問題，所以不怕。借，借了還可賺錢，所以說，這"次貸"就產生了。

詞語釋義 Glossary

简体	繁體	拼音	英文
不惑之年	不惑之年	bú huò zhī nián	Confucian expression: 40 years old and the height of maturity
养尊处优	養尊處優	yǎng zūn chǔ yōu	enjoy wealth and prestige
营养	營養	yíng yǎng	nutrition
过剩	過剩	guò shèng	excessive; glut
泛滥	泛濫	fàn làn	deluged; flooding; inundated overflowing
业务模式	業務模式	yè wù mó shì	business model
自营业务	自營業務	zì yíng yè wù	proprietary business
创造	創造	chuàng zào	create
投资者	投資者	tóu zī zhě	investor
融资者	融資者	róng zī zhě	borrower; issuer
次贷	次貸	cì dài	subprime mortgage
资质	資質	zī zhì	qualification
房地产	房地產	fáng dì chǎn	real estate
逐级	逐級	zhú jí	gradually; progressively
放大	放大	fàng dà	amplify; magnify
担保	擔保	dān bǎo	guarantee; vouch
下滑	下滑	xià huá	fall; slump
经济放缓	經濟放緩	jīng jì fàng huǎn	economic slowdown
价值	價值	jià zhí	value
贬值	貶值	biǎn zhí	depreciate
加速	加速	jiā sù	accelerate
会计减值	會計減值	kuài jì jiǎn zhí	account impairment
卖空	賣空	mài kōng	short sell
降级	降級	jiàng jí	downgrade
膨胀	膨脹	péng zhàng	inflated; expand; swell
有限	有限	yǒu xiàn	controllable; containable
应声倒地	應聲倒地	yīng shēng dǎo dì	collapse suddenly; crumble
资信	資信	zī xìn	credit score
豪宅	豪宅	háo zhái	mansion
首付	首付	shǒu fù	down payment
月供	月供	yuè gòng	monthly installment; monthly mortgage payment
崩溃	崩潰	bēng kuì	collapse
按揭	按揭	àn jiē	mortgage
低息	低息	dī xī	low interest rate
固定	固定	gù dìng	fixed
浮动利息	浮動利息	fú dòng lì xī	adjustable rate

第二節　打包評級與次貸的第一級放大

李小加　　次貸產生本來並不可怕，不是什麼大事，因為真正敢借錢給次貸人的公司沒幾家，一些小的銀行，儲蓄銀行、當地銀行，它借個十幾款，比如一個小的分行借上十幾個人以後，它自己也就不敢再借了，它佔用自己的資金已經很大，這事兒也就沒有多大的規模。但是，它經過了第一級的放大，什麼叫作第一級的放大？就是叫"打包"和"評級"。什麼概念呢？就是把很多的次貸，很多人，一百個人、上千個人，把這一千個人的次貸合同放在一個包裹，全部把它放到一個特殊目的公司裏面去。評級的時候，就給這些放進來的次貸發一個債券，這個債券咱們評一個級，這個評級是關鍵。

評級這裏指的是信用評級，是專業機構對債務人就某一特定債務能否準時還本付息的能力及意願加以評估，分為資本市場、商業市場及消費者等三類評級，其中資本市場評級居核心地位。

李小加　　評級完了以後他說什麼呢？他說這一百個人都是次貸，都是不怎麼好的人，都是資信不怎麼樣，估計有問題，但是，看看過去的房地產的歷史，評級公司也在算數，這一百多個人，過去的房地產都一直往上漲，應該沒大問題。第二，一百個人，過去的人口調查，只有百分之二、三的人不付，大部分人都會付的，沒問題。所以說，咱們評級這樣（來辦），為了給自己留點餘地，這個評級裏面，有85% 的人只要交錢，那這個錢就先給這些 3A^2 級別的債券持有者。那就意味着什麼呢？就是它做了一個結論，這個結論實際上是沒問題，就是一百個人裏面不可能全都同時不交錢，會有個別的違約，但是大部分不違約，那也就意味着，只要 99.999% 的情況下，八十五個人不違約，那這八十五個人交的這些錢，只要進來，甭管是誰進來的，都給這些 3A 的持有者。所以說，評級公司就是人為地把這一百個次貸人進來的現金流變成了兩、三部分，比如說，B 和 C 就是這種很低級的、風險很大的，剩下的沒有風險的百分之七八十變成了 3A。這個時候評級公司說，好，我覺得評級估計沒問題，是 3A。那這些 3A 就賣給了很多投資者，這些傳統投資者以前是不可能去沾這個

2　3A 指評級機構評級的最高級 AAA，詳見第八章的關鍵商業術語與概念（Key Business Terminology）：信用評級。

次貸的，但是由於今天有人蓋了個戳，説這個是3A了，沒問題了，可以買了。他們，比如説，學校的教師、很多的政府僱員，這些人都是很保守的，他們要求這個錢都是屬於沒有風險的，那他們一看3A，就買了。可是，他們為什麼非得買這個呢？他們可以買美國國庫券，那不是更安全嗎？可是美國國庫券不如這個收益率高。因為次貸利息高，所以説，對於這些投資者來説，願意買這些次貸，因為回報高，同時又是3A，心理上又安定了，因此，打包和評級實現了次貸的第一次飛躍。如果光是評級，光是打包，也沒什麼問題，這兒如果能打斷，也還不會成為那麼嚴重的問題，但是，下面的問題就是實現了第二級放大，我們叫它"槓桿放大"。

詞語釋義 Glossary

简体	繁體	拼音	英文
储蓄银行	儲蓄銀行	chǔ xù yín háng	savings bank
款	款	kuǎn	loan
分行	分行	fēn háng	branch
特殊目的公司	特殊目的公司	tè shū mù dì gōng sī	Special Purpose Vehicle (SPV)
债券	債券	zhài quàn	bond
信用评级	信用評級	xìn yòng píng jí	credit rating
债务人	債務人	zhài wù rén	debtor; borrower
债务	債務	zhài wù	debt
还本付息	還本付息	huán běn fù xī	service the loan
商业市场	商業市場	shāng yè shì chǎng	commercial market
余地	餘地	yú dì	room to breathe; room to move; leeway
债券持有者	債券持有者	zhài quàn chí yǒu zhě	bondholder
违约	違約	wéi yuē	default
甭管	甭管	béng guǎn	no matter; regardless
现金流	現金流	xiàn jīn liú	cash flow
戳	戳	chuō	stamp; seal
政府	政府	zhèng fǔ	government
雇员	僱員	gù yuán	employee
保守	保守	bǎo shǒu	conservative
国库券	國庫券	guó kù quàn	government debt; treasury bond
收益率	收益率	shōu yì lǜ	rate of return
回报	回報	huí bào	return
飞跃	飛躍	fēi yuè	flourish; leap

第三節　金融槓桿與次貸的第二級放大

　　槓桿交易[3]是一種以小錢做大倉位的交易，例如，如果買100元證券，2倍的槓桿度中需要50元就可以交易。槓桿交易可能帶來倍增的利潤，也可能令投資者的虧損因槓桿的比率而放大，放大的程度與槓桿度有關。

李小加　很多的投資銀行，包括有些大型的商業銀行專門做自營的部分，他們突然說，我幫助很多的投資者買賣這種3A的證券的時候，發現這個玩意兒也挺好，賺錢也挺多，我幹嘛光幫人家做經紀呢？我也自己買一些吧，結果就買了很多。而且他們認為，由於他們買了一個很大的庫存，這樣所有買賣這個債券的人在中間又可以有價差。他們發現買得越多，然後整個房地產在上升，這種次貸價值也在上升，還在賺錢，何樂而不為呢？所以說，這些投資銀行就開始大規模進貨，買這種所謂靠他們支撐的3A的證券。可是這裏面有個大問題，前面講那些傳統投資者都是拿着自己的真金白銀在買的，是自己的股錢[4]買的；而大部分的投資銀行，或者是對沖基金，或者是有些金融機構，他們的股本金是很小的，他們1塊錢做着30塊錢的生意，也就是說，他們可以拿30塊錢來買這些東西，那就意味着他們本身只有1塊錢，結果買了30塊錢的貨。因此，這個放大，對於次貸的放大又是一級新的放大，而這個放大規模也是不得了的。如果就到這兒停了，似乎也就完了，這些投資銀行是不是稍微地受些損失以後，慢慢也就沒什麼大問題了。

詞語釋義 Glossary

简体	繁體	拼音	英文
证券	證券	zhèng quàn	security
杠杆度	槓桿度	gàng gǎn dù	leverage ratio
倍增	倍增	bèi zēng	multiply
比率	比率	bǐ lù	ratio
玩意儿	玩意兒	wán yì er	stuff
干嘛	幹嘛	gàn ma	why
经纪	經紀	jīng jì	brokerage

3　詳見第八章的關鍵商業術語與概念（Key Business Terminology）：金融槓桿。

4　這裏的"股錢"指的是"股本金"。

简体	繁體	拼音	英文
价差	價差	jià chà	spread
真金白银	真金白銀	zhēn jīn bái yín	hard cash
股本金	股本金	gǔ běn jīn	share capital; equity capital
不得了	不得了	bù dé liǎo	horrendous; unbelievable

第四節　CDS 與次貸的第三級放大

李小加　現在出現了第三級的放大，是更可怕的放大。那這個放大是什麼呢？就是擔保的放大。有時評級公司評了 3A，投資者不信，或者說，評出來的只有 2A[5]，甚至只有 1A[6]，那投資者不信，投資者覺得還不夠有把握，這個時候有些保險公司站出來說，沒有關係，我來擔保這個東西吧，它賣了一個 CDS。

　　CDS 是 "信用違約互換" 的縮寫，是目前全球交易最為廣泛的場外信用衍生品。CDS 的出現使得信用風險可以像市場風險一樣進行交易，解決了信用風險的流動性問題，從而轉移擔保方風險，同時也降低了企業發行債券的難度和成本。

李小加　現在更有風險了，因為這些保險公司做的這個保險不像我們平常買的保險，生命保險、房屋保險、著火保險，是受保監會嚴格控制的，它資本金一定要到位。而這些保險是以一種 CDS 形式，這些保險是表外的，沒有給予充足的資本金擺在那兒的，因此，一旦這個東西出現縮水，保險公司對這種保險產品沒有資本（準備）金怎麼辦？隨着三級放大以後，就使得本來是一個比較有限的次貸，經過評級打包，經過槓桿（槓桿就是大規模的舉債），經過擔保變成非常巨大的問題。

詞語釋義 Glossary

简体	繁體	拼音	英文
保险公司	保險公司	bǎo xiǎn gōng sī	insurance company
信用违约互换	信用違約互換	xìn yòng wéi yuē hù huàn	Credit Default Swap (CDS)
缩写	縮寫	suō xiě	abbreviation

5　2A 指評級機構評級的 AA 級，詳見第八章關鍵商業術語與概念（Key Business Terminology）：信用評級。

6　1A 指評級機構評級的 A 級，詳見同上。

简体	繁體	拼音	英文
场外	場外	chǎng wài	over-the-counter (OTC)
衍生品	衍生品	yǎn shēng pǐn	derivative
流动性	流動性	liú dòng xìng	liquidity
发行	發行	fā xíng	issue
生命保险	生命保險	shēng mìng bǎo xiǎn	life insurance
房屋保险	房屋保險	fáng wū bǎo xiǎn	home insurance
着火保险	著火保險	zháo huǒ bǎo xiǎn	fire insurance
保监会	保監會	bǎo jiān huì	China Insurance Regulatory Commission (CIRC)
资本金 (资本准备金)	資本金 (資本準備金)	zī běn jīn	capital reserves
到位	到位	dào wèi	in place
表外	表外	biǎo wài	off balance sheet (OBS)
举债	舉債	jǔ zhài	borrow

第五節　對次貸危機根源的探討

　　在美聯儲主席伯南克和財長保爾森的撮合下，2008年3月16日摩根大通吃下了瀕臨破產的貝爾斯登公司，最後付出的價格相當於每股10美元。僅在一周之前，貝爾斯登的股價還在30美元上下，而在2007年1月，其股價曾高達170美元。從2007年夏天開始的次貸危機使這家有着八十五年歷史的著名投行轟然倒地。而在當時，只有很少的人嗅出了其中的危險味道，但即使當時最悲觀的預測者也沒有預測到半年後華爾街上演的戲劇性場面。

李小加　我覺得很多人都預測到了，比如像巴菲特，我記得，他實際上在2002年的時候就開始説，他認為衍生產品工具是一個金融的大規模殺傷武器。很多人，包括很多學者都早早地看到了有問題出現，但我想，問題不在於誰當時看到了什麼，關鍵是誰看到了什麼以後，能説出意味着什麼。大家都覺得是有問題，因為次貸的問題是很早就提出來了，但是次貸為什麼能夠滾雪球般地滾成今天這樣（大），我覺得沒有人當時看得到，而且我敢斷言，沒有人在半年前看得到，我也敢斷言沒有人三個月前就能看得到，我甚至敢斷言兩個月前也沒有人知道會是今天這個樣子，甚至説一個月前。因為如果説三個月以前知道了，這樣的話，也許雷曼兄弟就不會倒了呢？如果六個月以前就知道了的話，是不是1000億美金的救市（計劃）就早早宣布了，不是今天宣布7000億了？在華爾街，你們每年掙這麼多的錢，怎麼居然這樣的事情就看不出來呢？到底是什麼出錯了呢？什麼東西把我們帶到了崩潰的邊緣呢？這種問題是所有的人，我們金融界的人在問，經濟界的人在問，現在老百姓都在問，因為大家實在是不可理解。美國如此之大的經濟，世界如此之大的經濟，在前些年開始說有次貸的問題，後來叫次貸的"風波"，最後變成次貸的"風暴"，今天演變成全球的一種危機，甚至說接近於崩潰。

觀眾　這次金融危機是否與人的貪婪、與人的道德有關係？它的主要幾大原因在哪裏？

李小加　我想，我們在探討這次金融危機的道德根源的時候，大家比較容易得出的結論，而且比較容易接受的觀點，就是貪婪造成的，甚至是欺詐造成的，就是有很多人知道他們在幹什麼，最後造成了今天。我自己作為一個在華爾街本身從事金融的工作人員，身在其中。我個人認為，像這麼大規模的風暴，不可能是個人所能左右的。無論是它有多大的誘惑，無論是它有多大的欺詐意圖，是不是每個人在這裏面都有一點小的貪婪，都有一點小的奢望，都有一點小的僥倖，就認為，只要次貸不是停在我的資產負債表上，反正是賣給別人的，反正只要有人買，又有人評級，儘管知道評級的原理可能並不一定完全對，咱們也就讓它過了。是不是每個人都有點這樣呢？我覺得是肯定的。整體來說，大家都要檢討。我們的一點一滴的這樣的過錯，綜合起來有可能是它的根源，但是我相信，至少這次的金融危機是沒有人能夠在當時看得到的，也沒有人能夠想得到的。這是金融高度發展到今天，這個大海裏已經沒有任何可阻攔這個海水流動的東西了。

詞語釋義 Glossary

简体	繁體	拼音	英文
伯南克	伯南克	bó nán kè	Ben Bernanke, Chairman of Federal Reserve (2006–2014)
保尔森	保爾森	bǎo ěr sēn	Henry Paulson, Secretary of U.S. Department of the Treasury (2006–2009)
撮合	撮合	cuō hé	orchestrate
濒临	瀕臨	bīn lín	on the verge of

简体	繁體	拼音	英文
股价	股價	gǔ jià	stock price
嗅	嗅	xiù	sniff; smell
巴菲特	巴菲特	bā fēi tè	Warren Buffett, Chairman and CEO of Berkshire Hathaway Inc.
杀伤武器	殺傷武器	shā shāng wǔ qì	lethal weapon
断言	斷言	duàn yán	assert
救市	救市	jiù shì	bailout
出错	出錯	chū cuò	went wrong; make mistake
边缘	邊緣	biān yuán	verge
风暴	風暴	fēng bào	turmoil; storm
贪婪	貪婪	tān lán	greedy
道德	道德	dào dé	moral
探讨	探討	tàn tǎo	probe
根源	根源	gēn yuán	root; cause; origin
结论	結論	jié lùn	conclusion
欺诈	欺詐	qī zhà	fraud
意图	意圖	yì tú	intention
奢望	奢望	shē wàng	pipe dream; fantasy
侥幸	僥倖	jiǎo xìng	luck; fluke
资产负债表	資產負債表	zī chǎn fù zhài biǎo	balance sheet; statement of financial position
原理	原理	yuán lǐ	principle; basis
过错	過錯	guò cuò	fault; mistake

關鍵商業術語與概念 Key Business Terminology

1 信用評級

　　信用評級是信用機構對某一政府或某一公司作為債務人履行償還債務信用能力的評估，也是貸款人最重要的借鑒指標之一。評級分為 ABCD 四級，最高是 3A 級，表示風險級別最低的債務；最低是 D 級，表示無償債能力；從 2A 級至 3C 級，每個級別都可用加號（＋）或減號（－）來顯示信用高低程度。三家世界公認的國際評級機構是標準普爾（簡稱"標普"）、穆迪投資者服務公司、惠譽國際信用評級有限公司。標普和穆迪是美資評級機構，惠譽國際是法資的評級機構。

1 Credit Rating

　　Credit ratings are used by credit institutions to judge the ability of government or corporate debtors to repay debt. It is one of the most important financial indicators for a lender. Credit ratings rely on letter designations of A, B, C, or D. The highest rating, AAA, refers to debt with the lowest risk of default. The lowest credit rating is D, which represents insolvency. Ratings AA and CCC can each have plus (+) or minus (-) to indicate higher or lower credit ratings. The three international credit rating agencies recognized in international finance are Standard and Poor's (S & P), Moody's Investors Service, and Fitch Ratings. S & P and Moody's are American credit rating agencies, Fitch is a French credit rating agency.

2 金融槓桿

槓桿原本是一種工具，使用它就可以用較小的力氣撬動較大的物體。把槓桿原理用到金融投資上，就成為一種"借債投資"的手段，即用很少的錢，做10倍或20倍以上的投資，用借來的資金來為自己賺錢。它可能帶來倍增的收益，也可能令投資者的虧損因槓桿的比率而成倍放大。

舉一個有點極端的例子，2008年金融危機發生時，投資銀行一般採用20–30倍槓桿操作。銀行A自有資金為3億美元，30倍槓桿就是90億美元。如果銀行A以自有資金3億美元為抵押，再借87億美元去投資的話，假設盈利5%，銀行A就得到4.5億美元的盈利，這相當於150%的暴利。但是，假如虧損5%，就是虧損4.5億美元，相當於銀行A不僅賠光了自己的全部資金還欠1.5億美元，再加上借款的利息要還。所以說，使用金融槓桿收益大，風險也很大。

2 Financial Leverage

Leverage literally refers to the force amplification of a lever that allows for a small amount of force to move large objects. Applying this principle of leverage to financial investments allows for the creation of a kind "investment with borrowed money" method. Using a lender's capital to generate returns, a small amount of money can be used to make an investment 10, 20, or even more times greater in size. Leverage can multiply investment gains, but it can also multiply losses, depending on the leverage ratio.

As an extreme example, during the 2008 Financial Crisis, investment banks regularly utilized leverage 20–30 times the amount of their capital holdings. Investment Bank A might use $300 million of its own capital to create an investment of $9 billion using 30 times leverage. Thus, Investment Bank A can use its $300 million as collateral to borrow $8.7 billion to invest. Assuming a return of 5%, the bank would receive $450 million in gains, a profit of 150%. However, should the investment drop by 5%, it would cause a loss of $450 million, causing the bank to lose all of its own capital and further be liable for $150 million, plus the interest on its borrowings. Therefore, while the gains from using financial leverage can be large, the risk is also great.

美債 "降級" 引發全球股市震蕩
American Sovereign Downgrade Roiled Global Stock Markets

　　受標普下調美國主權信用評級的影響，8號[7]紐約金融市場遭遇了黑色星期一。紐約股市三大股指全線大幅下挫：道瓊斯30種工業股票平均價格指數比前一個交易日下跌了634.76點，跌幅為5.55%，失守了11000點的重要心理關口；標準普爾500種股票指數跌了79.92點，跌幅為6.66%；納斯達克綜合指數下跌了174.72點，報收於2357.69點，跌幅達到6.90%。而衡量美國小企業股表現的羅素2000指數當天更是暴跌了8.9%，相較年內高點跌幅已經是超過20%，正式踏入熊市。分析人士將當天暴跌歸咎於兩個原因：一個就是美國主權信用被降級導致投資者信心面臨崩潰的邊緣；另一個因素則是美國解決債務問題的能力遭到質疑。此外，當天的股市暴跌還反映出投資者對美國經濟再度衰退的擔憂。標普首席投資策略師表示，標普認為美國經濟衰退的可能性為35%。

　　歐洲、拉美等地的股市在本周第一個交易日都是連帶遭遇了黑色星期一。在歐洲，德國、英國、法國和俄羅斯的股票指數8號都出現了暴跌：德國DAX指數暴跌5.02%，跌破了6000點心理關口，德國股市已經連續下跌8天，累計下跌超過了17%，為1990年9月份以來的最差表現；倫敦《金融時報》100指數跌幅達到3.39%；法國CAC40指數下跌4.68%；受市場恐慌情緒的影響，俄羅斯交易系統指數8號報收於1657.77點，跌幅為7.84%，銀行間外匯交易所指數報收於1499.79點，跌幅為5.5%。阿根廷股市8號雖然開盤時間最晚，但是在跌幅上卻遙遙領跑全球，阿根廷梅爾瓦指數下跌329.2點，創下了10.73%的跌幅紀錄，阿根廷一些金融專家將全球股市集體跳水歸咎於美國的不作為。在加拿大，全球第七大股票交易所——多倫多證券交易所綜合指數在上周重挫800點之後，8號再現暴跌走勢，收於11670.42點，下跌了491.75點，跌幅為4%；多倫多證券交易所創業板下跌129.20點，跌幅為7.13%。

　　另外，由於市場恐慌情緒蔓延，國際油價8號也出現了暴跌，紐約油價下跌超過6.4%，倫敦油價下跌超過5%。投資者避險情緒高漲，資金瘋狂地逃向黃金等避險天堂，金價突破了每盎司1700美元，單日漲幅超過4%，創歷史新高。

　　在美國主權信用評級被下調之後，另外一家國際評級機構穆迪投資者服務公

7　這裏指2011年8月8日。

司 8 號重申，如果美國財政及經濟前景持續惡化，穆迪將在 2013 年以前下調美國主權信用評級。不過與標普不同，穆迪顯得對美國政府更有信心一些，穆迪認為，美國依然具備符合 3A[8] 評級的特徵。另外穆迪相信，美國國會能在 2013 年之前達成新的削減債務協議。同一天，標準普爾公司還下調了美國住房貸款抵押融資公司房地美以及房利美的債務信用評級，兩家公司的評級都從最高級別 3A 被下調至下一級，至 AA+。

國際評級機構標準普爾 5 號[9]宣布將美國主權信用評級從頂級的 3A 級下調至 AA+ 級，這是美國歷史上第一次喪失 3A 主權信用評級。而為了穩定市場情緒，美國總統奧巴馬當地時間 8 號下午發表講話，奧巴馬說，儘管標普下調了美國信用評級，但是市場依然確認美國的信用是世界上最安全的。他說，無論評級機構的決定如何，美國仍然是 3A 國家。奧巴馬在講話中反駁了標準普爾對美國的負面展望，他說，政府有能力解決財政赤字問題，無論評級機構給予美國什麼信用評級，市場依然確認美國的信用是世界上最安全的。

Obama   Markets will rise and fall, but this is the United States of America. No matter what some agencies may say, we've always been, and always will be a triple-A country.

奧巴馬   股市總會有漲有跌，但是這就是美國。不管一些評級機構說什麼，我們一直都是，將來也會是 3A 級國家。

但面對當下美國經濟持續疲軟的現實境況，奧巴馬也承認，提振美國經濟面臨巨大挑戰。奧巴馬說，只要有足夠的政治意願，美國的經濟問題是可以解決的。美國目前面臨的真正經濟挑戰是要採取有效措施，提高長期財政的可持續性。他希望，美國信用評級被下調能給國會議員們帶來新的緊迫感，去解決美國長期的赤字挑戰。

---

8   3A 指信用評級的 AAA，詳見第八章的關鍵商業術語與概念（Key Business Terminology）：信用評級。

9   這裏指 2011 年 8 月 5 日。

詞語釋義 Glossary

简体	繁體	拼音	英文
标普 (标准普尔)	標普 (標準普爾)	biāo pǔ	Standard and Poor's
下调	下調	xià tiáo	downgrade
主权	主權	zhǔ quán	sovereign
股指	股指	gǔ zhǐ	stock index
全线大幅下挫	全線大幅下挫	quán xiàn dà fú xià cuò	tumble across the board
工业股票	工業股票	gōng yè gǔ piào	industrial stocks
平均价格指数	平均價格指數	píng jūn jià gé zhǐ shù	average price index
交易日	交易日	jiāo yì rì	trading day
失守	失守	shī shǒu	break through
心理关口	心理關口	xīn lǐ guān kǒu	psychological barrier
综合指数	綜合指數	zōng hé zhǐ shù	composite index
报收	報收	bào shōu	closed at
衡量	衡量	héng liáng	measure
表现	表現	biǎo xiàn	performance
罗素	羅素	luó sù	Russell
暴跌	暴跌	bào diē	plummet; tumble
熊市	熊市	xióng shì	bear market
归咎	歸咎	guī jiù	attribute to
质疑	質疑	zhì yí	call into question
首席投资策略师	首席投資策略師	shǒu xí tóu zī cè lüè shī	Chief Investment Strategist
拉美	拉美	lā měi	Latin America;
DAX 指数	DAX 指數	dɑx zhǐ shù	DAX Performance Index (German stock index)
跌破	跌破	diē pò	fall below
累计	累計	lěi jì	accumulate
《金融时报》	《金融時報》	jīn róng shí bào	*Financial Times*
CAC40 指数	CAC40 指數	cɑcõě zhǐ shù	CAC-40 index (French stock market index)
俄罗斯交易系统 指数	俄羅斯交易系統 指數	é luó sī jiāo yì xì tǒng zhǐ shù	Russian Trading System Index
银行间外汇交易所 指数	銀行間外匯交易所 指數	yín háng jiān wài huì jiāo yì suǒ zhǐ shù	Micex Composite Index
阿根廷梅尔瓦指数	阿根廷梅爾瓦指數	ā gēn tíng méi ěr wǎ zhǐ shù	Argentina's MERVAL Index
股市集体跳水	股市集體跳水	gǔ shì jí tǐ tiào shuǐ	pan stock markets crash
多伦多证券交易 所综合指数	多倫多證券交易 所綜合指數	duō lún duō zhèng quàn jiāo yì suǒ zōng hé zhǐ shù	Toronto Stock Exchange (TSX) Composite Index
走势	走勢	zǒu shì	trend; tendency; movement

简体	繁體	拼音	英文
多伦多证券交易所创业板	多倫多證券交易所創業板	duō lún duō zhèng quàn jiāo yì suǒ chuàng yè bǎn	TSX Venture Exchange
避险	避險	bì xiǎn	risk-averse
金价	金價	jīn jià	price of gold
突破	突破	tū pò	surpass
盎司	盎司	àng sī	ounce
涨幅	漲幅	zhǎng fú	increase (by percentage)
穆迪投资者服务公司	穆迪投資者服務公司	mù dí tóu zī zhě fú wù gōng sī	Moody's Investors Service
重申	重申	chóng shēn	reiterate
持续恶化	持續惡化	chí xù è huà	deteriorate progressively
国会	國會	guó huì	Congress
削减债务	削減債務	xuē jiǎn zhài wù	debt reduction
住房贷款抵押融资公司	住房貸款抵押融資公司	zhù fáng dài kǎn dǐ yā róng zī gōng sī	mortgage company
房地美	房地美	fáng dì měi	Freddie Mac
房利美	房利美	fáng lì měi	Fannie Mae
顶级	頂級	dǐng jí	the highest rate
反驳	反駁	fǎn bó	refute; rebate
负面展望	負面展望	fù miàn zhǎn wàng	negative outlook
财政赤字	財政赤字	cái zhèng chì zì	financial deficit
评级机构	評級機構	píng jí jī gòu	credit rating agency
疲软	疲軟	pí ruǎn	sluggish
国会议员	國會議員	guó huì yì yuán	congressperson

詞彙索引 Index of Glossaries[1]

A

---

1 序號表示該詞在文中出現的位置。其中，第一個數字表示第幾章；第二個數字若為 "1"，表示出現在此章的正文，若為 "2"，則表示出現在此章的擴充閱讀；第三個數字表示第幾小節，但如果沒有第三個數字，則表示此文的詞語釋義表只有一個。另外，有個別詞語會出現兩次，這表示這是一個多義詞，根據不同的上下文，詞語的意思有所不同。

Index numbers indicate where terms appear in the book. The first digit of each index number corresponds to the chapter in which the term appears. If the second digit is "1," the term appears in the main text of that chapter. If the second digit is "2," then the term appears in the supplementary reading. The third digit of each index number refers to the particular subsection of the text where the term appears. However, if the index number does not contain a third digit, the text has not been divided into subsections. In some cases, multiple index numbers have been assigned to the same term, indicating different meanings in different contexts.

简体	繁體	拼音	英文	序號
保尔森	保爾森	bǎo ěr sēn	Henry Paulson, Secretary of U.S. Department of the Treasury (2006-2009)	8.1.5.
包袱	包袱	bāo fu	burden	3.1.3.
报关	報關	bào guān	customs declaration	5.1.3.
保管	保管	bǎo guǎn	look after	2.2.
保护	保護	bǎo hù	protect; protection	5.1.5.
保监会	保監會	bǎo jiān huì	China Insurance Regulatory Commission (CIRC)	8.1.4.
宝洁	寶潔	bǎo jié	Procter & Gamble	1.2.
保留	保留	bǎo liú	retain	4.2.
宝马	寶馬	bǎo mǎ	BMW	5.1.5.
薄弱	薄弱	báo ruò	weak; vulnerable; frail	5.1.5.
报收	報收	bào shōu	closed at	8.2.
保守	保守	bǎo shǒu	conservative	8.1.2.
抱团取暖	抱團取暖	bào tuán qǔ nuǎn	lit. stick together to keep warm; fig. strength in numbers; merge for greater profit	6.1.2.
保险	保險	bǎo xiǎn	insurance	7.2.
保险公司	保險公司	bǎo xiǎn gōng sī	insurance company	8.1.4.
保险业	保險業	bǎo xiǎn yè	insurance industry	2.1.2.
保障	保障	bǎo zhàng	guarantee	2.2.
倍	倍	bèi	multiple; times	5.1.3.
贝宝	貝寶	bèi bǎo	PayPal	1.1.4.
贝尔斯登	貝爾斯登	bèi ěr sī dēng	Bear Stearns	6.1.4.
悲观	悲觀	bēi guān	pessimistic	6.1.3.
备忘录	備忘錄	bèi wàng lù	memo	6.1.1.
倍增	倍增	bèi zēng	multiply	8.1.3.
本金	本金	běn jīn	principal	2.2.
本钱	本錢	běn qián	start-up capital	5.1.1.
本土	本土	běn tǔ	local	5.1.5.
本土化	本土化	běn tǔ huà	localization	5.1.4.
本土市场	本土市場	běn tǔ shì chǎng	domestic market	5.2.
甭管	甭管	béng guǎn	no matter; regardless	8.1.2.
崩溃	崩潰	bēng kuì	collapse	8.1.1.
比方	比方	bǐ fāng	analogy	3.1.2.
避风港	避風港	bì fēng gǎng	safe haven	2.2.
壁垒	壁壘	bì lěi	barrier	5.1.5.
比例	比例	bǐ lì	proportion; ratio	2.1.2.
比利时	比利時	bǐ lì shí	Belgium	6.2.
比率	比率	bǐ lǜ	ratio	8.1.3.
逼迫	逼迫	bī pò	force; coerce	7.1.1.
笔数	筆數	bǐ shù	number (of business deals)	2.1.2.
避险	避險	bì xiǎn	risk-averse	8.2.
比重	比重	bǐ zhòng	proportion	3.1.1.
变革	變革	biàn gé	transformation; transform	4.1.1.
变更	變更	biàn gēng	transformation	3.2.

简体	繁體	拼音	英文	序號
便捷	便捷	biàn jié	quick and convenient	2.1.2.
变局	變局	biàn jú	change in the situation or circumstances	7.2.
编年历史	編年歷史	biān nián lì shǐ	chronicle	3.1.1.
变速箱	變速箱	biàn sù xiāng	gearbox	6.1.2.
边缘	邊緣	biān yuán	verge	8.1.5.
贬值	貶值	biǎn zhí	depreciate	8.1.1.
标普	標普	biāo pǔ	Standard and Poor's	8.2.
飙升	飆升	biāo shēng	skyrocket	5.1.1.
表外	表外	biǎo wài	off balance sheet (OBS)	8.1.4.
表现	表現	biǎo xiàn	performance	8.2.
标准	標準	biāo zhǔn	standard	4.1.2.
标准普尔	標準普爾	biāo zhǔn pǔ ěr	Standard & Poor's	7.2.26
濒临	瀕臨	bīn lín	on the verge of	8.1.5.4
冰解	冰解	bīng jiě	thaw	3.1.1.
剥离	剝離	bō lí	divest	4.1.4.
伯南克	伯南克	bó nán kè	Ben Bernanke, Chairman of Federal Reserve (2006–2014)	8.1.5.
波士顿咨询公司	波士頓諮詢公司	bō shì dùn zī xún gōng sī	Boston Consulting Group（BCG）	6.1.5.
播种机	播種機	bō zhǒng jī	seeder	4.1.2.
步步败退	步步敗退	bù bù bài tuì	series of defeats	3.1.3.
不得了	不得了	bù dé liǎo	horrendous; unbelievable	8.1.3.
不对称	不對稱	bú duì chēng	asymmetric; asymmetry	2.1.2.
不惑之年	不惑之年	bú huò zhī nián	Confucian expression: 40 years old and the height of maturity	8.1.1.
补救措施	補救措施	bǔ jiù cuò shī	remedy	2.2.
布局	布局	bù jú	overall arrangement	1.2.
布局	布局	bù jú	layout; roll out	4.2.
不可避免	不可避免	bù kě bì miǎn	unavoidable; inevitable	2.1.1.
不可思议	不可思議	bù kě sī yì	unimaginable; inconceivable	1.1.2.
不流通股	不流通股	bù liú tōng gǔ	non-tradeable share	3.1.3.
不情之请	不情之請	bù qíng zhī qǐng	presumptuous request	4.1.5.
不容忽视	不容忽視	bù róng hū shì	no one can afford to neglect	6.2.
布什	布什	bù shí	George W. Bush	7.2.
部长	部長	bù zhǎng	minister	6.2.

C

简体	繁體	拼音	英文	序號
C2C	C2C		consumer-to-consumer	1.1.2.
CAC40 指数	CAC40 指數	cacõě zhǐ shù	CAC-40 index (French stock market index)	8.2.
猜测	猜測	cāi cè	speculate	7.2.
财大气粗	財大氣粗	cái dà qì cū	deep pocket	1.1.2.
财富	財富	cái fù	wealth	5.2.
采购	採購	cǎi gòu	procurement; purchase	3.1.3.
采取措施	採取措施	cái qǔ cuò shī	take measures	7.2.

简体	繁體	拼音	英文	序號
财团	財團	cái tuán	consortium; financial group	7.1.1.
财务报表	財務報表	cái wù bào biǎo	financial statement	4.1.5.
财务损失	財務損失	cái wù sǔn shī	financial loss	3.1.3.
财务违约	財務違約	cái wù wéi yuē	financial default	4.2.
财政部	財政部	cái zhèng bù	Department of the Treasury	7.2.
财政赤字	財政赤字	cái zhèng chì zì	financial deficit	8.2.
参股	參股	cān gǔ	equity participation	3.1.2.
蚕食	蠶食	cán shí	erode; eat up; nibble	2.1.2.
参与	參與	cān yù	involve; involvement; participate in	3.1.3.
惨重代价	慘重代價	cǎn zhòng dài jià	heavy price	3.1.3.
仓位	倉位	cāng wèi	order; position; stake	7.1.3.
操盘	操盤	cāo pán	trade stock	4.2.
操作	操作	cāo zuò	operation	1.2.
测距镜	測距鏡	cè jù jìng	range finder	1.1.4.
策略	策略	cè lüè	tactic	4.1.2.
层出不穷	層出不窮	céng chū bù qióng	inexhaustible; innumerable succession	1.2.
差别	差別	chā bié	difference	4.1.3.
差异化	差異化	chā yì huà	differentiation	5.1.4.
拆借	拆借	chāi jiè	loan	2.2.
产量	產量	chǎn liàng	output	6.2.
掺杂	摻雜	chān zá	mix; mingle; involve	7.1.4.
长安	長安	cháng ān	Chang'an (an old name of Xi'an)	6.2.
场景化	場景化	chǎng jǐng huà	simulation	2.1.1.
场外	場外	chǎng wài	over-the-counter (OTC)	8.1.4.
长征	長征	cháng zhēng	Long March	4.1.2.
超额配售	超額配售	chāo é pèi shòu	over-allotment	1.2.
超越自己	超越自己	chāo yuè zì jǐ	surpass oneself	4.1.5.
沉重	沉重	chén zhòng	heavy	4.1.1.
沉醉	沉醉	chén zuì	indulge	2.1.2.
成本	成本	chéng běn	cost	1.1.4.
成本劣势	成本劣勢	chéng běn liè shì	cost disadvantage	5.1.5.
承诺	承諾	chéng nuò	commit; promise	7.1.3.
澄清	澄清	chéng qīng	clarify	3.2.
成效	成效	chéng xiào	effectiveness	5.1.4.
承销费	承銷費	chéng xiāo fèi	underwriting fee	7.1.4.
承销商	承銷商	chéng xiāo shāng	underwriter	1.2.
诚信	誠信	chéng xìn	honesty; integrity	1.1.4.
成长	成長	chéng zhǎng	growth; grow	5.1.1.
翅膀	翅膀	chì bǎng	wing	4.1.1.
驰骋四野	馳騁四野	chí chěng sì yě	gallop in all directions	3.1.3.
迟缓	遲緩	chí huǎn	sluggish; slow; tardy	1.1.4.

简体	繁體	拼音	英文	序號
吃苦耐劳	吃苦耐勞	chī kǔ nài láo	able to endure hardship	5.2.
吃力	吃力	chī lì	struggle and toil	4.2.
吃螃蟹者	吃螃蟹者	chī páng xiè zhě	daredevil; first person or entity with the courage to try something new	6.1.1.
持续恶化	持續惡化	chí xù è huà	deteriorate progressively	8.2.
迟疑	遲疑	chí yí	hesitation; hesitate	3.1.3.
重出江湖	重出江湖	chóng chū jiāng hú	restart one's business	4.1.4.
重合	重合	chóng hé	overlap	6.1.5.
冲击	衝擊	chōng jī	impact; assault; attack	2.1.1.
重申	重申	chóng shēn	reiterate	8.2.
重生	重生	chóng shēng	rejuvenate	4.1.1.
冲突	衝突	chōng tū	conflict; clash; collision	2.1.1.
重新洗牌	重新洗牌	chóng xīn xǐ pái	reshuffle	7.2.
重组	重組	chóng zǔ	reorganize; reshape	4.1.3.
筹	籌	chóu	raise (capital)	7.1.1.
踌躇满志	躊躇滿志	chóu chú mǎn zhì	smug; enormously proud of one's success	4.1.4.
筹集资金	籌集資金	chóu jí zī jīn	raise funds; fund-raising	7.2.
出错	出錯	chū cuò	went wrong; make mistake	8.1.5.
处理	處理	chǔ lǐ	process; handle	2.1.2.
出售	出售	chū shòu	sell off	4.1.3.
出手	出手	chū shǒu	make the move; offer to buy	6.1.4.
储蓄银行	儲蓄銀行	chǔ xù yín háng	savings bank	8.1.2.
储蓄业务	儲蓄業務	chǔ xù yè wù	savings business	2.2.
出资	出資	chū zī	invest	3.1.1.
传统影像市场	傳統影像市場	chuán tǒng yǐng xiàng shì chǎng	traditional film market	3.1.1.
创始人	創始人	chuàng shǐ rén	founder	3.2.
创下…纪录	創下…紀錄	chuàng xià … jì lù	set a record	6.2.
创新	創新	chuàng xīn	innovation	2.1.1.
创业	創業	chuàng yè	start one's own business	1.1.3.
创意	創意	chuàng yì	innovation	3.2.
创造	創造	chuàng zào	create	8.1.1.
创造力	創造力	chuàng zào lì	creativity	2.1.3.
垂直	垂直	chuí zhí	vertical	1.2.
春节	春節	chūn jié	Spring Festival (Chinese New Year)	2.1.1.
戳	戳	chuō	stamp; seal	8.1.2.
刺穿	刺穿	cì chuān	pierce	2.2.
次贷	次貸	cì dài	subprime mortgage	8.1.1.
次贷危机	次貸危機	cì dài wēi jī	subprime mortgage crisis	7.2.
刺激	刺激	cì jī	stimulation; stimulate	3.1.2.
次级债危机	次級債危機	cì jí zhài wēi jī	sub-prime loan crisis	4.1.4.
从容	從容	cóng róng	calm; composed	4.2.
摧毁	摧毀	cuī huǐ	demolition; destroy; demolish	3.1.2.

简体	繁體	拼音	英文	序號
催生	催生	cuī shēng	give birth to	2.1.2.
存款	存款	cún kuǎn	deposit	2.1.2.
撮合	撮合	cuō hé	orchestrate	8.1.5.
磋商	磋商	cuō shāng	discuss seriously	3.1.2.
措施	措施	cuò shī	measure	4.1.3.
错位	錯位	cuò wèi	mismatched	6.1.3.
挫折	挫折	cuò zhé	setback	6.1.1.
错综复杂	錯綜覆雜	cuò zōng fù zá	intricate and complex; complicated	3.1.1.

D

简体	繁體	拼音	英文	序號
DAX 指数	DAX 指數	dax zhǐ shù	DAX Performance Index (German stock index)	8.2.
搭	搭	dā	set up; build	7.1.1.
打包	打包	dǎ bāo	package; pool together; bundling	7.1.2.
打车	打車	dǎ chē	call a cab; take a taxi	2.1.1.
大臣	大臣	dà chén	minister	6.2.
大跌眼镜	大跌眼鏡	dà diē yǎn jìng	dumbfounded	4.2.
大额	大額	dà é	large amount	2.1.2.
大额存单	大額存單	dà é cún dān	negotiable certificate of deposit (NCD)	2.2.
大规模	大規模	dà guī mó	large scale	2.1.2.
打垮	打垮	dǎ kuǎ	defeat	5.1.3.
大款	大款	dà kuǎn	rich or wealthy person; 傍大款：riding on the coattails (of a major firm) to get ahead; fig. rely on a large and wealthy company to do business	5.1.3.
搭理	搭理	dā lǐ	respond to	4.2.
大卖场	大賣場	dà mài chǎng	hypermarket; large chain-store	4.1.3.
打气	打氣	dǎ qì	encourage; boost morale	7.2.
大起大落	大起大落	dà qǐ dà luò	significant ups and downs; highs and lows	4.1.4.
大数据	大數據	dà shù jù	big data	2.1.2.
大萧条	大蕭條	dà xiāo tiáo	Great Depression	7.1.1.
贷	貸	dài	lend; loan	5.2.
怠惰	怠惰	dài duò	idleness	4.2.
代价	代價	dài jià	pay the price for sth.	1.1.3.
贷款	貸款	dài kuǎn	loan	2.1.2.
代理	代理	dài lǐ	agent	2.1.1.
担保	擔保	dān bǎo	guarantee; vouch	8.1.1.
诞生	誕生	dàn shēng	birth; come into being	4.1.2.
胆识	膽識	dǎn shí	courage	4.1.2.
单子	單子	dān zi	trade order	7.1.3.
当季	當季	dāng jì	current season	1.1.3.

简体	繁體	拼音	英文	序號
当机立断	當機立斷	dāng jī lì duàn	make a prompt and opportunistic decision	3.1.2.
倒	倒	dǎo	go bankrupt	7.1.2.
道德	道德	dào dé	moral	8.1.5.
道琼斯	道瓊斯	dào qióng sī	Dow Jones	7.2.
到位	到位	dào wèi	in place	8.1.4.
导致	導致	dǎo zhì	result in; cause; lead to	3.2.
登陆	登陸	dēng lù	land on; disembark	4.1.3.
登录费	登錄費	dēng lù fèi	registration fee	1.1.3.
低谷	低谷	dī gǔ	low point	5.1.1.
地盘	地盤	dì pán	development; lot	5.1.5.
第三方支付	第三方支付	dì sān fāng zhī fù	third-party payment	2.1.1.
低息	低息	dī xī	low interest rate	8.1.1.
抵押	抵押	dǐ yā	collateral	2.2.
低压	低壓	dī yā	low-voltage	4.1.5.
抵押证券市场	抵押證券市場	dǐ yā zhèng quàn shì chǎng	mortgage-backed security (MBS) market	7.2.
第一流	第一流	dì yì liú	first-rate	4.1.2.
地域	地域	dì yù	region	5.1.4.
颠覆	顛覆	diān fù	subvert; overturn	1.1.3.
电脑编程	電腦編程	diàn nǎo biān chéng	computer programming	1.1.3.
电商	電商	diàn shāng	e-commerce; online retailer	1.1.1.
典型	典型	diǎn xíng	typical; representative	5.1.2.
电子	電子	diàn zǐ	electronic	5.1.1.
电子港湾	電子港灣	diàn zǐ gǎng wān	eBay	1.1.1.
电子集团	電子集團	diàn zǐ jí tuán	electronics conglomerate	4.1.1.
电子银行	電子銀行	diàn zǐ yín háng	electronic banking	2.1.2.
电子支付	電子支付	diàn zǐ zhī fù	electronic payment	1.1.4.
跌	跌	diē	crash	5.2.
跌幅	跌幅	diē fú	decline (by percentage)	7.2.
叠加	疊加	dié jiā	add up	6.1.2.
跌破	跌破	diē pò	fall below	8.2.
订单	訂單	dìng dān	order	1.1.1.
顶级	頂級	dǐng jí	the highest rate	8.2.
顶级品牌	頂級品牌	dǐng jí pǐn pái	top-tier brand; top of the line	6.1.2.
顶尖	頂尖	dǐng jiān	top-notch	7.1.1.
定期存单	定期存單	dìng qī cún dān	certificate of deposit (CD)	2.2.
定位	定位	dìng wèi	positioning	4.1.5.
动力	動力	dòng lì	dynamic	4.1.5.
东南亚	東南亞	dōng nán yà	Southeast Asia	4.1.2.
董事长	董事長	dǒng shì zhǎng	chairman of the board	2.1.1.
动议	動議	dòng yì	proposal	3.1.1.
动员	動員	dòng yuán	mobilize	4.2.
兜售	兜售	dōu shòu	sell; hawk	7.1.1.
督办	督辦	dū bàn	oversee; supervise; monitor	3.1.1.
赌博	賭博	dǔ bó	gamble	7.1.2.

妒忌	妒忌	dù jì	jealousy; resentment	3.2.
独特	獨特	dú tè	unique	2.1.2.
赌注	賭注	dǔ zhù	bet	1.1.3.
端	端	duān	in terms of	2.1.1.
短板	短板	duǎn bǎn	shortcoming; weak point	6.1.2.
短平快	短平快	duǎn píng kuài	short cycle, quick return; high yield	5.1.4.
短期	短期	duǎn qī	short term	2.1.2.
短期激励	短期激勵	duǎn qī jī lì	short-term incentive	7.1.3.
断言	斷言	duàn yán	assert	8.1.5.
多伦多证券交易所创业板	多倫多證券交易所創業板	duō lún duō zhèng quàn jiāo yì suǒ chuàng yè bǎn	TSX Venture Exchange	8.2.
多伦多证券交易所综合指数	多倫多證券交易所綜合指數	duō lún duō zhèng quàn jiāo yì suǒ zōng hé zhǐ shù	Toronto Stock Exchange (TSX) Composite Index	8.2.

E

俄罗斯交易系统指数	俄羅斯交易系統指數	é luó sī jiāo yì xì tǒng zhǐ shù	Russian Trading System Index	8.2.
二手车	二手車	èr shǒu chē	used car	7.1.1.
耳熟能详	耳熟能詳	ěr shú néng xiáng	well known	1.1.1.

F

Facebook	面書	liǎn pǔ	Facebook	1.2.
发达	發達	fā dá	developed	5.1.2.
发动机	發動機	fā dòng jī	engine	6.2.
发股	發股	fā gǔ	issue shares	7.1.3.
法兰西	法蘭西	fǎ lán xī	France	4.1.3.
法律	法律	fǎ lù	law	5.1.4.
法律法规	法律法規	fǎ lù fǎ guī	law and regulation	4.2.
发明	發明	fā míng	invent; invention	3.2.
发明人	發明人	fā míng rén	inventor	3.2.
发烧友	發燒友	fā shāo yǒu	enthusiast	1.1.4.
发行	發行	fā xíng	issue	8.1.4.
发行价	發行價	fā xíng jià	offering price	1.2.
发行人	發行人	fā xíng rén	issuer	1.2.
法院	法院	fǎ yuàn	legal court	7.2.
发债	發債	fā zhài	bond issuance	7.1.1.
发展空间	發展空間	fā zhǎn kōng jiān	development capacity	4.2.
发展中国家	發展中國家	fā zhǎn zhōng guó jiā	developing country	7.1.1.
反驳	反駁	fǎn bó	refute; rebate	8.2.
反超	反超	fǎn chāo	surpass from behind	3.1.2.
方案	方案	fān gàn	proposal	3.1.2.
泛滥	泛濫	fàn làn	deluged; flooding; inundated overflowing	8.1.1.
烦恼	煩惱	fán nǎo	worries; troubles	5.1.1.
反倾销	反傾銷	fǎn qīng xiāo	anti-dumping	4.2.

反思	反思	fǎn sī	self-reflection	4.1.4.
反应	反應	fǎn yìng	respond; response	5.1.4.
放大	放大	fàng dà	inflate; enlarge	5.2.
放大	放大	fàng dà	amplify; magnify	8.1.1.
房地产	房地產	fáng dì chǎn	real estate	8.1.1.
房地美	房地美	fáng dì měi	Freddie Mac	8.2.
房东	房東	fáng dōng	landlord	5.1.5.
房价	房價	fáng jià	house price; property price	5.1.1.
房利美	房利美	fáng lì měi	Fannie Mae	8.2.
仿冒商品	仿冒商品	fǎng mào shāng pǐn	counterfeit good	5.1.5.
房屋保险	房屋保險	fáng wū bǎo xiǎn	home insurance	8.1.4.
房租	房租	fáng zū	rent	5.1.5.
飞速	飛速	fēi sù	rapid	5.1.1.
飞翔	飛翔	fēi xiáng	fly	4.1.5.
费用	費用	fèi yòng	cost; expense	4.1.3.
飞跃	飛躍	fēi yuè	flourish; leap	8.1.2.
份额	份額	fèn é	portion; component	2.1.1.
分公司	分公司	fēn gōng sī	subsidiary	4.1.2.
分行	分行	fēn háng	branch	8.1.2.
分裂	分裂	fēn liè	split; separate	5.1.3.
分流	分流	fēn liú	bypass; disintermediate	2.1.1.
分配	分配	fēn pèi	allocate; allocation	5.1.1.
分歧	分歧	fēn qí	discrepancy of views	3.1.2.
分析师	分析師	fēn xī shī	analyst	7.1.2.
分享	分享	fēn xiǎng	share	4.1.5.
分支机构	分支機構	fēn zhī jǐ gòu	branch; affiliate (of an organization)	2.1.2.
风暴	風暴	fēng bào	turmoil; storm	8.1.5.
风波	風波	fēng bō	turmoil; disturbance	7.2.
凤凰	鳳凰	fèng huáng	phoenix	6.1.2.
凤凰涅	鳳凰涅槃	fèng huáng niè pán	phoenix's rebirth; rising from the ashes	4.1.4.
风起云涌	風起雲湧	fēng qǐ yún yǒng	lit. clouds gather, driven by the wind; fig. spread or erupt like a storm	2.1.1.
风险	風險	fēng xiǎn	risk	2.2.
风险点	風險點	fēng xiǎn diǎn	risky area	4.2.
风险控制	風險控制	fēng xiǎn kòng zhì	risk management	2.1.2
疯涨	瘋漲	fēng zhǎng	soar	5.1.1.
《福布斯》	《福布斯》	fú bù sī	Forbes	4.1.4.
浮动利息	浮動利息	fú dòng lì xī	adjustable rate	8.1.1.
覆盖	覆蓋	fù gài	carry over	5.1.2.
覆盖面	覆蓋面	fù gài miàn	outreach; coverage	2.1.3.
符合	符合	fú hé	match	2.1.1.
负面展望	負面展望	fù miàn zhǎn wàng	negative outlook	8.2.
复盘	複盤	fù pán	game review; post-mortem	4.2.
富士	富士	fù shì	Fuji	3.1.1.

简体	繁體	拼音	英文	序號
副首相	副首相	fù shǒu xiàng	deputy prime minister	6.2.
福特	福特	fú tè	Henry Ford (1863–1947), founder of the Ford Motor Company	5.1.4.
福特汽车公司	福特汽車公司	fú tè qì chē gōng sī	Ford Motor Company	6.2.
服务费	服務費	fú wù fèi	service fee	1.1.3.
服务员	服務員	fú wù yuán	waitstaff	5.1.5.
复原	覆原	fù yuán	recover	4.1.4.
复杂性	覆雜性	fù zá xìng	complexity	4.1.3.
负债	負債	fù zhài	liability; debt	2.1.1.
负债总额	負債總額	fù zhài zǒng é	total liabilities	3.1.1.
复制	覆制	fù zhì	replicate; reproduce; copy	5.1.2.
副总裁	副總裁	fù zǒng cái	vice president	3.1.1.

G

简体	繁體	拼音	英文	序號
改革开放	改革開放	gǎi gé kāi fàng	reform and opening-up	4.1.3.
概括	概括	gài kuò	summarize	5.1.2.
概率	概率	gài lǜ	probability	1.2.
概念	概念	gài niàn	idea; concept	5.1.4.
改进	改進	gǎi shàn	improve; improvement	5.1.5.
改造	改造	gǎi zào	transform	3.1.3.
尴尬	尷尬	gān gà	awkward; uneasy	5.1.5.
感光	感光	gǎn guāng	light-sensitive (materials)	3.1.1.
感慨	感慨	gán kǎi	reflection	3.1.3.
干嘛	幹嘛	gàn ma	why	8.1.3.
敢想敢干	敢想敢幹	gǎn xiǎng gǎn gàn	dare to dream and take risk	5.1.2.
杠杆	槓桿	gàng gǎn	(financial) leverage	7.1.2.
杠杆度	槓桿度	gàng gǎn dù	leverage ratio	8.1.3.
高材生	高材生	gāo cái shēng	gifted student	6.1.2.
高端	高端	gāo duān	high-end	5.1.3.
高科技	高科技	gāo kē jì	high tech	3.1.2.
搞垮	搞垮	gǎo kuǎ	make insolvent; ruin	7.1.1.
高利贷	高利貸	gāo lì dài	usurious loan; loan with unreasonably high interest rate	2.2.
高盛	高盛	gāo shèng	Goldman Sachs	7.1.1.
哥德堡	哥德堡	gē dé bǎo	Gothenburg (Göteborg)	6.2.
格局	格局	gé jú	pattern; structure; layout	2.1.2.
《格拉斯－斯蒂格尔法案》	《格拉斯－斯蒂格爾法案》	gé lā sī－sī dì gé ěr fǎ àn	Glass-Steagall Act	7.1.1.
革命	革命	gé mìng	revolution	4.1.2.
根深蒂固	根深蒂固	gēn shēn dì gù	deep rooted; profound	3.2.
根特	根特	gēn tè	Ghent (a port city in northwest Belgium)	6.2.
根源	根源	gēn yuán	root; cause; origin	8.1.5.
功不可没	功不可沒	gōng bù kě mò	achievements or contributions that cannot be ignored	2.1.1.

简体	繁體	拼音	英文	序號
共筹	共籌	gòng chóu	collectively prepare or plan; collectively raise funds	2.1.1.
工会	工會	gōng huì	union	4.2.
工具	工具	gōng jù	tool; means; instrument	2.1.3.
功亏一篑	功虧一簣	gōng kuī yí kuì	fail or fall short of success for lack of a final effort	3.1.2.
公募基金	公募基金	gōng mù jī jīn	mutual fund	2.2.
功能	功能	gōng néng	function	7.1.1.
工商银行	工商銀行	gōng shāng yín háng	ICBC (Industrial and Commercial Bank of China)	2.1.2.
共识	共識	gòng shí	consensus	3.1.1.
恭维	恭維	gōng wéi	compliment	5.1.4.
工业股票	工業股票	gōng yè gǔ piào	industrial stocks	8.2.
工银瑞信	工銀瑞信	gōng yín ruì xìn	ICBC-Credit Suisse	2.2.
供应链	供應鏈	gōng yīng liàn	supply chain	4.1.3.
供应商	供應商	gòng yìng shāng	supplier	4.2.
公众	公眾	gōng zhòng	public	2.1.3.
工资	工資	gōng zī	wage; salary	5.2.
沟通	溝通	gōu tōng	communication; communicate	3.1.1.
勾心斗角	勾心鬥角	gōu xīn dòu jiǎo	plot and wrangle against each other	5.1.4.
股本金	股本金	gǔ běn jīn	share capital; equity capital	8.1.3.
固定	固定	gù dìng	fixed	8.1.1.
股东	股東	gǔ dōng	shareholder	1.1.3.
股份	股份	gǔ fèn	share	1.1.1.
股改（股权分置改革）	股改（股權分置改革）	gǔ gǎi	non-tradeable share reform	3.1.3.
估计	估計	gū jì	estimate	5.1.1.
股价	股價	gǔ jià	stock price	8.1.5.
股票型	股票型	gǔ piào xíng	equity type	2.2.
股权	股權	gǔ quán	equity; stock ownership	3.1.3.
股权融资	股權融資	gǔ quán róng zī	equity financing	4.2.
股权增发	股權增發	gǔ quán zēng fā	additional equity issuance	4.2.
股市集体跳水	股市集體跳水	gǔ shì jí tǐ tiào shuǐ	pan stock markets crash	8.2.
顾问	顧問	gù wèn	advisor	7.1.1.
雇员	僱員	gù yuán	employee	8.1.2.
股指	股指	gǔ zhǐ	stock index	8.2.
挂牌	掛牌	guà pái	be listed (on a stock market)	1.2.
观察	觀察	guān chá	observe; observation	4.1.5.
关键	關鍵	guān jiàn	pivotal	3.1.2.
惯例	慣例	guàn lì	common practice; convention; routine	4.2.
管理	管理	guǎn lǐ	management	2.1.2.
管理体系	管理體系	guǎn lǐ tǐ xì	management system	5.1.2.
管理团队	管理團隊	guán lǐ tuán duì	management team	6.2.
关门大吉	關門大吉	guān mén dà jí	close down	1.1.1.
观念	觀念	guān niàn	concept	2.1.2.

简体	繁體	拼音	英文	序號
官员	官員	guān yuán	official	5.2.
管制	管制	guǎn zhì	regulate; control	2.1.1.
关注	關注	guān zhù	pay close attention to	2.1.1.
光彩炫目	光彩炫目	guāng cǎi xuàn mù	dazzlingly brilliant	3.1.1.
光环	光環	guāng huán	halo	6.1.2.
广袤	廣袤	guǎng mào	length and breadth (of a land)	4.1.3.
光荣	光榮	guāng róng	glory; honorable	6.1.2.
谷歌	谷歌	gǔ gē	Google	1.2.
规避	規避	guī bì	avoid; evade	4.2.
规则	規則	guī fàn	rule	5.1.5.
规范化	規範化	guī fàn huà	standardization	5.1.4.
归根到底	歸根到底	guī gēn dào dǐ	in the final analysis	4.1.2.
归咎	歸咎	guī jiù	attribute to	8.2.
归拢	歸攏	guī lǒng	gather all together	3.1.3.
规模	規模	guī mó	scale	1.1.4.
规模效益	規模效益	guī mó xiào yì	economies of scale	6.2.
归于	歸於	guī yú	attribute to	5.1.2.
过错	過錯	guò cuò	fault; mistake	8.1.5.
国会	國會	guó huì	Congress	8.2.
国会议员	國會議員	guó huì yì yuán	congressperson	8.2.
国际化	國際化	guó jì huà	internationalization	4.1.2.
国库券	國庫券	guó kù quàn	government debt; treasury bond	8.1.2.
国企 （国有企业；国营企业）	國企 （國有企業；國營企業）	guó qǐ	state-owned enterprise	7.1.1.
过山车	過山車	guò shān chē	roller coaster	4.1.4.
经历起伏犹如过山车	經歷起伏猶如過山車		experience ups and downs as riding on a roller coaster	
过剩	過剩	guò shèng	excessive; glut	8.1.1.
过时	過時	guò shí	obsolete; outdated	6.1.2.
国务院	國務院	guó wù yuàn	State Council (of PRC)	3.1.1.
过瘾	過癮	guò yǐn	satisfying	7.1.2.
国营企业	國營企業	guó yíng qǐ yè	state-owned enterprise	3.1.3.
国债	國債	guó zhài	national debt; government bond	2.2.

H

海外投资	海外投資	hǎi wài tóu zī	overseas investment	5.2.
涵盖	涵蓋	hán gài	cover	1.2.
韩国	韓國	hán guó	The Republic of Korea (South Korea)	4.1.3.
罕见	罕見	hǎn jiàn	rare; uncommon	3.1.1.
悍马	悍馬	hàn mǎ	Hummer	6.1.3.
航天	航天	háng tiān	aerospace	3.2.
行长	行長	háng zhǎng	bank president	5.2.
豪宅	豪宅	háo zhái	mansion	8.1.1.
合并	合併	hé bìng	merge	4.1.3.

简体	繁體	拼音	英文	序號
合伙公司	合夥公司	hé huǒ gōng sī	partnership	7.1.1.
合伙人	合夥人	hé huǒ rén	partner	4.1.3.
何其幸也	何其幸也	hé qí xìng yě	How lucky it is!	3.1.3.
核算	核算	hé suàn	examine and calculate; assess; account for	6.2.
合同	合同	hé tóng	contract	5.1.5.
核心	核心	hé xīn	core	4.1.2.
核心竞争力	核心競爭力	hé xīn jìng zhēng lì	core competiveness	2.1.2.
合营	合營	hé yíng	jointly managed	4.1.3.
合资	合資	hé zī	joint venture	3.1.1.
合资公司	合資公司	hé zī gōng sī	joint venture	4.2.
合作伙伴	合作夥伴	hé zuò huǒ bàn	partner	4.2.
横跨	橫跨	héng kuà	stretch over; stretch across; span	3.1.1.
衡量	衡量	héng liáng	measure	8.2.
轰动	轟動	hōng dòng	sensational	1.2.
后发优势	後發優勢	hòu fā yōu shì	second mover advantage	2.1.3.
后来者	後來者	hòu lái zhě	latecomer	6.1.5.
喉咙	喉嚨	hóu lóng	throat	3.2.
后无来者	後無來者	hòu wú lái zhě	a situation that will never be repeated	3.1.1.
互补	互補	hù bǔ	complementary	2.1.1.
互补性	互補性	hù bǔ xìng	complementary; complement	5.1.3.
互联网	互聯網	hù lián wǎng	Internet	1.2.
互联网金融	互聯網金融	hù lián wǎng jīn róng	internet finance	2.1.1.
互联网企业	互聯網企業	hù lián wǎng qǐ yè	online enterprise; internet company	1.1.1.
忽略	忽略	hū lüè	neglect; ignore	3.2.
华尔街	華爾街	huá ěr jiē	Wall Street	1.1.3.
花旗银行	花旗銀行	huā qí yín háng	Citi Bank	5.2.
话题	話題	huà tí	topic	5.1.1.
华为	華為	huá wéi	Huawei	4.1.4.
华夏基金	華夏基金	huá xià jī jīn	China Asset Management Co.	2.2.
化学成像	化學成像	huà xué chéng xiàng	chemical photographic processing	3.2.
话语权	話語權	huà yǔ quán	have a say	3.2.
坏账	壞賬	huài zhàng	bad debt	5.2.
环保	環保	huán bǎo	environmental protection	6.2.
还本付息	還本付息	huán běn fù xī	service the loan	8.1.2.
缓存池	緩存池	huǎn cún chí	buffer pool; mandatory liquid assets	2.2.
环境	環境	huán jìng	environment	2.1.2.
荒谬	荒謬	huāng miù	absurd; preposterous	1.1.3.
喙	喙	huì	beak	4.1.1.
回报	回報	huí bào	return	8.1.2.
汇丰银行	匯豐銀行	huì fēng yín háng	HSBC	5.2.

简体	繁體	拼音	英文	序號
回扣	回扣	huí kòu	kickback	7.1.3.
毁灭	毀滅	huǐ miè	destruction; destroy; destructive	4.1.2.
惠誉	惠譽	huì yù	Fitch Ratings Inc.	3.2.
火爆	火爆	huǒ bào	in high demand; hot	2.2.
货币基金	貨幣基金	huò bì jī jīn	money market fund	2.2.
活力	活力	huó lì	vitality; vigor	5.1.1.
活期存款	活期存款	huó qī cún kuǎn	demand deposit	2.1.1.
货物	貨物	huò wù	goods	5.1.3.
火线签约	火線簽約	huǒ xiàn qiān yuē	sign a contract at a critical moment	3.1.2.

J

集成	集成	jí chéng	integrate	2.1.2.
既得利益	既得利益	jì dé lì yì	vested interest; stakeholder	3.2.
基地	基地	jī dì	base	5.2.
季度	季度	jì dù	quarter	3.1.3.
挤兑	擠兌	jǐ dui	bank run	2.2.
机构投资者	機構投資者	jī gòu tóu zī zhě	institutional investor	2.2.
积极	積極	jī jí	positive; proactive	5.1.4.
基金	基金	jī jīn	fund	7.1.3.
基金公司	基金公司	jī jīn gōng sī	fund company	2.2.
基金业	基金業	jī jīn yè	investment fund industry	2.1.2.
急剧	急劇	jí jù	drastically; dramatically	5.2.
积累	積累	jī lěi	accumulate	1.1.2.
激励	激勵	jī lì	encourage	3.1.2.
吉利控股集团	吉利控股集團	jí lì kòng gǔ jí tuán	Geely Holding Group	6.2.
激烈	激烈	jī liè	intense; stiff; fierce	2.1.2.
技能	技能	jì néng	skill	1.1.3.
汲取	汲取	jí qǔ	derive; draw	5.1.4.
基因	基因	jī yīn	gene	2.1.2.
机遇	機遇	jī yù	opportunity	4.2.
价差	價差	jià chà	spread	8.1.3.
家电	家電	jiā diàn	household electronic appliance	4.1.2.
价格	價格	jià gé	price	4.1.2.
加剧	加劇	jiā jù	aggravate	7.2.
煎熬	煎熬	jiā náo	torment; suffering	4.1.4.
佳能	佳能	jiā néng	Canon	3.2.
加强	加強	jiā qiáng	strengthen; enhance	5.1.4.
架势	架勢	jià shi	stance; pose	1.1.1.
加速	加速	jiā sù	accelerate	8.1.1.
家喻户晓	家喻戶曉	jiā yù hù xiǎo	well known to everyone	3.2.
价值	價值	jià zhí	value	8.1.1.
建	建	jiàn	build; construct	2.1.1.
兼并	兼併	jiān bìng	acquire; take over	7.2.

简体	繁體	拼音	英文	序號
兼并案	兼併案	jiān bìng àn	acquisition case	6.1.1.
兼并收购	兼併收購	jiān bìng shōu gòu	merger and acquisition (M&A)	7.1.2.
建厂	建廠	jiàn chǎng	build a plant or factory	4.1.2.
坚持不懈	堅持不懈	jiān chí bú xiè	persistence	5.1.4.
监督	監督	jiān dū	supervise; oversee	7.2.
监管	監管	jiān guǎn	regulation	2.1.2.
监管部门	監管部門	jiān guǎn bù mén	regulator	6.2.
监管层	監管層	jiān guǎn céng	top-level regulators	7.1.4.
艰苦卓绝	艱苦卓絕	jiān kǔ zhuó jué	arduous	6.1.5.
艰难	艱難	jiān nán	arduous	4.1.3.
坚守	堅守	jiān shǒu	hold; stick to	5.1.5.
检讨	檢討	jiǎn tǎo	examine one's own mistake; self-criticism; self-reflection	4.1.4.
见效	見效	jiàn xiào	achieve the desired effect	4.1.2.
兼职	兼職	jiān zhí	part-time (job)	5.1.5.
降级	降級	jiàng jí	downgrade	8.1.1.
轿车	轎車	jiào chē	car	6.2.
焦点	焦點	jiāo diǎn	focus	1.1.4.
角度	角度	jiǎo dù	angle; point of view; perspective	1.1.3.
交割	交割	jiāo gē	hand over	6.2.
胶卷	膠卷	jiāo juǎn	film-roll; film	3.1.1.
缴纳	繳納	jiǎo nà	pay	1.1.3.
胶片	膠片	jiāo piàn	film-strip; photographic film	3.1.1.
脚踏实地	腳踏實地	jiǎo tà shí dì	stand on solid ground; do solid work	3.1.1.
侥幸	僥幸	jiǎo xìng	luck; fluke	8.1.5.
交易	交易	jiāo yì	business deal	3.1.3.
交易	交易	jiāo yì	trading	7.1.2.
交易额	交易額	jiāo yì é	trading volume; turnover	1.1.3.
交易日	交易日	jiāo yì rì	trading day	8.2.
胶着	膠着	jiāo zhuó	stuck	3.1.1.
桀骜不驯	桀驁不馴	jié ào bú xùn	unruly; stubborn	6.1.3.
捷报频传	捷報頻傳	jié bào pín chuán	a steady flow of news of victories	3.1.3.
杰出	傑出	jié chū	outstanding	5.1.2.
节点	節點	jié diǎn	turning point	3.1.2.
结构	結構	jié gòu	structure; composition	3.2.
解雇	解僱	jiě gù	lay off	4.2.
结合	結合	jié hé	combine	5.1.3.
捷径	捷徑	jié jìng	shortcut	6.1.1.
结论	結論	jié lùn	conclusion	8.1.5.
接手	接手	jiē shǒu	take over	2.1.1
捷足先登	捷足先登	jié zú xiān dēng	the swift-footed arrive first; the early bird catches the worm	4.1.2.
进化	進化	jìn huà	evolve; evolution	4.1.4.

简体	繁體	拼音	英文	序號
金价	金價	jīn jià	price of gold	8.2.
紧迫性	緊迫性	jǐn pò xìng	urgency	4.1.4.
金融风暴	金融風暴	jīn róng fēng bào	financial crisis; lit. financial storm	4.1.2.
金融机构	金融機構	jīn róng jī gòu	financial institution	2.1.2.
《金融时报》	《金融時報》	jīn róng shí bào	*Financial Times*	8.2.
金融危机	金融危機	jīn róng wēi jī	financial crisis	6.1.1.
金融业	金融業	jīn róng yè	financial industry	7.2.
谨慎	謹慎	jǐn shèn	cautious; prudent	4.2.
尽职调查	盡職調查	jìn zhí diào chá	due diligence	6.1.4.
警告	警告	jǐng gào	warn; caution	7.1.3.
经纪	經紀	jīng jì	brokerage	8.1.3.
经济放缓	經濟放緩	jīng jì fàng huǎn	economic slowdown	8.1.1.
经纪费	經紀費	jīng jì fèi	trade commission	7.1.3.
经济命脉	經濟命脈	jīng jì mìng mài	backbone of an economy	3.1.1.
经济年度人物	經濟年度人物	jīng jì nián dù rén wù	Business Man of the Year	4.1.4.
经济效益	經濟效益	jīng jì xiào yì	economic benefit	6.2.
经济学家	經濟學家	jīng jì xué jiā	economist	5.2.
经纪业务	經紀業務	jīng jì yè wù	brokerage	7.1.2.
经理	經理	jīng lǐ	manager	2.1.1.
净利润	淨利潤	jìng lì rùn	net income	2.1.1.
经营	經營	jīng yíng	manage	4.1.2.
精英	精英	jīng yīng	elite	4.1.3.
竞争	競爭	jìng zhēng	competition	2.1.2.
竞争对手	競爭對手	jìng zhēng duì shǒu	competitor	1.1.2.
竞争力	競爭力	jìng zhēng lì	competitiveness	4.1.1.
迥异常人	迥異常人	jiǒng yì cháng rén	extraordinary	1.1.1.
救市	救市	jiù shì	bailout	8.1.5.
揪心	揪心	jiū xīn	worried; anxious; concerned	4.1.5.
剧变	劇變	jù biàn	drastic change	7.2.
局部	局部	jú bù	partial	2.1.1.
举步维艰	舉步維艱	jǔ bù wéi jiān	in for a bumpy ride	1.1.1.
剧毒	劇毒	jù dú	highly toxic	7.1.1.
飓风	颶風	jù fēng	hurricane; fig. (financial) turmoil	7.2.
居功	居功	jū gōng	take credit for oneself	3.1.1.
聚焦	聚焦	jù jiāo	focus	7.1.1.
巨亏	巨虧	jù kuī	huge loss	4.1.4.
俱乐部	俱樂部	jù lè bù	club	6.1.2.
聚敛	聚斂	jù liǎn	amass (wealth)	7.1.1.
巨人	巨人	jù rén	giant	1.1.2.
巨头	巨頭	jù tóu	giant	2.1.1.
巨无霸	巨無霸	jù wú bà	powerhouse	7.2.
举债	舉債	jǔ zhài	borrow	8.1.4.
决策	決策	jué cè	make strategic decision	4.2.

简体	繁體	拼音	英文	序号
决策层	決策層	jué cè céng	decision-makers	3.1.2.
崛起	崛起	jué qǐ	rise	4.1.5.
诀窍	訣竅	jué qiào	key (to success); knack	5.1.2.
抉择	抉擇	jué zé	choice; decision	4.1.5.
均价	均價	jūn jià	average price	4.1.5.

K

开发	開發	kāi fā	develop	2.1.1.
开发商	開發商	kāi fā shāng	developer	5.1.5.
开放	開放	kāi fàng	open	2.1.1.
开放式	開放式	kāi fàng shì	open-ended	2.2.
开盘	開盤	kāi pán	opening	1.2.
开票	開票	kāi piào	provide an invoice	5.1.3.
开拓	開拓	kāi tuò	explore; open up	7.1.2.
看好	看好	kàn hǎo	optimistic or bullish about sth.	4.2.
康奈尔大学	康奈爾大學	kāng nài ěr dà xué	Cornell University	7.1.1.
考虑	考慮	kǎo lǜ	consider; consideration	5.1.4.
可持续发展	可持續發展	kě chí xù fā zhǎn	sustainable development	6.2.
柯达	柯達	kē dá	Kodak	3.1.1.
可观	可觀	kě guān	remarkable	5.2.
客户	客戶	kè hù	client	2.1.1.
客户群	客戶群	kè hù qún	customer base	2.1.2.
科技人员	科技人員	kē jì rén yuán	technologist	2.1.2.
可口可乐	可口可樂	kě kǒu kě lè	Coca Cola	1.2.
可行	可行	kě xíng	feasible	6.2.
控股	控股	kòng gǔ	controlling interest	3.1.2.
恐慌	恐慌	kǒng huāng	panic	2.2.
空前绝后	空前絕後	kōng qián jué hòu	unprecedented; unrepeatable	3.1.1.
控制	控制	kòng zhì	control	4.1.3.
控制力	控制力	kòng zhì lì	ability to control	6.1.2.
口头承诺	口頭承諾	kǒu tóu chén nuò	oral agreement	5.1.5.
库存管理	庫存管理	kù cún guǎn lǐ	inventory management	5.1.4.
垮掉	垮掉	kuǎ diào	collapse	7.2.
跨国	跨國	kuà guó	multinational	3.1.1.
跨国并购	跨國併購	kuà guó bìng gòu	cross-border mergers and acquisitions (M&A)	4.2.
跨国企业	跨國企業	kuà guó qǐ yè	multinational corporation	6.2.
跨境	跨境	kuà jìng	cross-border	1.2.
跨文化交流	跨文化交流	kuà wén huà jiāo liú	cross-cultural communication	5.1.5.
会计减值	會計減值	kuài jì jiǎn zhí	account impairment	8.1.1.
款	款	kuǎn	loan	8.1.2.
狂跌	狂跌	kuáng diē	plummet; plunge	3.2.
框架	框架	kuàng jià	framework	3.1.2.
框架性	框架性	kuàng jià xìng	framework	4.1.3.

简体	繁體	拼音	英文	序號
亏钱	虧錢	kuī qián	lose money	2.2.
亏损	虧損	kuī sǔn	deficit	3.1.1.
困境	困境	kùn jìng	quagmire	3.1.3.
扩张	擴張	kuò zhāng	expand	5.2.

L

简体	繁體	拼音	英文	序號
Laox 株式会社	Laox 株式會社	laox zhū shì huì shè	Laox Co., Ltd.	6.1.1.
垃圾级	垃圾級	lā jī jí	junk rating	3.2.
拉美 (拉丁美洲)	拉美 (拉丁美洲)	lā měi	Latin America	8.2.
来势汹汹	來勢洶洶	lái shì xiōng xiōng	raging; fierce; furious	7.2.
老大	老大	lǎo dà	head; chief; boss; lit. eldest sibling	5.1.3.
劳动力	勞動力	láo dòng lì	labor force; workforce	5.1.3.
老化	老化	lǎo huà	aging	4.1.1.
劳力士	勞力士	láo lì shì	Rolex	5.1.5.
老鼠仓	老鼠倉	lǎo shǔ cāng	front-running trade; rat trading	7.1.3.
老总	老總	lǎo zǒng	boss	3.1.1.
乐观	樂觀	lè guān	optimistic; sanguine	4.2.
乐凯	樂凱	lè kǎi	Lucky Film Corp.	3.1.2.
累计	累計	lěi jì	accumulate	8.2.
雷曼兄弟	雷曼兄弟	léi màn xiōng dì	Lehman Brothers	6.1.4.
离岸	離岸	lí àn	offshore	2.1.2.
理财	理財	lǐ cái	financial management	7.1.2.
理财产品	理財產品	lǐ cái chǎn pǐn	financial product	2.1.1.
里程碑	里程碑	lǐ chéng bēi	milestone	4.1.1.
礼花	禮花	lǐ huā	fireworks display	1.2.
利率	利率	lì lǜ	interest rate	2.1.1.
理念	理念	lǐ niàn	concept	5.1.2.
利器	利器	lì qì	sharp weapon	2.2.
利润	利潤	lì rùn	profit	3.2.
利润空间	利潤空間	lì rùn kōng jiān	profit margin	2.1.2.
里森	里森	lǐ sēn	Nicholas "Nick" Leeson	7.1.1.
理事会	理事會	lǐ shì huì	Board of Governors	7.2.
力图	力圖	lì tú	strive to do sth.; try hard to do sth.	3.1.1.
例外	例外	lì wài	exception	2.1.1.
利息	利息	lì xī	interest	7.1.1.
利息收入	利息收入	lì xī shōu rù	interest income	2.1.1.
利益冲突	利益衝突	lì yì chōng tū	conflict of interest	7.1.1.
联邦快递	聯邦快遞	lián bāng kuài dì	FedEx	5.1.4.
廉价	廉價	lián jià	cheap	5.2.
连年亏损	連年虧損	lián nián kuī sǔn	consecutive annual losses	6.1.2.
联系	聯繫	lián xì	contact; connection	2.1.1.
联想	聯想	lián xiǎng	Lenovo	6.1.1.
两边倒	兩邊倒	liǎng biān dǎo	serve both parties (in a deal)	5.1.3.
靓丽	靚麗	liàng lì	beautiful; pretty	6.1.4.

简体	繁體	拼音	英文	序號
了解	了解	liáo jiě	figure out; get the hang of; understand	5.1.2.
列强	列強	liè qiáng	Great Powers	6.1.3.
领导人	領導人	líng dǎo rén	leader	4.1.3.
灵魂	靈魂	líng hún	soul	4.1.1.
灵活性	靈活性	líng huó xìng	flexibility	5.1.4.
领军企业	領軍企業	lǐng jūn qǐ yè	leading enterprise	4.1.4.
另辟蹊径	另辟蹊徑	lìng pì xī jìng	open up another path	4.1.2.
零售市场	零售市場	líng shòu shì chǎng	retail market	1.1.4.
零售业务	零售業務	líng shòu yè wù	retail business	2.1.1.
领先	領先	lǐng xiān	advanced; leading	5.1.2.
领域	領域	lǐng yù	area; field	2.1.2.
流程	流程	liú chéng	procedure; process	1.1.4.
柳传志	柳傳志	liǔ chuán zhì	Liu Chuanzhi, founder of Lenovo	1.1.4.
流动性	流動性	liú dòng xìng	liquidity	8.1.4.
流通股	流通股	liú tōng gǔ	tradeable share	3.1.3.
留住	留住	liú zhù	retain	5.1.4.
垄断	壟斷	lǒng duàn	monopoly	1.2.
笼统	籠統	lǒng tǒng	general	6.1.3.
漏	漏	lòu	leak	7.1.3.
漏洞	漏洞	lòu dòng	loophole	6.1.4.
路线	路線	lù xiàn	route; path	1.2.
绿鞋期权	綠鞋期權	lǜ xié qī quán	green shoe option	1.2.
沦落	淪落	lún luò	sink (into depravity)	6.1.2.
罗切斯特	羅切斯特	luó qiē sī tè	Rochester	3.1.1.
罗素	羅素	luó sù	Russell	8.2.

M

简体	繁體	拼音	英文	序號
买单人	買單人	mǎi dān rén	the one left holding the bill	2.2.
买断	買斷	mǎi duàn	buyout	1.1.2.
卖国贼	賣國賊	mài guó zéi	traitor	3.1.1.
麦肯锡	麥肯錫	mài kěn xī	McKinsey & Company	6.1.1.
卖空	賣空	mài kōng	short sell	8.1.1.
蛮	蠻	mán	quite; pretty	5.1.2.
蔓延	蔓延	màn yán	spread; extend	7.2.
猫腻	貓膩	māo nì	trick	7.1.1.
冒险	冒險	mào xiǎn	take risk	5.1.2.
冒险家	冒險家	mào xiǎn jiā	adventurer	4.1.3.
贸易	貿易	mào yì	trade	5.1.4.
美国国际集团	美國國際集團	měi guó guó jì jí tuán	American International Group (AIG)	7.2.
美国国际贸易委员会	美國國際貿易委員會	měi guó guó jì mào yì wěi yuán huì	United States International Trade Commission (USITC)	3.1.1.
美国航天局	美國航天局	měi guó háng tiān jú	NASA	3.2.
美国银行	美國銀行	měi guó yín háng	Bank of America (BOA)	7.2.

简体	繁體	拼音	英文	序號
魅力四射	魅力四射	mèi lì sì shè	charming in all aspects	3.1.1.
美联储	美聯儲	měi lián chǔ	Federal Reserve	7.1.1.
美林	美林	měi lín	Merrill Lynch	7.1.1.
美林证券	美林證券	měi lín zhèng quàn	Merrill Lynch	7.2.
媒体	媒體	méi tǐ	media	1.1.2.
门道	門道	mén dào	knack; skill	6.1.3.
门户网站	門戶網站	mén hù wǎng zhàn	web portal	1.1.2.
门槛	門檻	mén kǎn	threshold	2.2.
蒙	蒙	mēng	deceive; trick; cheat	7.1.1.
蒙受	蒙受	méng shòu	suffer	7.1.1.
梦想	夢想	mèng xiǎng	dream	4.1.3.
盟友	盟友	méng yǒu	ally	1.1.3.
弥补	彌補	mí bǔ	compensate for	5.2.
迷惑	迷惑	mí huò	misguided	3.2.
秘诀	秘訣	mì jué	secret (of success)	5.1.2.
弥漫	瀰漫	mí màn	permeate	4.1.3.
秘密	秘密	mì mì	secret	4.1.4.
免费	免費	miǎn fèi	free; no charge	1.1.3.
面临	面臨	miàn lín	face; confront	5.1.5.
瞄	瞄	miáo	target	6.1.5.
敏感	敏感	mín gǎn	sensitive	3.1.3.
民企(民营企业)	民企(民營企業)	mín qǐ	privately running enterprise ;	7.1.1.
民族大旗	民族大旗	mín zú dà qí	national flag	3.1.2.
明基	明基	míng jī	BenQ	4.1.4.
摩根	摩根	mó gēn	JP Morgan	7.1.1.
摩根大通	摩根大通	mó gēn dà tōng	J.P. Morgan & Co.	1.2.
摩根士丹利	摩根士丹利	mó gēn shì dān lì	Morgan Stanley	7.1.1.
模式	模式	mó shì	model	1.1.3.
摩托罗拉	摩托羅拉	mó tuō luó lā	Motorola	5.1.5.
墨西哥	墨西哥	mò xī gē	Mexico	4.1.3.
牟利	牟利	móu lì	reap profit	7.1.3.
目标	目標	mù biāo	goal; aim	4.1.3.
穆迪	穆迪	mù dí	Moody's Corporation	3.2.
穆迪投资者服务公司	穆迪投資者服務公司	mù dí tóu zī zhě fú wù gōng sī	Moody's Investors Service	8.2.
幕后推手	幕後推手	mù hòu tuī shǒu	puppet master	7.1.1.

N

简体	繁體	拼音	英文	序號
纳斯达克	納斯達克	nà sī dá kè	NASDAQ	7.2.
难关	難關	nán guān	predicament; difficulty; adversity	7.2.
难逃厄运	難逃厄運	nán táo è yùn	be doomed	7.2.
南粤	南粤	nán yuè	south Guangdong	4.1.1.
闹鬼	鬧鬼	nào guǐ	be haunted	6.1.4.
逆回购	逆回購	nì huí gòu	reverse repurchase agreement	2.2.
尼康	尼康	ní kāng	Nikon	3.2.

简体	繁體	拼音	英文	序號
逆势而上	逆勢而上	nì shì ér shàng	buck the trend	1.1.1.
逆袭	逆襲	nì xí	strike back	2.1.2.
逆转	逆轉	nì zhuǎn	reversal	2.2.
年度	年度	nián dù	year; annual	4.1.3.
年化收益率	年化收益率	nián huà shōu yì lǜ	annualized rate of return	2.2.
年均增长率	年均增長率	nián jūn zēng zhǎng lǜ	average annual growth rate	2.1.1.
年利率	年利率	nián lì lǜ	annual interest rate	2.2.
扭亏为盈	扭虧為盈	niǔ kuī wéi yíng	turn the business around; go from a loss to a profit	4.1.4.
纽约股市	紐約股市	niǔ yuē gǔ shì	New York Stock Exchange (NYSE)	7.2.
牛仔精神	牛仔精神	niú zǎi jīng shén	cowboy spirit	5.1.2.
扭转	扭轉	niú zhuǎn	try to reverse	3.1.1.
农村包围城市	農村包圍城市	nóng cūn bāo wéi chéng shì	lit. Maoist revolutionary discourse: encircling the cities from the countryside; fig. conquer the rural markets first and then take over the urban markets	4.1.2.
农村劳动力	農村勞動力	nóng cūn láo dòng lì	rural labor force	5.2.
女婿	女婿	nǚ xu	son-in-law	6.1.2.
诺贝尔	諾貝爾	nuò bèi ěr	Nobel	3.2.
诺贝尔奖	諾貝爾獎	nuò bèi ěr jiǎng	Nobel Prize	5.2.

O

简体	繁體	拼音	英文	序號
欧宝	歐寶	ōu bǎo	Adam Opel AG	6.1.3.
欧盟	歐盟	ōu méng	European Union (EU)	4.1.3.
欧元	歐元	ōu yuán	Euro	4.1.3.

P

简体	繁體	拼音	英文	序號
POS 机	POS 機	pos jī	point of sale	2.1.2.
排名	排名	pái míng	ranking	7.2.
排他性	排他性	pái tā xìng	exclusive	1.1.2.
排座次	排座次	pái zuò cì	lit. arrange the order of seats; seating arrangement; fig. arrange positions or ranks in accordance with seniority (in a company)	5.1.3.
庞然大物	龐然大物	páng rán dà wù	colossus; giant	2.2.
泡沫	泡沫	pào mò	bubble	1.1.1.
赔	賠	péi	lose (money)	3.1.3.
培训课程	培訓課程	péi xùn kè chéng	training program	5.1.2.
培训师	培訓師	péi xùn shī	trainer	5.1.2.
培育	培育	péi yù	cultivate; develop	6.1.5.
膨胀	膨脹	péng zhàng	inflated; expand; swell	8.1.1.

简体	繁體	拼音	英文	序號
皮尔卡丹	皮爾卡丹	pí ěr kǎ dān	Pierre Cardin	6.1.1.
披露	披露	pī lù	disclose; disclosure	1.2.
疲软	疲軟	pí ruǎn	sluggish	8.2.
偏重	偏重	piān zhòng	stress; emphasize	2.1.2.
票据	票據	piào jù	note; bill	2.2.
品牌	品牌	pǐn pái	brand	3.1.2.
平	平	píng	balance	2.2.
评估	評估	píng gū	evaluation; assessment	4.2.
苹果	蘋果	píng guǒ	Apple Inc.	1.2.
平衡	平衡	píng héng	balance	3.2.
评级	評級	píng jí	credit rating	3.2.
评级机构	評級機構	píng jí jī gòu	credit rating agency	8.2.
评价	評價	píng jià	appraisal	4.2.
平均价格指数	平均價格指數	píng jūn jià gé zhǐ shù	average price index	8.2.
平起平坐	平起平坐	píng qǐ píng zuò	stand on an equal footing with (someone)	7.1.1.
平台	平台	píng tái	platform	1.2.
平准基金	平準基金	píng zhǔn jī jīn	stabilization fund	7.2.
破产	破產	pò chǎn	bankruptcy	4.2.
破产保护	破產保護	pò chǎn bǎo hù	bankruptcy protection	3.2.
破产法庭	破產法庭	pò chǎn fǎ tíng	bankruptcy court	7.2.
破坏性	破壞性	pò huài xìng	disruptive	3.2.
破裂	破裂	pò liè	burst; pop	5.2.
破灭	破滅	pò miè	burst	1.1.1.
普鲁士	普魯士	pǔ lǔ shì	Prussia	7.1.1.
铺天盖地	鋪天蓋地	pū tiān gài dì	fig. on a massive scale; lit. blanket the earth and eclipse the sky	5.2.

Q

简体	繁體	拼音	英文	序號
起步	起步	qǐ bù	start; beginning	3.1.2.
起点	起點	qǐ diǎn	starting point	3.1.3.
起伏	起伏	qǐ fú	ups and downs	4.1.4.
奇迹	奇跡	qí jì	miracle	1.2.
启蒙	啟蒙	qǐ méng	enlighten	6.1.2.
期权	期權	qī quán	stock option	1.2.
期望	期望	qī wàng	expectation; expect	4.1.2.
欺诈	欺詐	qī zhà	fraud	8.1.5.
签订	簽訂	qiān dìng	sign	4.2.
潜伏	潛伏	qián fú	lie low	6.1.3.
潜规则	潛規則	qián guī zé	unwritten rule; unspoken rule	7.1.2.
钱荒	錢荒	qián huāng	cash shortage	2.2.
前景	前景	qián jǐng	prospect; outlook	5.1.4.
潜力	潛力	qián lì	potential	5.2.

简体	繁體	拼音	英文	序號
签署	簽署	qiān shǔ	sign	3.1.1.
前途	前途	qián tú	future	4.2.
潜在	潛在	qián zài	potential	6.1.1.
抢红包	搶紅包	qiǎng hóng bāo	fight for traditional Spring Festival red envelope gift which contains money; lit. a Chinese tradition where elders will seal cash in red envelopes and distribute them to children and teenagers	2.1.1.
强生	強生	qiáng shēng	Johnson & Johnson	5.1.3.
强势	強勢	qiáng shì	mighty	6.1.5.
抢手	搶手	qiǎng shǒu	in great demand	1.2.
强项	強項	qiáng xiàng	strength	5.1.4.
强心剂	強心劑	qiáng xīn jì	defibrillation; shock; jolt	1.2.
桥梁	橋樑	qiáo liáng	bridge	7.1.1.
巧手斡旋	巧手斡旋	qiǎo shǒu wò xuán	mediate skillfully	3.1.1.
乔治·阿玛尼	喬治·阿瑪尼	qiáo zhì · ā mǎ ní	Giorgio Armani	5.1.5.
乔治·伊士曼	喬治·伊士曼	qiáo zhì yī shì màn	George Eastman, founder of Eastman Kodak Company	3.2.
切断	切斷	qiē duàn	cut off; disconnect	2.1.1.
切入点	切入點	qiē rù diǎn	springboard; launch pad	4.1.2.
勤劳	勤勞	qín láo	diligent	5.2.
情结	情結	qíng jié	complex (a psychology term to describe one's perception of a particular topic)	5.1.3.
青梅竹马	青梅竹馬	qīng méi zhú mǎ	childhood's sweet hearts; lit. green plums and a bamboo horse	6.1.5.
清算	清算	qīng suàn	liquidation	4.2.
轻信	輕信	qīng xìn	readily believe; readily trust	7.1.3.
求存	求存	qiú cún	struggle to survive	4.1.2.
去	去	qù	de-	2.1.2.
渠道	渠道	qú dào	channel	2.1.2.
取而代之	取而代之	qǔ ér dài zhī	supersede; replace	7.1.1.
取决于	取決於	qǔ jué yú	depend on	2.2.
取胜	取勝	qǔ shèng	win	5.1.3.
趋势	趨勢	qū shì	trend	2.1.2.
去中介化	去中介化	qù zhōng jiè huà	disintermediation	2.1.2.
权力	權力	quán lì	power; authority	4.1.3.
全球化	全球化	quán qiú huà	globalization	4.1.1.
全权负责	全權負責	quán quán fù zé	full responsibility	6.2.
诠释	詮釋	quán shì	explanation	3.1.2.
全线暴跌	全線暴跌	quán xiàn bào diē	tumble across the board	7.2.
全线大幅下挫	全線大幅下挫	quán xiàn dà fú xià cuò	tumble across the board	8.2.
全资收购	全資收購	quán zī shōu gòu	buyout fully	3.1.2.
缺乏	缺乏	quē fá	lack	4.1.3.

简体	繁體	拼音	英文	序號
缺乏	缺乏	quē fá	shortcoming	5.2.
缺陷	缺陷	quē xiàn	deficiency; shortcoming	5.2.

R

简体	繁體	拼音	英文	序號
让步	讓步	ràng bù	concession	4.2.
绕过	繞過	rào guò	bypass	2.1.1.
忍	忍	rěn	endure; put up with	4.2.
人才	人才	rén cái	talented person	5.1.2.
认可	認可	rèn kě	approve; approval	3.1.2.
人力资源	人力資源	rén lì zī yuán	human resource (HR)	5.1.5.
人脉关系	人脈關係	rén mài guān xì	social connection	6.1.2.
人生地不熟	人生地不熟	rén shēng dì bù shú	be a stranger in a strange land	6.1.2.
人性化	人性化	rén xìng huà	human	4.2.
认真	認真	rèn zhēn	dedicated; earnest; serious	5.2.
认知度	認知度	rèn zhī dù	degree of (brand) recognition	4.1.2.
日本	日本	rì běn	Japan	4.1.3.
日常运营	日常運營	rì cháng yùn yíng	daily operations	6.2.
日趋成熟	日趨成熟	rì qū chéng shú	mature with each passing day; mature gradually	5.1.5.
融合	融合	róng hé	merge; integrate	6.1.5.
容量	容量	róng liàng	capacity	4.1.2.
融资	融資	róng zī	financing; fund raising	7.1.3.
融资额	融資額	róng zī é	amount of financing	1.2.
融资方	融資方	róng zī fāng	issuer; borrower	7.1.1.
融资者	融資者	róng zī zhě	borrower; issuer	8.1.1.
柔性管理	柔性管理	róu xìng guǎn lǐ	flexible management	2.1.3.
入场券	入場券	rù chǎng quàn	entry ticket	4.1.3.
软件	軟件	ruǎn jiàn	software	5.1.5.
瑞典	瑞典	ruì diǎn	Sweden	6.2.
瑞斯特家族	瑞斯特家族	ruì sī tè jiā zú	Rothschild family	7.1.1.
瑞银	瑞銀	ruì yín	United Bank of Switzerland (UBS)	7.1.1.
弱	弱	ruò	weak	4.1.4.
弱势群体	弱勢群體	ruò shì qún tǐ	disadvantaged group	2.1.3.

S

简体	繁體	拼音	英文	序號
SEC (美国证券交易委员会)	SEC (美國證券交易委員會)		Securities and Exchange Commission	1.2.
ST 帽子	ST 帽子	mào zi	"Special Treatment" (ST) label	4.1.5.
赛场	賽場	sài chǎng	arena	4.1.3.
散户	散戶	sǎn hù	individual investor or client	2.2.
三明治	三明治	sān míng zhì	sandwich	5.1.4.
杀伤武器	殺傷武器	shā shāng wǔ qì	lethal weapon	8.1.5.
商流	商流	shāng liú	commodity flow	1.2.
上市	上市	shàng shì	IPO; go public; listed publicly	1.2.
上市公司	上市公司	shàng shì gōng sī	publicly listed company	3.1.3.

简体	繁體	拼音	英文	序號
上手	上手	shàng shǒu	begin with	4.1.2.
上网	上網	shàng wǎng	get online	2.1.2.
上线	上線	shàng xiàn	go live	1.1.2.
上限	上限	shàng xiàn	upper limit; ceiling	2.2.
上扬	上揚	shàng yáng	upturn; upward swing; soar; raise	1.2.
商业常识	商業常識	shāng yè cháng shí	business common sense	1.1.3.
商业模式	商業模式	shāng yè mó shì	business model	5.2.
商业市场	商業市場	shāng yè shì chǎng	commercial market	8.1.2.
商业银行	商業銀行	shāng yè yín háng	commercial bank	2.1.1.
稍纵即逝	稍縱即逝	shāo zòng jí shì	lit. it's gone when the grip is slightly relaxed; fig. fleeting; transient	1.1.4.
奢望	奢望	shē wàng	pipe dream; fantasy	8.1.5.
申购	申購	shēn gòu	purchase; subscribe	2.2.
审计师	審計師	shěn jì shī	auditor	7.1.4.
神秘	神秘	shén mì	mystical	5.1.4.
审批	審批	shěn pī	examination and approval	6.2.
申请	申請	shēn qǐng	apply; application	5.1.4.
生产商	生產商	shēng chǎn shāng	manufacturer	4.1.3.
生命保险	生命保險	shēng mìng bǎo xiǎn	life insurance	8.1.4.
生命力	生命力	shēng mìng lì	vitality	4.1.1.
胜算	勝算	shèng suàn	odds of success	6.1.5.
生态体系	生態體系	shēng tài tǐ xì	ecosystem	1.2.
生意	生意	shēng yi	business	5.1.1.
声誉倒地	聲譽倒地	sheng yù dǎo dì	loss of reputation	7.1.1.
盛赞	盛讚	shèng zàn	high praise; rave reviews	4.1.5.
市场份额	市場份額	shì chǎng fèn é	market share	1.1.4.
市场化	市場化	shì chǎng huà	liberalize	2.2.
市场营销	市場營銷	shì chǎng yíng xiāo	marketing	5.1.4.
市场占有率	市場佔有率	shì chǎng zhàn yǒu lǜ	market share percentage	3.1.2.
《时代》	《時代》	shí dài	*Time*	5.1.1.
实地考察	實地考察	shí dì kǎo chá	on-site inspection	4.1.2.
试点企业	試點企業	shì diǎn qǐ yè	experimental enterprise	5.1.5.
释放	釋放	shì fàng	unleash	6.2.
世界金融体系	世界金融體系	shì jiè jīn róng tǐ xì	global financial system	7.2.
世界五百强	世界五百強	shì jiè wǔ bǎi qiáng	Fortune Global 500	5.1.1.
时空转换	時空轉換	shí kōng zhuǎn huàn	lit. space-time transformation; fig. change ways of thinking	4.1.2.
实力	實力	shí lì	strength; ability	5.1.4.
失利	失利	shī lì	fail; failure; suffer a setback	4.1.4.
实力悬殊	實力懸殊	shí lì xuán shū	mismatch; great disparity of power	1.1.2.
使命	使命	shǐ mìng	mission	3.1.1.
施奈德	施奈德	shī nài dé	Schneider Electronics AG	6.1.2.

简体	繁體	拼音	英文	序號
石破天惊	石破天驚	shí pò tiān jīng	stunning; lit. rock-shattering and heaven-shaking	2.2.
失守	失守	shī shǒu	break through	8.2.
势态	勢態	shì tài	situation; tendency; state	5.2.
实体	實體	shí tǐ	physical location	2.1.2.
势头	勢頭	shì tóu	momentum	4.1.2.
史无前例	史無前例	shǐ wú qián lì	unprecedented	3.1.1.
誓言	誓言	shì yán	oath; pledge	4.1.3.
适应	適應	shì yìng	adapt	4.1.5.
实质	實質	shí zhì	essence	2.1.3.
市值	市值	shì zhí	market cap	1.2.
收报	收報	shōu bào	closing price at	1.2.
首度	首度	shǒu dù	for the first time	3.1.3.
守法	守法	shǒu fǎ	obey the law; law-abiding	5.1.5.
首付	首付	shǒu fù	down payment	8.1.1.
收购	收購	shōu gòu	acquisition; acquire	3.1.1.
收购价	收購價	shōu gòu jià	acquisition price	6.2.
收购者	收購者	shōu gòu zhě	buyer	7.2.
售后服务	售後服務	shòu hòu fú wù	warranty service	4.1.3.
手机	手機	shǒu jī	cell phone	4.1.3.
收集	收集	shōu jí	gathering; collecting	2.1.2.
手机端	手機端	shǒu jī duān	mobile site	2.1.2.
手机银行	手機銀行	shǒu jī yín háng	mobile banking	2.1.2.
寿命	壽命	shòu mìng	lifespan	4.1.1.
收盘	收盤	shōu pán	closing	1.2.
首席财务官	首席財務官	shǒu xí cái wù guān	chief financial officer (CFO)	6.2.
首席投资策略师	首席投資策略師	shǒu xí tóu zī cè lüè shī	Chief Investment Strategist	8.2.
手续费	手續費	shǒu xù fèi	fee; commission	2.1.1.
收益	收益	shōu yì	income; earning	2.1.2.
收益率	收益率	shōu yì lù	rate of return	8.1.2.
赎回	贖回	shú huí	redeem	2.2.
数据	數據	shù jù	data	1.1.1.
数量	數量	shù liàng	volume	3.1.3.
数码成像	數碼成像	shù mǎ chéng xiàng	digital imaging	3.2.
数码化	數碼化	shù mǎ huà	digitization	3.1.3.
数码相机	數碼相機	shù mǎ xiàng jī	digital camera	3.1.3.
输血	輸血	shū xuè	capital injection; lit. blood transfusion	7.1.1.
衰退	衰退	shuāi tuì	recession; decline	1.1.1.
率先	率先	shuài xiān	first to (do sth.); take the lead	1.2.
双双盈利	雙雙盈利	shuāng shuāng yíng lì	both profitable	4.1.5.
水浒	水滸	shuǐ hǔ	*Water Margin*	5.1.3.
税务局	稅務局	shuì wù jú	tax bureau	5.1.5.
顺畅	順暢	shùn chàng	smooth	5.1.5.
顺应大势	順應大勢	shùn yìng dà shì	follow a trend	2.1.2.

简体	繁體	拼音	英文	序號
硕果	碩果	shuò guǒ	lit. bountiful fruit; fig. crown jewel	3.1.2.
四川腾中重工机械有限公司	四川騰中重工機械有限公司	sì chuān téng zhōng zhòng gōng jī xiè yǒu xiàn gōng sī	Sichuan Tengzhong Heavy Industrial Machinery Company Ltd.	6.1.1.
思路	思路	sī lù	style of thinking	5.1.2.
思维	思維	sī wéi	way of thinking	4.1.2.
思维方式	思維方式	sī wéi fāng shì	way of thinking; mindset	2.1.3.
私营	私營	sī yíng	privately-owned; privately-operated; private	3.1.1.
四座皆惊	四座皆驚	sì zuò jiē jīng	surprising to everyone	6.1.1.
苏宁电器	蘇寧電器	sū níng diàn qì	Suning Applicance Company Ltd.	6.1.1.
俗语	俗語	sú yǔ	adage; proverb; saying	5.1.2.
碎片	碎片	suì piàn	fragmented; scattered	2.1.2.
损失	損失	sǔn shī	loss	1.1.4.
缩减	縮減	suō jiǎn	reduce	4.1.3.
缩水	縮水	suō shuǐ	shrink	6.1.1.
缩写	縮寫	suō xiě	abbreviation	8.1.4.

T

简体	繁體	拼音	英文	序號
态度	態度	tài dù	attitude; outlook	5.1.2.
太过自信	太過自信	tài guò zì xìn	overconfident	4.2.
摊薄	攤薄	tān báo	dilute	4.2.
贪婪	貪婪	tān lán	greedy	8.1.5.
谈判	談判	tán pàn	negotiation	4.2.
探索	探索	tàn suǒ	explore	4.1.1.
坍塌	坍塌	tān tā	collapse	2.2.
探讨	探討	tàn tǎo	probe	8.1.5.
汤姆逊	湯姆遜	tāng mǔ xùn	Thomson	4.1.3.
淘宝	淘寶	táo bǎo	Taobao, one of the largest Chinese websites for online shopping	1.1.2.
特点	特點	tè diǎn	feature; characteristic	2.1.1.
特殊目的公司	特殊目的公司	tè shū mù dì gōng sī	Special Purpose Vehicle (SPV)	8.1.2.
特许	特許	tè xǔ	special permission	6.1.2.
特征	特徵	tè zhēng	feature	2.2.
腾讯	騰訊	téng xùn	Tencent Holdings Ltd.	1.2.
提	提	tí	withdraw	2.1.1.
替代	替代	tì dài	replace; substitute	2.1.1.
提升	提升	tí shēng	elevate; improve	6.2.
体系	體系	tǐ xì	system	4.1.1.
体制	體制	tǐ zhì	system	4.1.2.
天弘基金	天弘基金	tiān hóng jī jīn	Tianhong Asset Management Co.	2.2.
天职	天職	tiān zhí	obligation; duty	2.1.2.
跳板	跳板	tiào bǎn	stepping stone	5.1.4.

简体	繁體	拼音	英文	序號
跳槽	跳槽	tiào cáo	job-hopping	5.1.4.
条款	條款	tiáo kuǎn	clause	5.2.
挑战	挑戰	tiǎo zhàn	challenge	4.1.5.
调整	調整	tiáo zhěng	adjust; regulate	4.1.5.
停转	停轉	tíng zhuǎn	shut down; stop operation	3.1.1.
通病	通病	tōng bìng	common problem	3.2.
统计	統計	tǒng jì	statistic	6.1.1.
统计局	統計局	tǒng jì jú	statistics bureau	5.1.5.
同仁	同仁	tóng rén	colleague; peer	2.2.
同事	同事	tóng shì	colleague	4.1.2.
通用汽车公司 (简称：通用)	通用汽車公司 (簡稱：通用)	tōng yòng qì chē gōng sī	General Motors (GM)	6.1.1.
透	透	tòu	thorough; exhaustive	4.2.
投放投产	投放投產	tóu fàng tóu chǎn	production launch	6.2.
头号大敌	頭號大敵	tóu hào dà dí	number one enemy	2.2.
透明化	透明化	tòu míng huà	transparency	1.2.
投入巨资	投入巨資	tóu rù jù zī	large scale investment; huge investment	3.1.3.
投资	投資	tóu zī	invest	4.1.2.
投资方	投資方	tóu zī fāng	investor	7.1.1.
投资银行 (简称：投行)	投資銀行 (簡稱：投行)	tóu zī yín háng	investment bank	7.1.1.
投资者	投資者	tóu zī zhě	investor	8.1.1.
突破	突破	tū pò	breakthrough	3.1.1.
突破	突破	tū pò	surpass	8.2.
突破口	突破口	tū pò kǒu	niche	5.1.4.
突如其来	突如其來	tū rú qí lái	arise suddenly	4.1.2.
图书管理员	圖書管理員	tú shū guǎn lǐ yuán	librarian	5.1.1.
团队	團隊	tuán duì	team	4.1.2.
蜕变	蛻變	tuì biàn	transmute; transmutation	4.1.1.
退出	退出	tuì chū	withdraw	3.1.3.
褪掉	褪掉	tuì diào	fade	4.1.5.
颓势	頹勢	tuí shì	downturn	3.1.1.
退市	退市	tuì shì	delisted	1.2.
推销	推銷	tuī xiāo	marketing; promote	2.1.1.
退休金	退休金	tuì xiū jīn	pension	6.2.
托管人	托管人	tuō guǎn rén	custodian	2.2.
脱离	脫離	tuō lí	detach from	2.1.1.
脱落	脫落	tuō luò	fall off	4.1.1.
脱媒	脫媒	tuō méi	(financial) disintermediation	2.1.1.
脱胎换骨	脫胎換骨	tuō tāi huàn gǔ	be reborn; thoroughly remold oneself；undergo radical transformation	4.1.5.
拓展	拓展	tuò zhǎn	expand; expansion	4.2.

W

简体	繁體	拼音	英文	序號
挖掘	挖掘	wā jué	delve into	2.1.2.
外汇管制	外匯管制	wài huì guǎn zhì	foreign exchange control	5.1.5.
外交官	外交官	wài jiāo guān	diplomat	3.1.1.
外来的和尚好念经	外來的和尚好唸經	wài lái de hé shàng hǎo niàn jīng	lit. The priest from abroad has an easy time preaching; fig. A foreign individual or entity is afforded preferential status, treatment, or exemptions solely because it is foreign.	5.1.2.
外贸	外貿	wài mào	foreign trade	1.1.4.
外媒	外媒	wài méi	foreign media	1.2.
外向型	外向型	wài xiàng xíng	export-oriented	4.1.2.
玩不转	玩不轉	wán bú zhuàn	not manageable; not workable	6.1.4.
完善	完善	wán shàn	well-tuned; sophisticated	5.1.2.
万亿	萬億	wàn yì	trillion	2.1.1.
玩意儿	玩意兒	wán yì er	stuff	8.1.3.
网吧	網吧	wǎng bā	internet cafe	1.1.2.
望而却步	望而卻步	wàng ér què bù	pull back at the sight of sth.	1.1.3.
网购	網購	wǎng gòu	online shopping	1.1.4.
网景	網景	wǎng jǐng	Netscape Communications Corporation	1.2.
网络	網絡	wǎng luò	network	4.1.2.
网民	網民	wǎng mín	internet user; netizen	2.1.2.
网上银行	網上銀行	wǎng shàng yín háng	internet banking	2.1.2.
微博	微博	wēi bó	Sina Weibo	2.2.
危机感	危機感	wēi jī gǎn	sense of crisis; unease	1.1.1.
未来	未來	wèi lái	future	4.1.1.
微软	微軟	wēi ruǎn	Microsoft	1.2.
威胁	威脅	wēi xié	threaten; intimidate	3.2.
微信	微信	wēi xìn	WeChat	1.2.
违约	違約	wéi yuē	default	8.1.2.
文化区别	文化區別	wén huà qū bié	cultural difference	5.2.
文献	文獻	wén xiàn	document	4.1.5.
沃尔沃	沃爾沃	wò ěr wò	Volvo	6.2.
无独有偶	無獨有偶	wú dú yǒu ǒu	coincidentally	6.1.1.
雾里看花	霧裏看花	wù lǐ kàn huā	fig. shaky understanding; have a hazy idea; lit. as if seeing flowers in a fog	6.1.3.
物流	物流	wù liú	logistics	2.1.2.
污染	污染	wū rǎn	pollution	6.2.
五味杂陈	五味雜陳	wǔ wèi zá chén	mixed feelings	4.1.3.
武侠人物	武俠人物	wǔ xiá rén wù	martial arts character	1.1.1.
无懈可击	無懈可擊	wú xiè kě jī	impeccable; invulnerable	6.1.2.
无知者无畏	無知者無畏	wú zhī zhě wú wèi	knowing nothing, fear nothing	6.1.4.

X

简体	繁體	拼音	英文	序號
洗礼	洗禮	xǐ lǐ	baptize	4.2.
系列产品	系列產品	xì liè chán pǐn	product line	6.2.
西门子	西門子	xī mén zǐ	Siemens AG	4.1.4.
洗脑	洗腦	xǐ nǎo	brain wash	6.1.5.
昔日	昔日	xī rì	bygone; old days	4.1.2.
牺牲品	犧牲品	xī shēng pǐn	victim	7.2.
吸收	吸收	xī shōu	absorb; attract	2.1.3.
系统	系統	xì tǒng	system	4.1.3.
系统化	系統化	xì tǒng huà	systematization	5.1.4.
夕阳产业	夕陽產業	xī yáng chǎn yè	lit. sunset industry; fig. declining industry	6.1.2.
下仓	下倉	xià cāng	submit a trade order	7.1.3.
下挫	下挫	xià cuò	decline; drop	7.2.
下滑	下滑	xià huá	fall; slump	8.1.1.
下调	下調	xià tiáo	downgrade	8.2.
现场调查	現場調查	xiàn chǎng diào chá	on-site inspection	2.1.2.
项目	項目	xiàn gmù	project	3.1.1.
显赫	顯赫	xiǎn hè	outstanding	3.1.1.
现金	現金	xiàn jīn	cash	2.2.
现金流	現金流	xiàn jīn liú	cash flow	8.1.2.
陷阱	陷阱	xiàn jǐng	trap	6.1.5.
陷入僵局	陷入僵局	xiàn rù jiāng jú	reach a deadlock	3.1.1.
线上	線上	xiàn shàng	online	2.1.2.
线下	線下	xiàn xià	offline	2.1.2.
显像管	顯像管	xiǎn xiàng guǎn	CRT	6.1.2.
相辅相成	相輔相成	xiāng fǔ xiāng chéng	complementary	2.1.3.
相继	相繼	xiāng jì	successively	7.2.
消费方式	消費方式	xiāo fèi fāng shì	purchasing or buying behavior or habit	2.1.1.
消费者	消費者	xiāo fèi zhě	consumer	4.1.2.
效果	效果	xiào guǒ	effect	4.1.3.
消化	消化	xiāo huà	digest; absorb	6.1.2.
消极	消極	xiāo jí	negative	4.2.
销量	銷量	xiāo liàng	sales (volume)	4.2.
销售	銷售	xiāo shòu	sale; sell	4.1.2.
销售量	銷售量	xiāo shòu liàng	sales volume	4.1.3.
小土豆	小土豆	xiǎo tǔ dòu	small potato	5.1.4.
消亡殆尽	消亡殆盡	xiāo wáng dài jìn	vanish	2.2.
卸任	卸任	xiè rèn	step down (from a position)	2.1.1.
协调	協調	xié tiáo	coordination; coordinate	3.1.1.
协议	協議	xié yì	agreement	3.1.1.
协议存款	協議存款	xié yì cún kuǎn	negotiated rate savings	2.2.
信贷	信貸	xìn dài	credit and lending	2.1.1.

简体	繁體	拼音	英文	序號
心得	心得	xīn dé	knowledge (gained through experience)	5.1.2.
心理关口	心理關口	xīn lǐ guān kǒu	psychological barrier	8.2.
心态	心態	xīn tài	state of mind; mindset; temperament	5.1.2.
心头之患	心頭之患	xīn tóu zhī huàn	serious concern	2.1.1.
新闻发布会	新聞發布會	xīn wén fā bù huì	press conference	7.2.
《新闻周刊》	《新聞周刊》	xīn wén zhōu kān	*Newsweek*	5.1.1.
信息	信息	xìn xī	information	2.1.2.
信息化	信息化	xìn xī huà	informationalization	2.1.2.
信息流	信息流	xìn xī liú	information flow	2.1.2.
欣欣向荣	欣欣向榮	xīn xīn xiàn gróng	flourishing; thriving	3.1.1.
信用	信用	xìn yòng	credit worthiness; credibility	5.1.5.
信用卡	信用卡	xìn yòng kǎ	credit card	2.1.1.
信用评级	信用評級	xìn yòng píng jí	credit rating	8.1.2.
信用危机	信用危機	xìn yòng wēi jī	credit crisis	2.2.
信用违约互换	信用違約互換	xìn yòng wéi yuē hù huàn	Credit Default Swap (CDS)	8.1.4.
心有余悸	心有餘悸	xīn yǒu yú jì	have a lingering fear	1.1.4.
信誉	信譽	xìn yù	credibility; reputation	7.1.1.
幸存	倖存	xìng cún	survive	7.2.
性能	性能	xìng néng	functionality	4.1.5.
行人	行人	xíng rén	pedestrian	6.2.
形式	形式	xíng shì	form	5.1.2.
熊市	熊市	xióng shì	bear market	8.2.
雄心	雄心	xióng xīn	ambition	4.1.2.
嗅	嗅	xiù	sniff; smell	8.1.5.
修正	修正	xiū zhèng	revise; correct; rectify	4.1.4.
许可证	許可證	xú kě zhèng	license; certification; permit	5.1.4.
需求	需求	xū qiú	demand	2.1.1.
悬	懸	xuán	imperiled; in a dangerous condition	5.2.
宣传队	宣傳隊	xuān chuán duì	propaganda team	4.1.2.
宣言书	宣言書	xuān yán shū	declaration; manifesto	4.1.2.
炫耀	炫耀	xuàn yào	show off; showy	6.1.2.
雪崩效应	雪崩效應	xuě bēng xiào yìng	avalanche	2.2.
削减债务	削減債務	xuē jiǎn zhài wù	debt reduction	8.2.
削弱	削弱	xuē ruò	weaken; cripple	7.1.1.
学识	學識	xué shí	knowledge	5.1.1.
讯号	訊號	xùn hào	message; signal	4.1.3.
迅猛	迅猛	xùn měng	rapid; swift and fierce	5.1.1.

Y

简体	繁體	拼音	英文	序號
雅虎	雅虎	yǎ hǔ	Yahoo	1.1.3.
亚马逊	亞馬遜	yà mǎ xùn	Amazon	1.1.1.
亚太区	亞太區	yà tài qū	Asia-Pacific region	3.1.1.

简体	繁體	拼音	英文	序號
演变	演變	yǎn biàn	evolve; evolution	7.1.1.
研发	研發	yán fā	research and development (R&D)	5.1.5.
沿革	沿革	yán gé	reform	3.1.3.
眼光	眼光	yǎn guāng	vision	3.2.
严谨	嚴謹	yán jǐn	exacting; precise	5.1.2.
严峻	嚴峻	yán jùn	serious; severe; tough	2.1.2.
严密	嚴密	yán mì	exacting	6.2.
衍生产品	衍生產品	yǎn sheng chǎn pǐn	derivative	7.1.1.
衍生品	衍生品	yǎn shēng pǐn	derivative	8.1.4.
岩石	巖石	yán shí	rock	4.1.1.
言退	言退	yán tuì	talk about withdrawal	4.1.2.
延续	延續	yán xù	continue	4.2.
央行	央行	yāng háng	Central Bank	2.2.
养尊处优	養尊處優	yǎng zūn chǔ yōu	enjoy wealth and prestige	8.1.1.
谣传	謠傳	yáo chuán	rumor	7.1.1.
要素	要素	yào sù	relevant factor	4.1.5.
业绩	業績	yè jì	performance; achievement	4.1.2.
液晶面板	液晶面板	yè jīng miàn bǎn	LCD panel	4.2.
业态	業態	yè tài	business model	2.1.2.
业务模式	業務模式	yè wù mó shì	business model	8.1.1.
业务拓展	業務拓展	yè wù tuò zhǎn	business development	3.1.1.
野心	野心	yě xīn	ambition	3.1.2.
易贝	易貝	yì bèi	eBay	1.1.1.
一波三折	一波三折	yì bō sān zhé	ups and downs; twists and turns	6.1.1.
一旦	一旦	yí dàn	once	4.2.
移动	移動	yí dòng	mobile	2.1.2.
移动支付	移動支付	yí dòng zhī fù	mobile payment	2.1.2.
以攻为守	以攻為守	yǐ gōng wéi shǒu	the best defense is a good offense	1.1.1.
依据	依據	yī jù	basis	5.2.
一口吃成一个胖子	一口吃成一個胖子	yì kǒu chī chéng yí gè pàng zi	lit. become obese by eating a single mouthful; fig. achieve instantaneous and spectacular results; overnight success	4.1.2.
依赖	依賴	yī lài	rely on; dependent on	5.2.
一揽子	一攬子	yì lǎn zǐ	a package of	3.1.2.
一去不复返	一去不復返	yí qù bú fù fǎn	gone forever	3.2.
易趣网	易趣網	yì qù wǎng	eachnet.com, a Chinese e-commerce company	1.1.1.
一日千里	一日千里	yí rì qiān lǐ	by leaps and bounds	2.1.2.
仪式	儀式	yí shì	ceremony	6.2.
一条龙服务	一條龍服務	yì tiáo lóng fú wù	full service	5.1.3.
意图	意圖	yì tú	intention	8.1.5.
意想不到	意想不到	yì xiǎng bú dào	unexpected; unforeseen	4.2.
一小批	一小批	yì xiǎo pī	a small group or batch of	4.1.2.

简体	繁體	拼音	英文	序號
意义	意義	yì yì	meaning	4.1.2.
移植	移植	yí zhí	transplant	6.1.3.
印第安纳州	印第安納州	yìn dì ān nà zhōu	State of Indiana	4.1.3.
银行间外汇交易所指数	銀行間外匯交易所指數	yín háng jiān wài huì jiāo yì suǒ zhǐ shù	Micex Composite Index	8.2.
隐患	隱患	yǐn huàn	hidden danger	1.1.4.
银团贷款 （又称辛迪加贷款）	銀團貸款 （又稱辛迪加貸款）	yín tuán dài kuǎn	syndicated loan	4.2.
姻缘	姻緣	yīn yuán	serendipitous meeting of lovers	5.1.1.
鹰	鷹	yīng	eagle	4.1.1.
盈亏平衡点	盈虧平衡點	yíng kuī píng héng diǎn	break-even point (BEP)	4.1.5.
盈利	盈利	yíng lì	profitable; making profit; earnings; profitability	1.1.1.
赢利	贏利	yíng lì	making profit	4.1.2.
应声倒地	應聲倒地	yīng shēng dǎo dì	collapse suddenly; crumble	8.1.1.
影响力	影響力	yíng xiǎng lì	power of influence	4.1.3.
营销	營銷	yíng xiāo	marketing	2.1.1.
营销力	營銷力	yíng xiāo lì	marketing power	4.1.5.
营养	營養	yíng yǎng	nutrition	8.1.1.
营业厅	營業廳	yíng yè tīng	(bank's) lobby	2.1.1.
应用	應用	yìng yòng	use; application	2.1.1.
用户	用戶	yòng hù	user	1.1.3.
永隆银行	永隆銀行	yǒng lóng yín háng	Wing Lung Bank (Hong Kong)	2.1.1.
诱发	誘發	yòu fā	induce; lead to; cause	7.1.3.
诱惑	誘惑	yòu huò	temptation	6.1.1.
游击战	游擊戰	yóu jī zhàn	guerrilla warfare	5.1.4.
油价	油價	yóu jià	price of oil	7.2.
有价证券	有價證券	yǒu jià zhèng quàn	a security with value	2.2.
游离	游離	yóu lí	dissociate; unassociated	3.1.2.
优势	優勢	yōu shì	advantage; merit	2.1.1.
有收益	有收益	yǒu shōu yì	beneficial	6.1.2.
油水	油水	yóu shuǐ	profit	6.1.3.
游戏规则	游戲規則	yóu xì guī zé	rules of game	1.1.3.
有限	有限	yǒu xiàn	controllable; containable	8.1.1.
优先考虑的机会	優先考慮的機會	yōu xiān kǎo lǜ de jī huì	right of the first offer	3.1.2.
优秀	優秀	yōu xiù	excellent; brilliant	4.2.
有这么两下子	有這麼兩下子	yǒu zhè me liǎng xià zi	have the skills	5.1.2.
有争议	有爭議	yǒu zhēng yì	controversial; disputable	3.2.
预备队	預備隊	yù bèi duì	reserve forces	4.2.
预测	預測	yù cè	forecast	1.2.
愚蠢	愚蠢	yú chǔn	stupid	6.1.2.
余地	餘地	yú dì	room to breathe; room to move; leeway	8.1.2.

简体	繁體	拼音	英文	序號
余额宝	餘額寶	yú é bǎo	Yu'ebao, Alibaba's on-line money market fund	2.1.1.
羽毛	羽毛	yǔ máo	feather	4.1.1.
与生俱来	與生俱來	yǔ shēng jù lái	innate	4.1.2.
冤大头	冤大頭	yuān dà tóu	foolish spender; someone with more money than sense	6.1.4.
缘分	緣份	yuán fèn	destiny; fate	5.1.1.
员工	員工	yuán gōng	staff	4.1.5.
远见	遠見	yuǎn jiàn	foresight	4.1.2.
原理	原理	yuán lǐ	principle; basis	8.1.5
源于	源於	yuán yú	be derived; originated from	2.1.2.
远远不止	遠遠不止	yuǎn yuǎn bù zhǐ	far more than	7.2.
远征	遠征	yuǎn zhēng	expedition	4.1.4.
月供	月供	yuè gòng	monthly installment; monthly mortgage payment	8.1.1.
阅历	閱歷	yuè lì	experience	3.1.1.
约束	約束	yuē shù	constraint; restriction	1.2.
云诡波谲	雲詭波譎	yún guǐ bō jué	unpredictable; bewilderingly changeable	6.1.1.
晕头转向	暈頭轉向	yūn tóu zhuàn xiàng	confused and disoriented	3.1.2.
运行	運行	yùn xíng	operation	2.1.3.
运营资金	運營資金	yùn yíng zī jīn	operating capital	6.2.
运转	運轉	yùn zhuǎn	operate	3.1.1.
运作	運作	yùn zuò	operate	2.2.

Z

简体	繁體	拼音	英文	序號
砸饭碗	砸飯碗	zá fàn wǎn	smash the rice bowl; fig. lose one's job	7.1.3.
在线	在線	zài xiàn	online	1.2.
造就	造就	zào jiù	create; establish	7.2.
增值服务	增值服務	zēng zhí fú wù	value-added service	1.2.
炸弹	炸彈	zhà dàn	bomb	4.2.
诈骗	詐騙	zhà piàn	fraud	1.1.4.
摘掉	摘掉	zhāi diào	take off	4.1.5.
债券	債券	zhài quàn	bond	8.1.2.
债券持有者	債券持有者	zhài quàn chí yǒu zhě	bondholder	8.1.2.
债券型	債券型	zhài quàn xíng	bond type	2.2.
债务	債務	zhài wù	debt	8.1.2.
债务人	債務人	zhài wù rén	debtor; borrower	8.1.2.
债主	債主	zhài zhǔ	lender; creditor	2.2.
绽放	綻放	zhàn fàng	bloom; blossom	1.2.
账户	賬戶	zhàng hù	account	2.1.1.
战略	戰略	zhàn lüè	strategy	2.1.2.
战略眼光	戰略眼光	zhàn lüè yǎn guāng	strategic vision	4.1.3.
战略转型	戰略轉型	zhàn lüè zhuǎn xíng	strategic transformation	3.1.3.
障碍	障礙	zhàng ài	barrier; obstacle	5.1.3.

简体	繁體	拼音	英文	序號
涨幅	漲幅	zhǎng fú	increase (by percentage)	8.2.
掌控	掌控	zhǎng kòng	control	2.2.
招股书	招股書	zhāo gǔ shū	stock prospectus	7.1.4.
着火保险	著火保險	zháo huǒ bǎo xiǎn	fire insurance	8.1.4.
招聘	招聘	zhāo pìn	recruit; recruitment	5.1.5.
招商银行	招商銀行	zhāo shāng yín háng	China Merchants Bank	2.1.1.
肇事者	肇事者	zhào shì zhě	perpetrator; troublemaker	7.1.1.
朝阳	朝陽	zhāo yáng	rising; promising; up and coming	6.1.2.
折腾	折騰	zhē teng	lit. do something obsessively; fig. make trouble for oneself	6.1.3.
震荡	震盪	zhèn dàng	shock	4.1.4.
真金白银	真金白銀	zhēn jīn bái yín	hard cash	8.1.3.
政策	政策	zhèng cè	policy	2.1.2.
政府	政府	zhèng fǔ	government	8.1.2.
证监会	證監會	zhèng jiān huì	SEC (Securities & Exchange Commission)	7.1.3.
证据	證據	zhèng jù	evidence	3.2.
证券	證券	zhèng quàn	security	8.1.3.
证券业	證券業	zhèng quàn yè	securities industry	2.1.2.
正现金流	正現金流	zhèng xiàn jīn liú	positive cash flow	4.1.5.
争议	爭議	zhēng yì	dispute; controversy	4.1.2.
指标	指標	zhǐ biāo	indicator; index	4.1.4.
支撑点	支撐點	zhī chēng diǎn	(supporting) pillar	5.2.
制订	制訂	zhì dìng	formulate; draft	5.1.1.
支付宝	支付寶	zhī fù bǎo	Alipay, an online third-party payment system	1.1.4.
支付平台	支付平台	zhī fù píng tái	payment platform	2.1.1.
智慧	智慧	zhì huì	wisdom	4.2.
趾甲	趾甲	zhǐ jiǎ	nail	4.1.1.
致命	致命	zhì mìng	fatal	3.1.1.
知名度	知名度	zhī míng dù	fame; popularity; notability	1.1.2.
职能	職能	zhí néng	function	2.1.1.
智能化	智能化	zhì néng huà	intelligent	2.1.2.
知识产权	知識產權	zhī shí chǎn quán	intellectual property rights (IPRs)	5.1.5.
指数	指數	zhǐ shù	index	7.2.
职位	職位	zhí wèi	position	5.1.5.
执行者	執行者	zhí xíng zhě	executive; (able) administrator	3.1.1.
秩序	秩序	zhì xù	order	7.2.
职业道德	職業道德	zhí yè dào dé	work ethics	5.2.
职业经理人	職業經理人	zhí yè jīng lǐ rén	professional manager	7.1.3.
职业生涯	職業生涯	zhí yè shēng yá	professional career	3.1.3.
质疑	質疑	zhì yí	call into question	8.2.
制造业	製造業	zhì zào yè	manufacturing industry	5.2.

简体	繁體	拼音	英文	序號
指责	指責	zhǐ zé	accuse; blame	3.1.3.
中报	中報	zhōng bào	mid-year	4.1.3.
重挫	重挫	zhòng cuò	serious setback	7.2.
重点	重點	zhòng diǎn	emphasis	5.1.3.
中国化工集团（简称：中化）	中國化工集團（簡稱：中化）	zhōng guó huà gōng jí tuán	China National Chemical Engineering Group Corporation (ChemChina)	6.1.2.
中国农业银行	中國農業銀行	zhōng guó nóng yè yín háng	Agriculture Bank of China (ABC)	1.2.
中国石油	中國石油	zhōng guó shí yóu	China National Petroleum Corporation	1.2.
中国移动	中國移動	zhōng guó yí dòng	China Mobile Communication Corporation	1.2.
中介	中介	zhōng jiè	intermediary	2.1.2.
中介机构	中介機構	zhōng jiè jī gòu	intermediary	4.2.
中立方	中立方	zhōng lì fāng	neutral party	7.1.3
重视	重視	zhòng shì	value; emphasize	5.1.4.
中小企业	中小企業	zhōng xiǎo qǐ yè	small and medium sized enterprises (SME)	5.1.1.
中央	中央	zhōng yāng	Central Government	3.1.1.
周边	周邊	zhōu biān	periphery	4.2.
主导	主導	zhǔ dǎo	leading; dominant	3.2.
住房贷款抵押融资公司	住房貸款抵押融資公司	zhù fáng dài kǎn dǐ yā róng zī gōng sī	mortgage company	8.2.
主管	主管	zhǔ guǎn	person in charge of sth.	4.1.2.
逐级	逐級	zhú jí	gradually; progressively	8.1.1.
主角	主角	zhǔ jué	protagonist; leading role	3.2.
主流	主流	zhǔ liú	mainstream	1.1.2.
主权	主權	zhǔ quán	sovereign	8.2.
主使	主使	zhú shǐ	mastermind	3.1.1.
主营业务	主營業務	zhǔ yíng yè wù	main business; primary business	4.1.3.
注资	注資	zhù zī	capital injection	1.1.3.
抓（抓高端）	抓（抓高端）	zhuā	grab; seize; seize high-end market	5.1.3.
爪子	爪子	zhuǎ zi	claw; talon	4.1.1.
专长	專長	zhuān cháng	specialty; expertise	5.1.4.
转换	轉換	zhuǎn huàn	conversion	2.1.2.
转机	轉機	zhuǎn jī	a favorable turn	4.1.3.
专家	專家	zhuān jiā	expert	7.1.1.
专利费	專利費	zhuān lì fèi	royalty	4.2.
转让	轉讓	zhuǎn ràng	turn over to	3.1.1.
转型	轉型	zhuǎn xíng	transform	4.2.
转移	轉移	zhuǎn yí	shift	3.1.3.
壮士断腕	壯士斷腕	zhuàng shì duàn wàn	fig. make a quick decision to cut one's losses; to be forced to give up an important asset; lit. a vigorous man cuts his wrists	4.1.4.

简体	繁體	拼音	英文	序號
追逐	追逐	zhuī zhú	quest for; pursue	7.1.3.
准入	準入	zhǔn rù	entry; access	5.1.5.
资本	資本	zī běn	capital	1.1.2.
资本金	資本金	zī běn jīn	capital	2.1.2.
资本金 （资本准备金）	資本金 （資本準備金）	zī běn jīn	capital reserves	8.1.4.
资本市场	資本市場	zī běn shì chǎng	capital market	4.2.
资产	資產	zī chǎn	asset	6.1.1.
资产负债表	資產負債表	zī chǎn fù zhài biǎo	balance sheet; statement of financial position	8.1.5.
资产证券化	資產證券化	zī chǎn zhèng quàn huà	asset securitization	7.1.2.
资金	資金	zī jīn	fund	1.1.4.
资金保障	資金保障	zī jīn bǎo zhàng	funding guarantee	7.2.
资金流	資金流	zī jīn liú	capital flow; financing	1.2.
自我反省	自我反省	zì wǒ fǎn xǐng	self-reflection; self-criticism	4.1.5.
自我否定	自我否定	zì wǒ fǒu dìng	self-denial	4.1.5.
资信	資信	zī xìn	credit score	8.1.1.
自信心	自信心	zì xìn xīn	self-confidence	5.1.4.
咨询	諮詢	zī xún	consulting	7.1.1.
咨询公司	諮詢公司	zī xún gōng sī	consulting firm	4.2.
咨询顾问	諮詢顧問	zī xún gù wèn	consultant	6.1.2.
自营业务	自營業務	zì yíng yè wù	proprietary business	8.1.1.
资源	資源	zī yuán	resource	1.1.2.
资源共享	資源共享	zī yuán gòng xiǎng	resource sharing	2.1.3.
资质	資質	zī zhì	qualification	8.1.1.
自主品牌	自主品牌	zì zhǔ pǐn pái	self-owned brand	4.1.2.
总部	總部	zǒng bù	headquarters	3.1.1.
总裁	總裁	zǒng cái	president	3.2.
综合化	綜合化	zōng hé huà	comprehensive	2.1.2.
综合指数	綜合指數	zōng hé zhǐ shù	composite index	8.2.
总理	總理	zǒng lǐ	premier	3.1.1.
总值	總值	zǒng zhí	total value	3.1.2.
总资产	總資產	zǒng zī chǎn	total value of assets	2.1.1.
走势	走勢	zǒu shì	trend; tendency; movement	8.2.
组织	組織	zǔ zhī	organization	4.1.1.
组织架构	組織架構	zǔ zhī jià gòu	organizational structure	3.2.
组装	組裝	zǔ zhuāng	assembly	6.2.
钻头	鑽頭	zuàn tóu	drill bit	6.1.3.
遵守	遵守	zūn shǒu	comply with	5.1.5.
遵循	遵循	zūn xún	follow; comply with	7.1.2.
作用	作用	zuò yòng	impact; effect	4.1.2.
左右	左右	zuǒ yòu	control	4.1.3.